GLI INSUPERABILI

7

Titolo originale: *Lipstick in Afghanistan*

First published in English by Gallery Books,
a division of Simon & Schuster Inc., 1230 Avenue of the Americas
New York 10020, USA
Traduzione dall'inglese di Susanna Molinari

Ventitreesima edizione: marzo 2016

Roma, Casella postale 6214

ISBN 978-88-541-7417-7

www.newtoncompton.com

Stampato su carta prodotta con pasta termomeccanica, senza utilizzo di cloro,
proveniente da foreste controllate, nel rispetto delle normative ambientali vigenti.

Roberta Gately

Le ragazze di Kabul

Newton Compton editori

In ricordo dei miei amati genitori, Bob e Mary Gately,
che mi hanno insegnato a sognare

Prologo

Afghanistan, 2002

«Hai sentito?», la voce era quasi un sussurro.

Elsa trattenne il respiro e poi lo sentì anche lei, un leggero rumore di passi su un letto di foglie e rametti. Con la coda dell'occhio vide una serie di ombre fuggire fra gli alberi e quando si girò il suo sguardo si posò su un raggio di sole riflesso sulla canna di un fucile.

Non c'era dubbio, i talebani li avevano trovati.

"Mio Dio!", pensò. "Siamo spacciati".

Elsa sapeva che i talebani erano dominati da un odio senza pari, ovunque andassero portavano morte e distruzione.

Sopraffatta da un'ondata di paura che la stordiva, avrebbe voluto gridare o vomitare, ma non poteva fermarsi. Cercò di attirare l'attenzione di Parween, ma la sua amica aveva lo sguardo rivolto altrove, intenta a individuare la fonte di quel rumore.

«Correte!», gridò qualcuno e all'improvviso si scatenò un fuggi fuggi.

Ma Elsa non poteva correre. Aveva le gambe avviluppate nella stoffa del *burqa* che la copriva da capo a piedi. Lottò per liberarsi e, quando finalmente riuscì a sbarazzarsi dell'indumento, prese a correre con le scarpe di plastica ai piedi che sfioravano appena il terreno. Non aveva mai corso così velocemente in vita sua e il cuore le batteva forte nel petto mentre, con la bocca spalancata, inghiottiva boccate d'aria.

Sentì il respiro affannato di qualcuno.

Era il suo?

Provò una fitta al petto e un urlo le salì in gola, ma lì si fermò. Non riusciva a pensare lucidamente, sapeva soltanto che non voleva morire lì, in Afghanistan.

"Oh mio Dio, aiutaci!", pregò.

Poco più avanti intravide una casupola, e sebbene non fosse protetta dalle mura di cinta che in genere circondavano le tipiche abitazioni afgane, costituiva la loro unica speranza di salvezza. Sempre che riuscissero a raggiungerla in tempo. La distanza sembrava incolmabile e lei non nutriva grandi speranze di farcela, tuttavia continuò a correre disperatamente, fendendo l'aria con le braccia.

Dopo un tempo che le parve un'eternità, Elsa e gli altri raggiunsero la casa. Elsa si girò e di colpo si fermò. Il terrore la pervase.

"Parween".

Lasciò vagare lo sguardo all'orizzonte, ma non scorse traccia dell'amica.

Mentre si sforzava di riprendere fiato, Elsa sentì la gola secca; temeva che il cuore le esplodesse in petto da un momento all'altro.

Si prese il viso fra le mani.

Perché era andato tutto storto? Che cosa ci facevano in quel posto?

Che cosa ci faceva *lei* in quel posto?

Un'infermiera di Boston nello stramaledetto Afghanistan, per l'amor di Dio.

Calde lacrime le solcarono il volto, con mani tremanti le asciugò.

«Oh, mio Dio», sussurrò. «Dove sei, Parween?».

PARTE PRIMA

Elsa

Capitolo I

Boston, 1994

Era la disperazione nei loro occhi che aveva catturato l'attenzione di Elsa. Le immagini in bianco e nero dei bambini affamati con il ventre gonfio erano raccapriccianti, ma c'era una fotografia in particolare che Elsa non riusciva a togliersi dalla mente: si trattava del primo piano di una madre scheletrica con in braccio un piccino smunto, mentre altri due bambini tutti pelle e ossa erano aggrappati alle sue esili braccia. Elsa ebbe la sensazione che i due stessero fissando proprio lei.

Lesse la didascalia, spiegava che madre e figlio erano scampati a un massacro perpetrato dai ribelli di una tribù, ma erano finiti vittime della miseria. E non soffrivano soltanto la fame, ma erano anche affetti da malaria e dissenteria, senza aiuti sarebbero morti nel giro di un mese.

Elsa controllò la data sulla copertina della rivista e sgranò gli occhi.

Una strana sensazione, una sorta di torpore, si impadronì di lei. Si sedette sul pavimento, tenendo la rivista sulle ginocchia, voltò pagina e trattenne il fiato leggendo l'articolo:

Mentre la situazione in Ruanda si aggrava e il numero di vittime aumenta di giorno in giorno, i leader mondiali stanno a guardare, incapaci di agire. È soltanto grazie al coraggioso impegno di un manipolo di medici e infermieri che molte persone vengono sottratte a una morte certa. Ma ci sarebbe bisogno di più volontari e le Nazioni Unite si rivolgono al mondo intero in cerca di aiuto.

Elsa rilesse quelle parole e andò avanti.

Una fotografia a tutta pagina immortalava centinaia di donne con i figli che formavano una fila interminabile, in attesa della loro razione di cibo. Le donne, e persino i bambini più piccoli, attendevano inermi il loro turno. Nessuno aveva lo sguardo rivolto verso la macchina fotografica. Era un'immagine che rappresentava la più assoluta disperazione.

Elsa sospirò facendo scorrere le dita sulla fotografia. Voltò pagina e si ritrovò a osservare una serie di scatti che immortalavano centinaia di cadaveri, interminabili file di neonati e bambini, famiglie intere giacevano lungo le strade o nei campi, aggrappati gli uni agli altri nella morte. Elsa si portò la mano alla bocca e chiuse gli occhi. Quando li riaprì, i cadaveri erano ancora lì. Sfogliò la rivista per tornare alla prima pagina e rilesse la storia di quella gente. Si soffermò sulla prima immagine, quella della madre morente con i suoi bambini. Si chiese che fine avessero fatto, erano morti o erano riusciti a salvarsi? Era difficile credere che si potesse vivere in quelle condizioni.

Come avrebbe potuto continuare a lamentarsi della sua vita dopo aver visto quelle immagini?

Si fermò a osservare la foto di un'infermiera che teneva in braccio un neonato. Le sembrò che la donna stesse piangendo. La didascalia spiegava che il bambino era morto e l'infermiera era in cerca della sua mamma.

"Questa infermiera fa qualcosa di concreto per il prossimo", pensò Elsa.

Ripose la rivista e fece alcuni respiri profondi per calmarsi. Poi guardò l'orologio. "Le quattro, mio Dio! Come vola il tempo!". Raccolse in fretta i libri e li mise sul carrello quindi si precipitò al banco dietro al quale sedeva la responsabile della biblioteca.

«Mi dispiace, Miss James, ho perso la cognizione del tempo». Elsa aveva bisogno di quel lavoro, non poteva permettersi di farsi licenziare. «Questi li finirò domani».

L'anziana bibliotecaria si sistemò l'apparecchio acustico e sorrise a Elsa. «Che cosa hai detto, cara?»

«Che finirò domani», ripeté Elsa alzando la voce. «E questa, posso tenerla?», chiese indicando la rivista. «È di due mesi fa».

«Come? Vuoi tenerla?», domandò Miss James per ricevere conferma. «Va bene, tienila pure, tesoro».

Elsa infilò la rivista nello zaino e si avviò con passo stanco verso casa lungo le strade strette e affollate. Se si fosse sbrigata, sua madre sarebbe ancora potuta arrivare in tempo al lavoro. Dopo essersi precipitata in casa, prese la rivista e fece vedere le fotografie alla madre.

«Oh mio Dio, Elsa, perché guardi questa roba. Santo cielo, sono immagini terribili», le disse lei infilandosi un vecchio cappotto.

«Ma, mamma, ho pensato che potrei diventare un'infermiera e magari un giorno essere d'aiuto a qualcuno».

«Il tuo è un desiderio, ma desiderare ciò che non si può avere non porta a nulla. Guardati attorno, tesoro. La nostra è la casa più squallida del quartiere più povero di tutta Dorchester. E con Diana che peggiora ogni giorno di più, il futuro potrà riservarci soltanto ulteriore miseria».

«Ma se non desideriamo di meglio, se non aspiriamo a una vita migliore, le cose non cambieranno mai».

«Da quando è morto tuo padre mi divido fra due lavori, ogni singolo giorno della mia vita prego affinché la nostra vita migliori. Non voglio che tu rimanga delusa, tutto qui».

Ma Elsa era già delusa. Non faceva che desiderare cose che non poteva avere – i capelli di un bel rosso acceso, come quelli della sua amica Annie, una casa accogliente, una famiglia vera. C'era sempre qualcosa di nuovo da desiderare. Dio solo sapeva se non c'era un'infinità di cose da desiderare quando uno viveva a Dorchester.

«Impara ad accontentarti di quello che hai, Elsa. C'è sempre qualcuno che sta peggio».

«È proprio questo il punto, questi rifugiati se la passano decisamente peggio. Voglio aiutarli».

«Be', puoi cominciare ad aiutare Diana. Le ho dato da mangiare, ma ha bisogno di essere cambiata e messa a letto. Ci vediamo più tardi». Dopo averle dato un bacio, la madre uscì per andare al lavoro, faceva i turni in un supermercato dove era addetta allo scaffale della frutta e verdura, merce che lei poteva a malapena permettersi.

"La vita è ingiusta", pensò Elsa. "Ma questo non significa che uno debba stare con le mani in mano e accettare le ingiustizie". Appese il cappotto e andò da Diana, che era seduta scomposta sulla sedia troppo grande per lei, con la testa penzoloni. Elsa le sistemò un cuscino dietro la schiena e le disse in tono amorevole: «Ecco fatto, Diana, ora va meglio?».

Diana aveva quattro anni ed era figlia di Janice, la sorella maggiore di Elsa. I medici le avevano diagnosticato un grave ritardo senza possibilità di guarigione. Elsa e la madre dovevano attingere a tutta la loro pazienza per somministrarle il cibo e prendersi cura di lei. Janice non era mai a casa, e suo fratello, Tommy, il primogenito, si faceva vedere soltanto saltuariamente giusto per spillare denaro a entrambe.

Un tempo le cose andavano meglio. Sebbene la famiglia non avesse mai navigato nell'oro, una volta erano felici, e quando era nata Diana, aveva portato nella loro casa gioia e sorrisi, almeno per un po'. Quelli erano giorni felici, quando Annie, l'unica vera amica di Elsa, frequentava ancora la loro casa.

Annie viveva con la nonna di origini polacche in uno squallido appartamento in fondo alla strada. Teneva compagnia a Elsa quando lei dava da mangiare a Diana, le cambiava il pannolino o le faceva da baby-sitter e un pomeriggio era stata proprio Annie, curiosando nei cassetti di Janice, a scoprire un vecchio rossetto dal nome Misty Mauve. Incoraggiata da Elsa, Annie aveva tolto il tappo e lo aveva provato. Nonostante il colore fosse decisamente fuori moda, se lo erano messo entrambe.

Annie, con la sua massa di capelli rossi trattenuti da un elastico, si era guardata allo specchio e aveva dichiarato che quel colore le stava male. «Con i miei capelli, dovrei mettermi un rossetto sui toni del marrone. Questo mi sta malissimo».

Elsa, minuta e di bassa statura, aveva sempre sognato i capelli di Annie, un tratto distintivo. Quel giorno, si era messa davanti allo specchio e si era passata il rossetto color malva sulle labbra, poi le aveva unite per stendere bene il colore e quindi aveva guardato la propria immagine riflessa che ora esibiva labbra di un deciso colore violetto che s'intonava ai suoi capelli castani. Si era girata verso Annie.

«Be', che ne dici?».

Annie aveva rivolto all'amica un'occhiata d'ammirazione.

«Ti sta benissimo, Elsa. Dovresti mettere sempre il rossetto».

Elsa si era guardata allo specchio e aveva sorriso di nuovo. Colei che la guardava dallo specchio era carina, *davvero* carina, doveva ammetterlo. Aveva sorriso alla propria immagine come se la vedesse per la prima volta – capelli luminosi, pelle uniforme, nasino all'insù, e labbra piene di un bel colore viola. Il rituale stesso di indossare il rossetto, darsi quel morbido tocco di colore sulle labbra e stringerle per stenderlo in modo uniforme, e, infine, guardarsi allo specchio, l'aveva affascinata.

"Questo rossetto è straordinario", aveva pensato Elsa. Non soltanto le dava colore alle labbra, ma donava un tocco di luce ai suoi occhi verdi e la faceva sentire importante, fosse anche solo per un istante, come una di quelle donne famose che apparivano sulle riviste di moda. Le donne importanti portavano il rossetto. Sorrise ancora all'immagine nello specchio.

«Cavoli, Elsa», aveva esclamato Annie. «Tu sei fatta per portare il rossetto».

"Sì, è vero", aveva pensato Elsa. "È proprio vero".

Il ricordo di quel pomeriggio la faceva sorridere ancora, e sebbene da tempo ormai Annie si fosse trasferita, la passione di Elsa per il rossetto non era cambiata. Un tocco deciso color prugna o un morbido rosa bastavano a risollevarle il morale, e a Dorchester ce n'era davvero bisogno.

Il rossetto compiva miracoli.

Capitolo 2

A diciassette anni Elsa era già gravata da molte responsabilità e tra il lavoro, lo studio e Diana era proprio quest'ultima a portarle via gran parte del suo tempo. Diana era sempre malata e richiedeva costanti attenzioni per evitare che soffocasse o scivolasse dalla poltrona.

Per farla mangiare ci volevano ore, bisognava spingerle in bocca piccoli cucchiai di carne e verdure triturati e invitarla a inghiottirli. Cambiarla e lavarla diventava ogni giorno più difficile perché, nonostante il cervello non si fosse sviluppato, il corpo cresceva. Era pesante ed era difficile muoverla dato che aveva gli arti rigidi. Il loro minuscolo appartamento era ingombro delle apparecchiature e del cibo speciale di cui Diana aveva bisogno semplicemente per sopravvivere. Janice non si faceva vedere per mesi e dunque toccava a Elsa e alla madre prendersi cura di Diana.

Spesso Margaret diceva che non riusciva a immaginare come avrebbero fatto fra dieci o vent'anni. Elsa, che non appena tornava a casa da scuola doveva dedicarsi a Diana, provava un risentimento sempre maggiore nei confronti della sorella e del fratello che l'avevano abbandonata.

Finché un giorno, Margaret ed Elsa, stremate dalla fatica, si rivolsero ai medici che avevano in cura Diana in cerca d'aiuto.

«Qualcuno deve darci una mano», disse Margaret in tono di supplica. «Siamo sole a prenderci cura di Diana e non ce la facciamo più».

I medici annuirono e avviarono le pratiche affinché Diana venisse accolta in una struttura speciale. «La St John's è una buona casa di cura e lo stato coprirà i costi, così non vi dovrete preoccupare per quello, Mrs Murphy».

«Ma la madre è al corrente della cosa?», chiese un giovane medico.

«Non sappiamo dove sia. Sono io a prendermi cura di Diana», disse Margaret sollevando la testa e provando imbarazzo nei confronti dell'irresponsabilità di Janice. Madre e figlia lasciarono la clinica in silenzio e mentre aspettavano l'autobus Margaret parlò.

«È la scelta giusta», disse con il cuore colmo di speranza, nel tentativo di convincere se stessa. «Era l'unica cosa da fare».

Nonostante Elsa sapesse che sua madre aveva ragione, non poté evitare di sentirsi profondamente in colpa.

Quando arrivò il giorno del ricovero, Elsa capì che non poteva separasi da Diana per sempre. Due volte alla settimana prendeva il treno e poi l'autobus e affrontava il lungo tragitto per andare a trovare la nipote.

«Ciao, Diana», diceva ogni volta modulando la sua voce da adolescente quando la individuava sulla sua piccola sedia a rotelle fra gli altri malati. Si chinava per accarezzarla e darle un bacio, ma la bambina non si muoveva. Elsa la sollevava di peso dalla sedia e poi si sedeva tenendola stretta, ma la piccola non reagiva, né un sorriso né un battito di ciglia, nulla che potesse indicare che Diana era presente.

La ragazza rimaneva a osservare le infermiere e le fisioterapiste che massaggiavano i piccoli muscoli rigidi di Diana e le piegavano e le tendevano le braccia e le gambe per mantenere un minimo di flessibilità e fare in modo che non si anchilosassero come Elsa aveva visto accadere ad altri bambini.

Un pomeriggio, mentre Elsa era seduta vicino a Diana, la bambina si irrigidì e fu colta da convulsioni. Alzò gli occhi verso il soffitto con la bava alla bocca frammista a sangue e fra le gambe le apparve una macchia di urina mentre cadeva a terra contorcendosi. Elsa balzò in piedi e si precipitò nel corridoio.

«Aiuto!», gridò. «Diana sta male. Aiuto! Correte, per favore!». Un gruppo di infermiere accorse immediatamente, spingendo Elsa da parte per entrare nella stanza.

Qualcuno chiamò un'ambulanza e il personale paramedico sopraggiunse prendendo in mano la situazione. Distesero Diana su una barella e la caricarono sull'ambulanza facendo cenno a Elsa di sedersi davanti. Il suono della sirena riecheggiava nella testa di Elsa mentre l'ambulanza procedeva a tutta velocità nel traffico delle strade di Boston. Tese le orecchie per sentire che cosa stessero dicendo i paramedici alle sue spalle, dove giaceva Diana, ma l'urlo della sirena glielo impediva.

Quando con uno stridore di freni l'ambulanza si fermò davanti al Boston City Hospital, Elsa balzò giù dal veicolo. «Voglio vedere Diana», disse, ma il filo di voce che le uscì dalla gola si perse nel trambusto che la circondava e venne invece accompagnata in una squallida sala d'aspetto dove aleggiava un puzzo di vomito. Si sedette sull'orlo di una delle sedie di plastica arancione e rimase lì a mordicchiarsi le unghie e a giocherellare nervosamente con un filo che fuoriusciva dalla stoffa del cappotto.

Le lacrime le rigarono il volto andandosi a mescolare con il moccio che le colava dal naso. Si passò la manica sul viso. La porta che dava sull'atrio si aprì con un cigolio e apparve sua madre.

«Oh, Gesù, Giuseppe e Maria», recitò Margaret tirando su con il naso. «Mi hanno chiamato dal St John's. Che cosa è successo?»

«Oh, mamma!», esclamò Elsa piangendo e gettandosi fra le sue braccia. Fra le lacrime, Elsa raccontò l'accaduto. «Non so dove abbiano portato Diana. Mi hanno detto di aspettare qui», disse singhiozzando.

Margaret sospirò e, cercando di farsi coraggio, strinse la figlia a sé. Rimasero sedute vicine in silenzio. Non c'era nulla da dire, avevano affidato Diana alle cure del St John's e quello era il risultato.

Un giovane medico con gli occhiali, che rigirava nervosamente una cartella fra le mani, entrò nella piccola sala d'aspetto scortato da un'infermiera corpulenta intenta a sistemarsi i capelli dietro alle orecchie. Si sedettero accanto a Margaret ed Elsa. Il dottore si tolse gli occhiali e, mettendosi a pulire le lenti, si rivolse con garbo a Margaret. «Mi dispiace doverle dare questa notizia, Mrs Murphy, ma sua figlia è morta. Abbiamo fatto il possibile, ma non siamo riusciti a salvarla».

Elsa scoppiò in singhiozzi. L'infermiera le mise un braccio attorno alla spalla.

«Ho visto la sua cartella clinica e mi dispiace dire che non aveva speranze», proseguì il medico. Quindi si alzò e cercò maldestramente di consolarle. «Ora ha smesso di soffrire. Mi dispiace per la vostra perdita», ripeté andando verso la porta.

L'infermiera rimase con loro, il suo corpo enorme debordava dalla sedia e sconfinava su quella di Elsa.

«Volete che vi chiami qualche parente?», chiese a bassa voce, passando loro dei fazzoletti di carta. Margaret scrollò il capo. L'infermiera rimase in silenzio alcuni istanti prima di dire: «Mi chiamo Maureen e di qualsiasi cosa abbiate bisogno non esitate a cercarmi o a darmi un colpo di telefono». Massaggiò la schiena a Elsa e, guardandola negli occhi, disse: «Anch'io ho perso la mia sorellina quando avevo più o meno la tua età. So come ti senti».

«Ma...», cominciò col dire Elsa nel tentativo di spiegare che Diana non era sua sorella, ma decise di lasciare perdere. Abbassò la testa mentre le lacrime le scendevano bagnandole il cappotto.

«Vuoi vederla un'ultima volta prima di andare?», domandò l'infermiera.

«Vederla? Possiamo davvero?», chiese Elsa sollevando la schiena e asciugandosi il naso.

«Certo che potete. Qualche volta poter dare l'ultimo saluto allevia la sofferenza».

«Sì, la prego. Voglio vederla». Elsa si alzò tirando su con il naso, desiderosa di sottrarsi all'odore sgradevole che si sentiva in quella vecchia sala d'attesa.

Margaret sospirò, gli occhi fissi sul pavimento.

«Io preferisco non vederla, grazie», disse. «Non credo che potrei sopportarlo. Vai tu, ti aspetterò qui».

Maureen condusse Elsa lungo un corridoio inondato dalla luce del sole fino alla stanza dove giaceva Diana. Un'infermiera era affaccendata a pulire il respiratore e a spegnere i monitor e le pompe. Il pavimento era cosparso di siringhe vuote, tubi di gomma, strisce di carta e guanti di gomma usati. Nel mezzo di quel disordine spiccava una barella d'acciaio luccicante. Diana appariva minuscola e serena. Il dolore che un tempo assediava le sue ossa fragili e i suoi muscoli contratti l'aveva abbandonata e la bocca era atteggiata a un lieve sorriso.

Elsa le accarezzò la fronte e le prese la mano. Sembrava così tranquilla che mormorò a Maureen: «È sicura che sia…».

Maureen annuì. «Siamo sicuri».

Le lacrime presero a solcarle il viso.

«Diana, lo sai vero che ti vorremo bene per sempre?», si chinò e baciò la nipote sulla guancia, poi si girò e si diresse verso la porta.

«Grazie», disse con un filo di voce rivolgendosi a Maureen mentre la donna la stringeva in un abbraccio.

Ripercorsero insieme il corridoio verso la sala d'attesa.

«Tutto bene?», le chiese Margaret quando la vide entrare. «Forza, andiamo a casa».

Maureen prese Margaret per mano e cinse le spalle a Elsa.

«Chiamatemi se avete bisogno di sfogarvi un po'», disse ancora Maureen consegnando il suo biglietto da visita a Elsa, che se lo mise in tasca prima che Margaret potesse sottrarglielo. Madre e figlia s'incamminarono verso l'uscita e, una volta fuori, vennero accolte dalla frizzante aria autunnale.

Durante il tragitto verso casa, Margaret ripeté fino allo sfinimento che la morte di Diana era un bene, che si era compiuto il volere di Dio. A Elsa venne il dubbio che stesse cercando di convincere se stessa.

Dopo la morte di Diana, la vita tornò alla normalità, ma Elsa si sentiva più sola che mai. Le sue visite al St John's erano venute meno e lei sentiva il bisogno di confidarsi con qualcuno, ma Margaret non era mai stata una grande conversatrice e gli impegni che tenevano occupata Elsa, sia a casa sia a scuola, le impedivano di stringere vere amicizie. Sentiva sulle spalle il peso di troppe responsabilità. Una sera si imbacuccò per bene e uscì a fare una passeggiata nella fredda aria notturna, stringendosi nel cappotto e affondando le mani nelle tasche. Le dita sfiorarono un cartoncino che Elsa estrasse. *Maureen Hill, infermiera*, diceva il biglietto da visita indicando anche il numero di telefono del pronto soccorso dell'ospedale di Boston. Elsa passò le dita sulle lettere in rilievo, rimise il biglietto in tasca e tornò verso casa.

Il giorno dopo, si presentò all'accettazione del pronto soccorso e chiese di Maureen. L'impiegata dietro al banco le sorrise.

«Chi la desidera?», le chiese.

«Mi chiamo Elsa Murphy», rispose lei. L'impiegata sparì e dopo alcuni minuti, che a Elsa parvero interminabili, tornò in compagnia di una sorridente Maureen. Aveva i capelli castani raccolti in una crocchia e mentre si avvicinava a lei si scostò dal viso alcune ciocche ribelli. Quando le fu vicino, Elsa notò tante minuscole lentiggini che costellavano la sua pelle pallida. Era difficile attribuirle un'età, ma non era più giovane. Elsa pensò che doveva avere una quarantina d'anni.

«Oh, Elsa, vieni. Sono così felice di vederti». Aveva una voce calda e suadente come una piacevole carezza. Accompagnò Elsa nella sala riservata al personale e lì prese due sedie, invitandola ad accomodarsi insieme a lei.

«Come stai tesoro?», le chiese con una tale dolcezza che Elsa, invece di rispondere, sentì un nodo alla gola e cominciò a piangere. Il pianto sommesso si trasformò presto in un convulso singhiozzare.

Fra un singulto e l'altro, raccontò la sua storia a Maureen, le parlò di Diana, di Janice e di sua madre.

«Povera Diana, è stata così sfortunata a nascere nella nostra famiglia», concluse.

«Tesoro, avete fatto tutto il possibile. Era una bambina molto malata, ho visto altri pazienti come lei e tu e tua mamma avete compiuto un grande gesto d'amore, tenendola a casa con voi così a lungo».

Maureen si avvicinò a Elsa e le parlò a bassa voce.

«Mia sorella nacque quando io avevo già quindici anni. Ricordo com'ero emozionata all'idea che avremmo avuto una neonata in casa – ma quando venne al mondo scoprimmo che aveva gravi malformazioni. Mi si spezzò il cuore. Non potemmo nemmeno portarla a casa. Morì all'ospedale senza aver mai dormito nella sua graziosa culla nuova e senza aver indossato i vestitini che avevamo comprato per lei». Maureen sfiorò la mano di Elsa.

«Dopo la sua morte, capii che volevo diventare un'infermiera. Per cui, vedi, so bene quanto può essere triste perdere una persona cara e so che è ancora più difficile per te di quanto non lo sia stato per me. Tu conoscevi Diana, ha fatto parte della tua vita a lungo. Io penso che sia stata fortunata ad avere te e la tua mamma. Le volevate davvero bene». Maureen sorrise e strinse la mano a Elsa mentre lei tirava su col naso.

«Non sono tanto sicura che Diana sia stata così fortunata. Non siamo poi così speciali. Nessuno nella nostra famiglia ha mai preso un diploma e io non ho nemmeno dei veri amici».

Tirò di nuovo su con il naso e si pulì con il fazzoletto.

«Non voglio vivere per sempre a Dorchester. Voglio diventare *qualcuno*, voglio andare a scuola e, be', voglio affrontare la vita, combinare qualcosa di buono. Quando comincio a commiserarmi, penso che potrebbe essere molto peggio di così». Fece una pausa e poi raccontò a Maureen dell'articolo di giornale e delle terribili fotografie che aveva visto. «Ha mai letto quelle storie? Sono spaventose. Quella gente ha bisogno di aiuto. Mi vergogno di me stessa se penso quanto sono egoista».

«Oh, tesoro», disse Maureen abbracciandola. «Tu non sei egoista. Fa parte della natura umana desiderare qualcosa di meglio per sé. Sai una cosa? Quando mi sono iscritta alla scuola per infermiere volevo aiutare quei poveri piccini costretti a vivere per sempre in ospedale e, invece, sono finita qui al pronto soccorso. La cosa migliore che puoi fare è cercare di capire cosa vuoi e provare a realizzarlo, in questo modo potrai aiutare tutte le persone che vuoi».

Era come se Maureen avesse letto nella mente di Elsa.

«Crede che potrei mai diventare un'infermiera? Quando Diana era al St John's io guardavo le infermiere e pensavo che, be', se diventassi una di loro potrei rendermi davvero utile. Ho sempre avuto la sensazione che il loro lavoro sia molto importante. Non sono riuscita ad aiutare Diana e non posso aiutare quei rifugiati, ma nei panni di un'infermiera potrei fare del bene a qualcuno, conterei qualcosa anch'io». Mentre Elsa pronunciava quelle parole le lacrime smisero di rigarle il volto e dentro di sé sentì attenuarsi la tristezza.

«Mi fa piacere sentirti parlare così», disse Maureen. «Dio solo sa quanto bisogno abbiamo di persone come te. Se vuoi, puoi preparare un elenco dei corsi che stai seguendo al liceo e potremo vedere insieme se hai fatto le scelte giuste in previsione di una futura carriera da infermiera. Inoltre, potresti cominciare a valutare la possibilità di richiedere una borsa di studio».

La gentilezza di Maureen spinse nuovamente Elsa sull'orlo del pianto.

«Grazie», sussurrò.

Il giorno dopo Elsa tornò da Maureen e lei l'aiutò a scegliere i corsi che era più opportuno frequentare per iscriversi in seguito alla scuola per infermiere.

Nei mesi successivi, Elsa frequentò spesso il pronto soccorso. Le piaceva stare vicino a Maureen, l'incoraggiamento della quale l'aiutava a dimenticare la sua tristezza. Dopo un po', l'impiegata all'accettazione prese a chiamarla per nome. «Accomodati, Elsa. Vado ad avvisare Maureen», le diceva non appena la vedeva arrivare. Quando a Maureen risultò chiaro che Elsa sarebbe diventata una visitatrice abituale, fece in modo di trovarle un posto come volontaria: faceva commissioni e aiutava i pazienti e i loro familiari.

Quando si trovava all'ospedale Elsa si sentiva viva, in quel luogo tutto si riduceva a una questione di vita o di morte. Lì la sua tristezza veniva meno. Sentiva di essere utile a qualcuno, quantomeno a Maureen.

Elsa lavorava ancora in biblioteca, aveva persino chiesto un incremento delle ore di lavoro per poter aiutare la madre a pagare le bollette. Intanto, Margaret continuava a lavorare dall'alba al tramonto e aveva poco tempo per la figlia, la quale si dedicava con sempre maggior impegno ai libri e allo studio.

Ora che aveva un obiettivo da raggiungere, la media dei voti di Elsa si era notevolmente alzata. Mentre si avvicinava il giorno del diploma, Maureen scriveva per lei lettere di raccomandazione e non si stupì quando a Elsa venne assegnata una borsa di studio per frequentare la scuola per infermiere del Boston College.

«Un'infermiera! Mia figlia sarà un'infermiera...», esclamò Margaret, accogliendo la notizia con un sorriso.

Capitolo 3

Quattro anni di scuola passarono in fretta, e nella primavera del 2000 Elsa sostenne l'esame per diventare infermiera davanti alla selettiva commissione del Boston College e lo passò a pieni voti. Finalmente poteva ritenersi un'infermiera a tutti gli effetti. Con l'aiuto di Maureen fu assunta al pronto soccorso dell'ospedale di Boston. Festeggiò regalandosi una nuova scorta di rossetti, delicati rosa e tenui beige, colori sobri e poco appariscenti, adatti a un'infermiera.

Ora che poteva contribuire con un vero stipendio al sostentamento della sua piccola famiglia, Elsa avrebbe voluto che la madre andasse in pensione. Forse presto si sarebbero persino potute permettere una casa accogliente in un quartiere lontano da Dorchester.

Ma Margaret non accolse di buon grado la proposta di Elsa.

«Oh, Elsa, sei davvero una brava ragazza, ma diventerei matta se rimanessi a casa tutto il giorno. No, tesoro, continuerò a lavorare, comunque un divano nuovo non ci starebbe male o una televisione che funzioni davvero», le disse con un sorriso. «Sai, per essere una ragazza cresciuta fra mille difficoltà, te la sei cavata benissimo. Sono orgogliosa di te». Si chinò su di lei e le diede un bacetto sulla guancia. «Ti voglio bene, Elsa».

Sua madre non era mai stata molto incline alle effusioni e le sue parole colsero Elsa alla sprovvista. Ma Margaret si alzò e se ne andò prima che Elsa potesse risponderle e dirle che anche lei le voleva bene.

Una settimana dopo, Margaret non si presentò a colazione.

Sicura che stesse ancora dormendo, Elsa entrò nella sua camera e la trovò ancora a letto con le coperte tirate fino al collo e gli occhi chiusi.

«Dai, mamma, o berrai il caffè freddo».

Quando si avvicinò, si accorse che Margaret non respirava e che la sua pelle aveva un colorito bluastro. In preda al panico, Elsa scostò le coperte e cercò di rianimare la madre, ma era troppo tardi, il suo corpo era già freddo come il marmo.

Elsa la strinse fra le braccia e cominciò a piangere.

«Oh, mamma, perché proprio adesso?».

Ma non ci fu nessuna risposta, nel piccolo appartamento regnava il silenzio.

Alla funzione funebre per dare l'addio a Margaret parteciparono Elsa, un paio di vicini di casa e Maureen. Annie, con un bambino piccolo al seguito, fece la sua apparizione verso la fine della cerimonia, ma se ne andò subito dopo aver stretto Elsa in un breve abbraccio.

Fu riconoscente a Maureen quando le chiese se desiderava un po' di compagnia, ma in quel momento aveva bisogno di restare sola. Tornò a casa, salì l'angusta scala stretta fra le pareti ricoperte di carta da parati ingiallita e strappata e respirò l'odore stantio e familiare di fritto e sigarette. Ora l'appartamento dei Murphy era tutto suo, un deserto che rispecchiava il suo vuoto interiore.

Era sola.

Nonostante Elsa fosse abituata alla solitudine, non voleva che quello fosse il suo destino. Non aveva intenzione di finire come la madre, senza nessuno che partecipasse al suo funerale.

Poi ricordò la rivista con le immagini sconvolgenti dei rifugiati del Ruanda dagli occhi tristi. Era ancora riposta nel cassetto del comodino nella sua camera da letto, la tirò fuori e osservò di nuovo le foto che avevano attirato la sua attenzione tanto tempo prima e, ancora una volta, venne sopraffatta dal dolore immenso che quelle immagini le suscitavano. Erano passati molti anni e probabilmente quelle persone erano morte.

E se invece un'infermiera aveva deciso di recarsi in quel paese per aiutarle?

Fece un respiro profondo e in quel momento si sentì pervasa da una sensazione di calma. Decise che doveva trovare il modo di offrire il suo aiuto, di essere presente laddove ce n'era bisogno. In qualsiasi parte del mondo, anche remota, la sua presenza sarebbe stata importante. Si sedette con la schiena dritta ed espirò profondamente: c'erano persone che invocavano aiuto e lei era pronta a offrirlo.

Pochi giorni dopo, andò a trovare Maureen. La trovò alla mensa dell'ospedale.

«Maureen, ti ricordi quando ti parlai dei rifugiati del Ruanda? Di un articolo che lessi tempo fa su una rivista?»

«Certo, tesoro. Ricordo che fu dopo aver letto la rivista che decidesti di iscriverti alla scuola per infermiere». Maureen fece una pausa, rimanendo a fissare il vuoto per alcuni istanti. «I notiziari non fanno che parlare di questo, una tragedia dopo l'altra. Oggi è il Sudan domani i Balcani. E dopodomani si parlerà di qualche altro paese, eppure la maggior parte di noi dimentica certi drammi non appena scompaiono dagli schermi televisivi. Elsa, il fatto che tu continui a pensare a coloro che soffrono dimostra che sei una ragazza di buon cuore». Maureen sospirò e fissò la generosa porzione di cibo che aveva nel piatto. «Mi sento in colpa, sai, ho tanto eppure faccio così poco».

«Non volevo farti sentire in colpa, tu fai molto per la gente che si presenta qui. Senza contare tutto quello che hai fatto per me. Ma mi sembra che sia arrivato il mio momento, devo fare qualcosa per il prossimo, ora che la mamma non c'è più e non ho nessuno a casa che mi aspetti. Vorrei fare la volontaria per una di quelle organizzazioni umanitarie, sempre che siano interessate a me». Fece una pausa, quindi proseguì: «Volevo essere sicura che tu fossi d'accordo. Dopotutto, si tratta di un'esperienza che mi costringerà ad allontanarmi dall'ospedale per qualche tempo».

«Ma, tesoro, certo che sono d'accordo. Segui la tua strada, e fammi sapere se c'è qualcosa che posso fare per aiutarti. Se riuscissi nel tuo intento, sarei davvero orgogliosa di te. Perbacco, saremmo tutti orgogliosi di te!».

Elsa sapeva che per candidarsi doveva dimostrare di avere esperienza come infermiera e così, con l'aiuto di Maureen, si dedicò anima e corpo al lavoro con rinnovata consapevolezza e si ritrovò a contatto con pazienti e famiglie simili alla sua, devastati da droga, alcol e tragedie di ogni genere.

Imparò a cavarsela in ogni situazione nella confusione perenne del pronto soccorso mentre le giornate si susseguivano frenetiche in un vortice di miseria i cui protagonisti erano vittime di sparatorie o di overdose. E tuttavia Elsa si destreggiava con inesauribile energia, più determinata che mai a dare il suo aiuto, affrontando ogni nuovo giorno come se fosse un'altra importante tappa per arrivare dove voleva lei.

Così, nella cupa realtà di quel caotico apprendistato, Elsa imparò a salvare vite e a capire quando non c'era più nulla da fare. Quei casi disperati erano duri da affrontare e le ricordavano Diana. Ma se voleva svolgere al meglio il suo lavoro, doveva imparare a dominare le emozioni e ad agire attenendosi alle regole.

In poco tempo, Elsa fece propria la routine del pronto soccorso, ma si trattava di una routine che contemplava diversi imprevisti. Ogni giorno doveva affrontare nuove sfide, e anche se imparò presto a intervenire con immediatezza non appena sentiva provenire dall'interfono il richiamo "Emergenza in traumatologia", tutte le volte il cuore le balzava in gola. Di solito l'annuncio significava che stava per arrivare al pronto soccorso la vittima di una sparatoria o di una coltellata e dunque era richiesta la sua assistenza. Nel giro di breve tempo, Elsa imparò qual era il suo posto e come passare gli strumenti quando il chirurgo optava su due piedi per un intervento a cuore aperto. In un'occasione il chirurgo responsabile dell'unità di pronto intervento le aveva affidato l'incarico di tenere in mano il cuore di un paziente mentre lui suturava una ferita che rischiava di essere fatale. Terrorizzata, Elsa aveva tenuto il cuore in mano delicatamente, come se stesse reggendo un fragile frammento di vetro, ma l'organo ferito era viscido e lei temeva che le scivolasse di mano. Il cuore le batteva all'impazzata e gocce di sudore le scendevano sotto la mascherina annebbiandole la vista. Sentiva il trambusto fuori dalla porta, infermieri che reclamavano a gran voce sacche di sangue e sollecitavano la preparazione della sala operatoria, ma lì regnava una strana calma, fatta eccezione per il tumulto di emozioni che sentiva dentro di sé. "Oh, mio Dio", pensò. "Ti prego fa che io non svenga".

«Premi quel dannato cuore», le gridò il chirurgo. «Devi pompare! Premilo più forte!». Elsa trattenne il fiato e premette il cuore come le ordinava il chirurgo, sforzandosi di memorizzare ogni singola mossa di quella procedura d'emergenza. Tirò un sospiro di sollievo soltanto quando il paziente venne trasferito in sala operatoria. Il giorno dopo venne a sapere che era sopravvissuto.

Capì che sarebbe sopravvissuta anche lei.

A poco a poco, ma sempre con maggiore consapevolezza, scoprì che adorava la sfida insita nel suo lavoro, l'eccitazione che derivava dal salvare vite umane. Talvolta si ritrovava a correre di fianco alla barella tenendo un sottile pezzo di garza su una ferita aperta per tamponare il flusso di sangue. Imparò a inserire l'ago della fleboclisi come se stesse facendo scivolare un nastro di seta sul braccio del paziente e imparò a infilare i sondini nasogastrici come se si destreggiasse con una canna da pesca. Imparò a far venire al mondo bambini e a chiudere gli occhi a coloro che il mondo lo abbandonavano.

E quando accadde di nuovo che il chirurgo decidesse di aprire il torace a un paziente, questi gridò: «Chiamate Elsa! Ho bisogno di lei!». Allora si era fatta spazio fra la folla e aveva cercato di inserire in fretta la flebo nelle vene dell'uomo, ma queste avevano subito un collasso. «Lascia stare», le disse il chirurgo mentre inseriva il divaricatore nell'incisione e apriva il torace al paziente. Un fiotto di sangue schizzò tutt'attorno ed Elsa ne venne investita, ma ciò nonostante rimase immobile, muovendo soltanto le mani in cerca di un panno sterile.

«Ecco», il chirurgo indicò una piccola lacerazione cardiaca. «Metti il dito qui. Ferma così». Elsa ubbidì e, cercando di vincere il tremore alle mani, mise un dito nella piccola cavità.

Rimase a osservare il medico che cercava l'aorta, agli occhi di Elsa ogni singolo vaso sanguigno appariva identico.

«Eccola», disse il chirurgo. «Dove sono le pinze?». Con la coda dell'occhio Elsa vide uno specializzando che porgeva lo strumento al medico il quale con mano ferma suturò il vaso sanguigno. Istintivamente, rivolgendo un'occhiata all'orologio sul muro, Elsa ordinò: «Prendete nota del tempo. Azionate il timer!». Fece un respiro profondo dietro la mascherina. Si sentiva come se stesse guardando qualcun altro all'opera, una persona calma che sapeva esattamente come muoversi.

Quando arrivarono le sacche di sangue per la trasfusione, Elsa se le mise sotto le braccia per scaldarle come Maureen le aveva insegnato.

«Lasciale scaldare a lui», le disse il chirurgo. «Adesso mi devi aiutare ad aspirare il sangue da qui». Elsa passò le sacche allo specializzando e si munì di un tubo per l'aspirazione, lo sistemò nella cavità toracica e aspirò il sangue affinché il chirurgo potesse vedere bene il cuore. Rimase a guardarlo mentre lui applicava un piccolo punto di sutura al ventricolo destro del giovane paziente.

«Elsa, inserisci un catetere atriale», le ordinò il chirurgo indicandole un punto preciso del cuore. Elsa lo guardò mentre le mani cominciavano a tremarle.

«Qui?», chiese con un filo di voce, grata che la mascherina celasse almeno in parte la sua emozione. Quando il medico annuì, Elsa inserì il catetere nel cuore dell'uomo e lo collegò al tubo attraverso il quale defluiva il sangue.

Il cuore molle fremette prima di cominciare a battere via via con maggior vigore, mentre Elsa sentiva il battito del proprio cuore rimbombarle nelle orecchie. Tamponò la ferita aperta con pezzuole umide mentre il chirurgo e i suoi assistenti spingevano il lettino verso la sala operatoria.

«Sono passati nove minuti», disse Elsa sistemando il timer sulla barella. «Ha ancora undici minuti prima di rimuovere il clampaggio all'aorta».

«Sapevo che eri in gamba», le disse il chirurgo, assestandole una pacca sulla spalla mentre si affrettava verso la sala operatoria.

Maureen, sulla soglia della sala, aveva assistito alla scena. «Ottimo lavoro, Elsa, Sono orgogliosa di te!».

«Mio Dio, ero così nervosa! Non si vedeva?»

«No, tesoro. Io ho visto soltanto un'infermiera in gamba. Ora devi tornare dai tuoi pazienti, c'è una fila lunga un chilometro che ti aspetta».

Il pavimento, reso scivoloso dal sangue perso dal paziente, era coperto di siringhe e rifiuti medici. Elsa gettò a terra i guanti e la mascherina, spense i monitor e si fermò un istante per guardarsi attorno. Il luogo non sembrava molto diverso da come appariva il giorno in cui Diana era morta, eppure, tutto era cambiato. Ora lei era un'infermiera del pronto soccorso. Se era arrivata fin lì, poteva arrivare *ovunque*.

Si girò e aprì l'interfono. «Emergenza in traumatologia». Quasi non riusciva a credere quanta strada avesse fatto, quanta fiducia in se stessa e nelle proprie capacità avesse acquisito, giorno dopo giorno si stava avvicinando sempre di più al suo obiettivo.

Elsa tornò nella biblioteca dove aveva trascorso tanto tempo e cominciò a cercare gli indirizzi delle organizzazioni umanitarie. Ne scovò una di cui aveva sentito parlare alla CNN, si chiamava Aide du Monde e aveva la sede centrale a New York. Ma quando li contattò, la informarono che a tutti coloro che si proponevano era richiesto almeno un anno di esperienza, preferibilmente presso un pronto soccorso. Elsa lavorava soltanto da sei mesi. Represse la delusione e si ripromise di richiamare una volta in possesso dei requisiti necessari.

Il giorno in cui completò un anno esatto di tirocinio, Elsa contattò nuovamente l'Aide du Monde, conosciuta come ADM, chiese un appuntamento e, questa volta, riuscì a farsi ricevere.

Si presentò nei loro uffici all'una del pomeriggio di un giorno di primavera del 2001, esibendo un rossetto di un colore acceso che le serviva a darsi coraggio. Seguirono altri incontri durante i quali la sottoposero a diversi colloqui.

«Dunque, ci dica, perché dovremmo scegliere lei? Come potrebbe aiutare la nostra organizzazione?», le chiese un tipo alto con gli occhiali.

Elsa respirò profondamente. Sapeva di dover dare una risposta perfetta. «Mi piacciono le sfide», disse spiegando poi con voce calma come al pronto soccorso avesse imparato a usare il divaricatore toracico e a salvare vite umane. «So che posso essere d'aiuto. Ne sono certa», ribadì in conclusione. I due uomini le sorrisero, annuendo, ed Elsa sperò che le volessero manifestare così la loro approvazione.

Le venne chiesto di presentare alcune referenze e di scrivere un breve saggio nel quale spiegava le ragioni che la spingevano a desiderare di far parte della loro squadra. A Elsa sembrò più arduo farsi accettare dall'ADM che entrare ad Harvard, ma, infine, poté chiamare Maureen per darle la bella notizia.

«Mi hanno presa», annunciò con un filo di voce nella cornetta del telefono. «Mi hanno detto che mi chiameranno non appena avranno un incarico per me». Ci fu un attimo di silenzio durante il quale Elsa si chiese se fosse caduta la comunicazione.

«Ma è fantastico, tesoro!», esclamò infine Maureen e a Elsa parve di cogliere una nota di commozione nella sua voce. «Sono davvero fiera di te!».

Elsa riagganciò e cominciò ad avviare le procedure per il rilascio del passaporto. Nei giorni che seguirono, fece più vaccini di quanti non avesse mai fatti nell'arco di tutta la sua vita. Poi tornò a Boston e aspettò che la chiamassero.

Passò diverso tempo, fino a quando, una mattina di fine settembre, il telefono squillò. Un uomo di nome Jean-Claude, con un piacevole accento francese, le propose di partire per l'Afghanistan. Emozionata all'idea che l'ADM le avesse trovato finalmente un incarico, Elsa accettò su due piedi, e Jean-Claude promise di richiamarla presto per fornirle ulteriori dettagli.

Quando riagganciò, Elsa si nascose sotto le coperte. Doveva affrontare un turno di notte e poiché aveva ancora sonno sperò di riuscire a riaddormentarsi. Ma nella sua mente cominciarono a rincorrersi i pensieri.

“Devo fare un elenco, decidere che cosa portare… chi devo avvertire… devo ricordarmi le bollette da pagare. Forse dovrei disdire il contratto d’affitto o magari potrei subaffittare l’appartamento”, pensò.

Elsa si arrese all’inevitabile emozione, scese dal letto e si trascinò fino alla scrivania. Cercò di concentrarsi per stilare un elenco delle cose di cui avrebbe avuto bisogno, ma il peso della stanchezza le impediva di pensare con lucidità. In cima alla pagina scrisse in maiuscolo ROSSETTO e sottolineò la parola.

Poi, con la penna ancora in mano, si addormentò.

Si svegliò verso sera con una sensazione di leggerezza in corpo. Le sembrava di avere la testa vuota: la sua vita era a un punto di svolta.

Fece il turno di notte e tenne il segreto tutto per sé. Voleva che Maureen fosse la prima a ricevere la notizia e decise di dirglielo il martedì mattina al cambio di turno, ma il pronto soccorso era molto affollato ed Elsa era troppo esausta per rimanere lì in attesa che si svuotasse. Così si trascinò fino a casa, si fece una lunga doccia calda e si mise la camicia da notte, poi si preparò una tazza di tè e accese la televisione.

Si aspettava di sentire le previsioni del tempo o le notizie sul traffico del mattino, ma non vide apparire sullo schermo le solite facce sorridenti. Al loro posto un cronista dall’espressione cupa stava annunciando con voce incerta una notizia dell’ultima ora.

«Un aereo si è appena schiantato contro il World Trade Center a New York», annunciò. Elsa, sbalordita, sobbalzò sulla sedia e rimase a guardare le immagini in diretta fino a quando non apparve sullo schermo un altro aereo che andò a schiantarsi contro la seconda torre.

Elsa si portò le mani alla bocca, si alzò e si avvicinò alla televisione. Spaventose lingue di fuoco divampavano dagli squarci che si erano aperti nei punti in cui gli aerei si erano schiantati.

I cronisti informavano che molte persone erano intrappolate

negli edifici, alcune, nel disperato tentativo di sottrarsi alle fiamme, si erano lanciate dai piani più alti. Le telecamere avevano ripreso la scena, persino i corpi che precipitavano nel vuoto fino a schiantarsi al suolo.

Elsa venne sopraffatta dall'orrore, le mani presero a tremarle, ma era più forte di lei, non riusciva a distogliere lo sguardo dalle immagini sullo schermo. Incollata al televisore, vide le torri crollare seppellendo sotto le macerie migliaia di persone. I cronisti annunciarono che si trattava di un attacco terroristico e che gli aerei erano partiti da Boston.

Era una giornata di sole e, nonostante le persiane fossero chiuse, fulgidi raggi di luce penetravano dalle fessure. Elsa corse alla finestra e spalancò le persiane. Sui marciapiedi c'era il solito via vai di gente, le auto procedevano lungo le strade fra i colpi di clacson e le invettive dei conducenti. Sembrava una giornata come tante altre, ma non lo era.

All'improvviso Elsa sentì il bisogno di avere qualcuno al suo fianco. Se stava per sopraggiungere la fine del mondo, doveva uscire di lì. Prese il telefono e chiamò Maureen all'ospedale.

«Hai saputo?»

«Abbiamo appena acceso la televisione. È terribile», disse Maureen con una voce che lasciava trapelare il suo smarrimento.

«Vuoi che venga lì? Sai qualcosa? Mio Dio, è spaventoso. Gli aerei sono partiti da Boston...», disse senza prendere fiato.

«Non so, tesoro. Siamo tutti in allarme, qui parlano di un disastro di Primo Livello, ma nessuno sa dire che cosa dobbiamo aspettarci. Per il momento rimani pure a casa, cerca di riposare un po'. Se ce ne sarà bisogno, te lo farò sapere».

Ma Elsa non riuscì a dormire. Rimase davanti alla televisione mentre i notiziari non cessavano di diffondere immagini e dettagli sull'attacco aereo. Verso sera, chiamò un numero mandato in sovrimpressione durante un notiziario e si offrì come volontaria sul luogo della tragedia.

«Sono un'infermiera e lavoro in un pronto soccorso. Vorrei dare una mano», disse. Un ufficiale dai modi sbrigativi prese nota del nome e del numero di telefono e le disse di tenersi in contatto.

Elsa compose il numero dell'ADM, ma non ottenne risposta.

Tutto d'un tratto il suo mondo era diventato grigio come le ceneri che ricoprivano Lower Manhattan. Non si era mai sentita così sola. Tenne la televisione accesa tutto il giorno fino a notte fonda poiché, per prendere sonno, aveva bisogno di farsi cullare dal brusio delle voci.

Quando la sveglia suonò, si alzò subito e andò a lavarsi.

Sollevata all'idea di tornare al lavoro e di riprendere il turno di giorno, Elsa varcò la soglia del pronto soccorso. Almeno lì sarebbe stata circondata da tanta gente. I membri dello staff e i pazienti erano riuniti nella sala d'attesa, incollati alla televisione.

Maureen era ancora lì, era rimasta al pronto soccorso tutta la notte in caso di necessità.

«Come va, tesoro?», chiese a Elsa abbracciandola. Poi si girò verso la televisione. «Non avrei mai immaginato di dover assistere un giorno a uno spettacolo del genere, quanta malvagità. Mi fa venire i brividi».

Si voltò e guardò Elsa. «Non sopporto l'idea di saperti a casa da sola. Vuoi venire a stare da me e Jack, almeno fino a quando sarà passata l'emergenza?», le chiese.

«Grazie per l'invito, ma non c'è problema. Sei tu quella che ha bisogno di dormire un po'. Vai a casa da Jack. Se abbiamo bisogno, ti chiamiamo».

Per tutto il giorno una folla di persone rimase riunita nella sala d'aspetto come se ci fosse una veglia.

Quando venne diffusa la notizia che i terroristi venivano dall'Afghanistan, Elsa si chiese quali sarebbero state le conseguenze dell'attacco sul suo imminente incarico. Immaginò che nel giro di pochi giorni la chiamassero per informarla della sospensione del programma di aiuti e dirle che tutte le organizzazioni internazionali sarebbero state mandate via dal Paese.

Invece Jean-Claude la chiamò per annunciarle in tono rassicurante che non doveva preoccuparsi, le avrebbero comunque affidato un altro incarico, ma subito dopo le chiese: «Comunque, nel caso in cui venisse confermata la nostra presenza in Afghanistan, saresti ancora disposta a partire?».

Elsa rispose senza esitare: «Certo che partirei! Andrei ovunque!».

All'inizio di ottobre, la rete CNN annunciò che gli Stati Uniti e le forze della coalizione avevano cominciato a bombardare l'Afghanistan.

Per le strade e sul posto di lavoro la gente accolse la notizia esultando.

Elsa si sentì confusa. Che cosa sarebbe accaduto a quel punto?

Capitolo 4

Il suono insistente del telefono strappò Elsa da un sonno profondo. Cercò a tentoni la cornetta, con gli occhi assonnati mentre la luce abbagliante del sole filtrava dalle persiane.

«Pronto», mugugnò nella cornetta.

«Pronto, Elsa?», chiese una voce dall'accento francese e vagamente familiare. «Sono Jean-Claude e chiamo dalla sede di New York di Aide du Monde».

«Oh, salve», rispose Elsa improvvisamente sveglia. Da cinque mesi non aveva più ricevuto loro notizie.

«Mi dispiace che sia passato tutto questo tempo. Ma sono felice di dirti che, finalmente, abbiamo una destinazione per te».

«Ma è fantastico!», rispose lei d'istinto. «Dunque, dove mi mandate?»

«Abbiamo ancora bisogno del tuo aiuto in Afghanistan, in una località che si chiama Bamiyan, da quelle parti abbiamo una clinica e un ospedale. Dovresti fermarti lì per un annetto. Sei ancora disposta a partire, vero?».

"Un anno?", pensò, cercando di controllare l'improvvisa titubanza.

«Sì, certo. Quando sarebbe la partenza?», gli chiese.

«Probabilmente fra un paio di settimane. Volevamo soltanto accertarci che fossi ancora dell'idea. Grazie per la disponibilità. Ti chiamerò più avanti per darti ulteriori informazioni. A presto».

«A presto», rispose Elsa riagganciando con mani tremanti.

Il suo sogno era in procinto di avverarsi: presto sarebbe partita per l'Afghanistan, stentava ancora a crederci.

Era una mattina fredda e grigia d'inizio marzo quando Maureen l'accompagnò all'aeroporto e la salutò piangendo.

«Sono orgogliosa di te, Elsa. Promettimi che sarai prudente», le disse Maureen con la voce rotta dall'emozione. «Vogliamo che torni a casa sana e salva».

Fu soltanto più tardi, quando si ritrovò nella lunga fila di coloro che dovevano sottoporsi ai controlli previsti dalle procedure di sicurezza dell'aeroporto Logan, che Elsa cominciò ad avvertire una certa preoccupazione per la situazione in cui versava l'Afghanistan. Ma la decisione era presa, troppo tardi per i ripensamenti, e comunque non aveva nessuna intenzione di tirarsi indietro. Aveva atteso quel momento per troppo tempo, cercò dunque di mandare via l'ansia, ma le vennero comunque le lacrime agli occhi mentre saliva a bordo dell'aereo, prendeva posto e rimaneva a fissare fuori dal finestrino la pista di decollo avvolta nella foschia. Non avrebbe rivisto Boston per molto tempo.

La prima parte del viaggio la portò negli uffici dell'ADM a Parigi dove le vennero dati i medicinali e le provviste di cui avrebbe avuto bisogno a Bamiyan. Era la prima volta che Elsa usciva dagli Stati Uniti e le sarebbe piaciuto visitare la famosa Ville Lumière, ma non c'era tempo.

Non era possibile atterrare con un volo di linea in Afghanistan, così dovette prenotare un posto su un aereo diretto a Peshawar nel Pakistan settentrionale, la città di frontiera abitata da diverse popolazioni dalla quale passavano tutti gli aiuti diretti in Afghanistan. Peshawar era un'antica città in rovina che pullulava di esuli, combattenti per la libertà, uomini e donne delle organizzazioni umanitarie, un luogo che aveva attraversato secoli di storia travagliata.

Elsa atterrò a Peshawar nella tarda mattinata e nell'istante medesimo in cui uscì dall'aereo, venne investita dalla sfavillante luce del sole e da un caldo soffocante. Rimase ferma in cima alla scaletta di metallo guardandosi attorno e lasciandosi investire dagli odori e dai rumori del luogo.

«Muoversi!».

Elsa sussultò, l'ordine le era stato rivolto da un soldato che rese più incisive le sue parole accompagnandole con un movimento della mitragliatrice che imbracciava. Elsa aveva i palmi delle mani sudati mentre scendeva la scaletta e posava finalmente piede sull'asfalto bollente e crepato. Il soldato con aria truce indicò ai passeggeri la direzione del terminal degli arrivi. Elsa si mise in fila dietro ai suoi compagni di viaggio.

Al terminal, un edificio basso a due piani, l'attività ferveva. Uomini con il turbante e ampie tuniche sopra i pantaloni e donne velate in abiti lunghi affollavano il luogo. Elsa esitò, abbassò lo sguardo sulla maglietta di cotone e i jeans che indossava e si sentì come un pesce fuor d'acqua fra quella folla frenetica ed esotica.

Tutto d'un tratto si rese conto di aver perso di vista gli altri passeggeri, che si erano mescolati alla folla. Si ritrovò sola, e guardandosi in giro venne assalita dal panico quando si accorse che nessuna delle tante insegne era tradotta in inglese.

In lontananza, verso quella che immaginò essere l'entrata del terminal, vide un giovane che esibiva un cartello con il suo nome, sollevata si affrettò a raggiungerlo.

«Andiamo presto», le disse lui. «Sono Ajmal e sono qui per aiutarti a proseguire nel tuo viaggio. Seguimi, prego». Il giovane le prese il passaporto con il visto e la accompagnò oltre le lunghe code e la confusione che regnava al controllo documenti e alla dogana, dopodiché si fece carico dell'unica valigia di Elsa e della voluminosa scatola di cartone con le cose che le avevano consegnato a Parigi. Mentre si caricava la scatola in spalla e sollevava la valigia, si fermò per chiederle: «Tu vieni dall'Amrika, no?»

«Sì, sì, sono Elsa. Be', immagino tu sappia chi sono», disse con un sorriso. «Del resto, se sei venuto qui con quel cartello». Il giovane le rispose con un sorriso ed Elsa si sentì un po' meno nervosa.

«Io vengo dall'Afghanistan», le disse portandosi una mano al cuore. «Sono nato lì ed è lì che ho il mio cuore. È venuta ad aiutare la mia gente?»

«Sì, be', lo spero, ma credo di avere ancora molto da imparare».

«Tu sei straniera e sei venuta qui per aiutarci, vero?». Il giovane si girò e indicò la sua auto, una piccola berlina bianca che sembrava tenuta insieme con lo spago. «Noi ti siamo grati». Ajmal le rivolse un altro sorriso ed Elsa notò che il giovane era sdentato.

«Non abbiamo molto tempo, *miis*», disse storpiando la parola *miss*. «Non c'è tempo per visitare la città antica. Ci sono tante cose da fare. Bisogna spedire queste medicine. Poi avrai bisogno di abiti afgani e di altri approvvigionamenti. Prenderai l'aereo delle Nazioni Unite per l'Afghanistan nel pomeriggio».

Ajmal parlava a rapidi scatti e guidava allo stesso modo. Mentre si allontanavano dall'aeroporto, Elsa si reggeva saldamente alla maniglia della portiera, temendo che una delle ruote potesse volare via da un momento all'altro.

Ajmal si districava nel dedalo di vicoli polverosi e nelle strade di Peshawar, ed Elsa nel frattempo riusciva a cogliere come in una vertigine scorci della città che Kipling definì «la Terra più antica». Da come appariva ai suoi occhi, Peshawar non doveva essere cambiata molto nel corso del tempo. Le strade pullulavano di bambini affamati, mendicanti zoppi, uomini esili e cavalli scheletrici. Donne velate procedevano leste, portandosi appresso i loro bambini e reggendo pacchi.

"È possibile che sia diretta in un luogo persino peggiore di questo?", si chiese.

Ajmal si fermò frenando bruscamente. Avevano appena superato una zona invasa da bancarelle che vendevano di tutto, dagli abiti ai fucili. Scortò Elsa dentro una botteguccia immersa in una penombra che risultava piacevole dato che all'esterno il sole era cocente. Ajmal parlò con il proprietario del negozio indicando Elsa e, dopo alcuni minuti, si girò verso di lei.

«Quest'uomo è un ottimo sarto e dà abiti a voi volontari che l'ADM manda in missione in Afghanistan. Dice che è un onore conoscerti». Il proprietario del negozio guardò Elsa di sfuggita portandosi la mano destra al cuore e accennando un inchino mentre Ajmal continuava a parlare.

«Non ti può toccare né può prenderti le misure per farti un abito, cercherà di indovinare la tua taglia osservandoti e ti darà abiti e pantaloni che ha già cucito». Ajmal si sedette a gambe incrociate sul tappeto e con un cenno invitò Elsa a fare altrettanto. Lei non era troppo sicura di come dovesse sedersi, così si inginocchiò e rimase seduta in quella posizione.

Da una stanza sul retro della bottega, un ragazzino entrò di corsa nel locale. Reggeva in precario equilibrio un vassoio d'argento sul quale erano sistemate un'elegante teiera e alcune tazze. Si accucciò e sistemò il vassoio sul tappeto poi, con un movimento veloce, versò una tazza di tè bollente e la offrì a Elsa. Quindi, sorridendo, le porse una ciotola di zollette di zucchero e un minuscolo bricco di panna. Alla fine, si alzò e uscì dal negozio quasi correndo.

«Grazie», disse Elsa ad alta voce mentre il bambino fuggiva via. «Ha paura di me?», chiese alla guida.

«Può darsi. Per quanti stranieri si vedano da queste parti, non sempre la gente del posto ha occasione di incontrarli. È probabile che stia correndo a casa a vantarsi di avere visto una donna straniera». Ajmal le rivolse un sorriso sdentato e riempì la sua tazza con varie zollette di zucchero.

Elsa lo guardò sbigottita e capì perché Ajmal avesse i denti guasti.

Il proprietario del negozio fece il suo ingresso tenendo fra le braccia diversi abiti lunghi e pantaloni ampi. Li fece vedere a Elsa in attesa di un suo cenno di approvazione e poi li posò sul banco. Tirò fuori alcuni veli copricapo e li sistemò vicino agli abiti. Elsa si alzò e si chinò sugli abiti studiandoli.

«Sono molto belli», disse afferrandone uno. Lo accostò a sé quindi si rivolse ad Ajmal. «Mi va bene?».

Ajmal annuì in segno di approvazione ed Elsa scelse gli abiti che intendeva acquistare. Ajmal si rivolse di nuovo al negoziante il quale, muovendosi veloce, sparì nel retrobottega per riemergere un attimo dopo con una sorta di mantello che copriva chi lo indossava dalla testa ai piedi, il *burqa*. Era molto ampio ed Elsa rimase perplessa di fronte a quell'indumento dalle mille pieghe che faceva pensare a una fisarmonica, andava infilato sopra la testa e copriva la persona come se questa si trovasse sotto una tenda.

«Avrà bisogno di questo, *miis*», disse Ajmal. «In certi luoghi le donne devono ancora rimanere coperte. Meglio che lo prenda adesso e lo porti sempre con sé».

Elsa doveva scegliere anche un paio di scarpe e Ajmal le indicò un paio di sandali di plastica, le uniche calzature disponibili nella bottega. Una volta conclusi gli acquisti, Ajmal firmò il conto.

«L'ADM pagherà gli abiti», spiegò a Elsa mentre la conduceva verso l'auto.

Una volta occupato il posto di guida, il pacato Ajmal si trasformò di nuovo in un demonio, prese a percorrere a tutta velocità le anguste stradine, strombazzando il clacson ad asini e persone senza fare differenza. Elsa dovette reggersi al sedile fino a quando non si fermarono davanti alla piccola sede dell'ADM. Ajmal guardò l'orologio e invitò Elsa ad affrettarsi. «Dovrà indossare gli abiti nuovi prima di partire per Kabul. La prego di fare presto, non abbiamo molto tempo».

Ajmal le indicò il bagno dove Elsa con sollievo si tolse i jeans e la maglietta che indossava da quando era partita da Boston. Valutò i suoi abiti nuovi e scelse di indossare una tunica e un paio di pantaloni color nocciola. Poi si coprì il capo con una lunga sciarpa e quando si guardò allo specchio vide una donna d'altri tempi che la fissava. Con l'abito lungo, i pantaloni ampi, e la sciarpa attorno al capo sembrava appena uscita da un libro di storia o il personaggio di un romanzo di Kipling. Se non fosse stato per quei familiari occhi verdi, i folti capelli castani, e le labbra carnose sulle quali si notava ancora una traccia di rossetto color ciliegia, non si sarebbe riconosciuta.

Sorrise all'immagine allo specchio e si ravvivò il rossetto: ora era pronta.

Ajmal bussò alla porta e la invitò, ancora una volta, ad affrettarsi. Elsa raccolse le sue cose e lo raggiunse. Nel suo profluvio di informazioni, Ajmal le disse che il volo delle Nazioni Unite era in anticipo e che sarebbe atterrato a Kabul, la capitale dell'Afghanistan, nel giro di un'ora. Poi caricò la valigia di Elsa e la sporta con i nuovi acquisti in macchina, e la accompagnò al banco delle Nazioni Unite, lì i due si salutarono.

«*Khoda hafez*, arrivederci», le disse Ajmal.

«Grazie di tutto, Ajmal», rispose lei stringendogli forte la mano. Il giovane, imbarazzato dall'espansività di Elsa, ritrasse la mano e filò via, ma sul suo viso era affiorato un sorriso.

Elsa si trascinò con la valigia e gli altri bagagli fino a una sedia libera nella sala d'attesa e si sedette ad aspettare. C'erano soltanto altri tre passeggeri, tre volontari giapponesi diretti nel nord dell'Afghanistan per un breve soggiorno. Avevano con loro pesanti scatoloni dentro i quali erano riposti – come ebbero modo di spiegarle – computer, radio e telefoni satellitari.

Dopo una breve attesa, Elsa e i tre giapponesi vennero accompagnati all'aeroporto a bordo di un camioncino, ma questa volta ebbero la precedenza sulla folla di viaggiatori carichi di borse di ogni foggia e dimensione. Vennero condotti al terminal delle Nazioni Unite, un luogo relativamente tranquillo, dove furono nuovamente lasciati ad aspettare. Finalmente, un'ora più tardi, furono accompagnati nei pressi della pista di decollo dove aspettarono il loro volo.

Rimasero in piedi con il loro bagaglio sotto una malconcia tettoia di plastica sostenuta da bastoni, che li proteggeva dal sole. Guardarono arrivare nella loro direzione un piccolo aeroplano sulle cui ali campeggiava il simbolo delle Nazioni Unite. Il pilota venne fuori dall'aereo e saltò giù per accoglierli.

«Buongiorno a tutti», disse cordiale. «Pare che la situazione sia piuttosto calma, in questo momento, dovremmo viaggiare tranquilli, ma da queste parti nulla è garantito per cui è meglio che vi illustri le procedure nel caso in cui dovessimo affrontare un atterraggio d'emergenza». Le sue parole fecero rabbrividire Elsa che non aveva considerato tale eventualità. Il pilota proseguì: «Una volta atterrati, tirate quella leva vicino al finestrino anteriore, aprite il portellone, uscite sull'ala e saltate giù, portandovi sul retro dell'aereo, rimanete quindi lì ad aspettarmi». L'uomo fece una pausa e indicò un punto distante dal veicolo.

«Nel caso in cui non vi raggiungessi, o dovessimo trovarci sotto il fuoco nemico, correte subito verso il riparo più vicino».

Elsa pensò che era sorprendente la calma con la quale il pilota descriveva una situazione che lei non riusciva nemmeno a immaginare e si sforzò di ascoltare attentamente le istruzioni successive.

Poco dopo, si assicurarono le cinture e decollarono alla volta di Kabul. Elsa riusciva a malapena a contenere l'emozione, ora che la paura l'aveva abbandonata. Ajmal si era dimostrato molto gentile e il pilota era esperto, sembrava che tutti sapessero il fatto loro. Elsa si sistemò comoda, fiduciosa sul buon esito del viaggio.

Nel giro di un'ora il piccolo velivolo discese su Kabul ed Elsa, con il naso premuto contro il finestrino per vedere dove stessero atterrando, rimase a bocca aperta davanti allo spettacolo dell'imponente catena montuosa che circondava la città. Elsa vide che l'aeroporto era disseminato di soldati muniti di mitragliatrici mentre tutt'attorno erano schierati carri armati, torrette antiaeree, sacchi di sabbia e velivoli militari. L'aereo si fermò nel mezzo della pista di atterraggio, il pilota aprì lo sportello e sistemò la scaletta. I passeggeri scesero e aspettarono che venissero scaricati i loro bagagli. Con grande sorpresa di Elsa, il pilota non li seguì, ma tornò a bordo dell'aereo.

«Buona fortuna!», gridò mentre richiudeva lo sportello.

Elsa raccolse da terra la sua valigia ed esitò un istante, non sapendo bene che cosa fare e chiedendosi se non si fosse dimenticata qualcosa di quanto le aveva detto Ajmal.

Doveva aspettare lì o spostarsi altrove?

Era previsto che qualcuno venisse a prenderla?

Il trio di giapponesi raccolse i propri bagagli e si diresse verso il terminal, guardandosi alle spalle per capire se fosse intenzione di Elsa seguirli o meno. In considerazione del fatto che l'unione fa la forza, lei prese i bagagli e seguì il piccolo gruppo verso il terminal dove fra la folla scorse un altro incaricato dell'ADM che reggeva un cartello con il suo nome.

Elsa si girò e salutò i suoi compagni di viaggio prima di rivolgersi all'incaricato con un sorriso. L'uomo le prese la valigia e si immerse nella folla facendole strada fino al controllo passaporti. Una volta compilati e firmati i moduli richiesti, la guidò verso un altro catorcio a quattro ruote e la condusse per le vie affollate di Kabul fino alla sede dell'organizzazione Aide du Monde.

L'uomo guidava in silenzio. Aveva una lunga barba, gli occhi semichiusi e una nera e folta capigliatura che faceva pensare a un cespuglio. Elsa gli sorrise e provò ad avviare un minimo di conversazione, ma lui la ignorò.

La città era un viluppo di gente, animali e macerie nel quale era difficile districarsi. Uomini con il turbante, donne velate e bambini vestiti di stracci percorrevano con passo veloce le strade schivando cani, pecore, asini e automobili.

Nell'aria umida e stagnante aleggiava l'odore aspro e intenso di cibi esotici, spezie ed effluvi umani. Era chiaro che Elsa non si trovava più a Dorchester, ma era altrettanto certo che gli anni trascorsi a Dorchester l'avevano preparata a un luogo come quello. La miseria era miseria ovunque, e se c'era una cosa che lei conosceva bene quella era la povertà.

Nonostante lungo la strada regnasse il caos, il suo autista era molto meno frenetico di Ajmal, il che fece sentire Elsa sollevata. Dopo un breve tragitto, l'auto si fermò in una via tranquilla e il conducente chiamò qualcuno ad alta voce dal finestrino. Un ampio cancello si aprì e l'uomo lo oltrepassò per fermarsi subito dopo nei pressi di un'elegante casa di pietra antica, decorata a stucco e circondata da cespugli di fulgide rose sorprendentemente rigogliosi.

«Grazie», disse Elsa all'autista mentre scendeva dall'auto e veniva accolta da un uomo con barba e turbante che indossava occhiali dalle lenti spesse e sfoggiava un sorriso cordiale. L'uomo chinò il capo e si portò la mano al cuore.

«Salve, che piacere averla con noi», disse l'uomo con voce tonante. «Io sono Qasim e lei è Elsa, vero?».

Elsa annuì e si inchinò a sua volta.

«No, no, miss, non si deve inchinare per me. Io mi inchino perché non le posso dare la mano per darle il benvenuto; l'Islam lo proibisce. Ma lei mi può salutare senza inchinarsi, basta così».

Elsa rispose ricambiando il sorriso. «Il piacere è mio, Qasim. E grazie, credo che avrò bisogno di qualche lezione sugli usi e costumi di qui».

«Imparerà presto», rispose lui sempre sorridendo.

Qasim le fece strada dentro la casa che, come lui ebbe modo di spiegarle, era abitata solo da un cuoco e un guardiano. La informò che era stato incaricato dall'ADM di gestire l'abitazione come luogo di accoglienza per i nuovi volontari affinché potessero riposarsi prima di proseguire per l'ultimo tratto del viaggio.

«Ultimamente il personale all'ADM scarseggia», le disse in tono di scusa. «Ci siamo soltanto noi qui», aggiunse e indicò un uomo sorridente e sdentato che indossava un sudicio grembiule. «Lui è Faizul. Ha fame, miss? Faizul ha cucinato per lei». Il cuoco accennò un inchino e invitò Elsa al tavolo.

«Si sieda, prego», le disse.

Troppo stanca per fare complimenti, Elsa si sedette e rimase a guardare Faizul che le portava da mangiare. "Forse si aspettava un reggimento", pensò Elsa dal momento che l'uomo le servì un piatto di riso, un pollo che galeggiava in un brodoso intingolo e una ciotola di yogurt, il tutto accompagnato da enormi pagnotte calde e acqua.

«Vi va di farmi compagnia?», chiese Elsa ai due uomini.

«No, no, è tutto per lei», insisté Qasim.

«Ma per me è troppo, accomodatevi».

«Grazie, *miis*, per la sua gentilezza, ma non possiamo. Si serva pure e buon appetito!».

Elsa inspirò la fragranza della pagnotta calda, capì di essere più affamata di quanto si aspettasse – e ne spezzò un boccone. Il pane era ancora caldo, soffice, ricco di chicchi di grano. Lo mise in bocca e sorrise ai due uomini. Quindi mangiò il riso, il pollo e finì la ciotola di yogurt. Faizul aveva ragione, dopotutto, probabilmente aveva visto molti altri viaggiatori come lei, stanchi e affamati più di quanto volessero ammettere.

«Grazie, era tutto delizioso», disse complimentandosi con il cuoco che le rivolse un gran sorriso.

«Adesso dovrebbe riposare un po', *miis*», suggerì Qasim. «Non ha molto tempo».

La accompagnarono in una piccola camera da letto con bagno annesso – un lusso, immaginò Elsa. Da quanto le avevano detto, quella sarebbe stata l'ultima notte in cui avrebbe goduto di comodità quali luce elettrica e acqua corrente. Ne approfittò e fece una lunga doccia calda quindi si adagiò sul letto che aveva un materasso duro dal quale si levava odore di muffa. Ma non vi badò, si assopì subito e dormì come un ghiro avvolta nelle lenzuola sporche.

Capitolo 5

Elsa venne svegliata da un frenetico bussare alla porta.

«*Miis*, *miis*! Presto, presto».

Si alzò in fretta, si sciacquò il viso, indossò gli stessi abiti del giorno prima e si presentò nell'ufficio di Qasim. L'uomo le fornì un'altra sporta di provviste e una busta contenente vari documenti con le istruzioni relative alle sue mansioni. Infine, la accompagnarono a una jeep, sulla cui fiancata era dipinto il simbolo rosso e giallo dell'ADM, a bordo della quale avrebbe percorso l'ultimo tratto del suo viaggio verso Bamiyan.

Mentre affidava Elsa al conducente della jeep, Qasim si portò la mano al cuore, come aveva fatto il giorno prima.

«Buona fortuna, *miis*. *Khoda hafez*».

L'autista, un uomo barbuto, con i capelli unti e spettinati, le tenne aperta la portiera e, indicando la propria persona, annunciò con orgoglio: «Ismael».

«Elsa», rispose lei imitando il suo gesto. Salì a bordo della piccola jeep, Ismael avviò il motore e partirono.

«No inglisi. *Famidi*?», disse dopo un attimo rivolgendosi a Elsa.

Elsa immaginò le avesse detto che non parlava inglese e annuì.

Dopo aver percorso un breve tratto, Ismael si lasciò alle spalle le strade lastricate di Kabul per svoltare in direzione degli sterrati che, passando per la campagna, conducevano a nordovest. Il tragitto si snodava attraverso un succedersi di villaggi ridotti in macerie da anni di guerra. In uno più devastato degli altri, alcune persone circondarono la jeep gridando in inglese "grazie".

Elsa osservò la scena dal parabrezza coperto di polvere. La strada sembrava un interminabile susseguirsi di piccoli villaggi, macerie e case basse costruite con il fango. Dopo alcune ore, Ismael si fermò davanti a un baracchino, scese dalla jeep e tornò con un piatto di riso e fagioli. Si sedettero per terra a gambe incrociate a mangiare. Elsa non osò prendere il riso con le mani come faceva Ismael e utilizzò un pezzo di *naan* caldo a mo' di cucchiaio. Si accorse di nuovo che il viaggio l'aveva coinvolta al punto da farle dimenticare la fame fino a quando non aveva sentito il profumo del cibo – menta, zafferano, coriandolo e Dio sa che cos'altro – che le aveva fatto venire appetito.

Elsa ripulì il piatto e Ismael annuì in segno di approvazione.

Ripresero il viaggio lungo le strade sconnesse fino a quando Elsa sentì il bisogno di andare in bagno. Sfogliò il suo libricino di frasi in lingua dari in cerca delle parole adeguate.

«*Tashnob, lotfan*. Un bagno, per favore», disse rivolgendosi a Ismael il quale accostò la jeep alla strada e indicò a Elsa una casupola di fango abbandonata.

Elsa scese dalla jeep, portandosi dietro un rotolo di carta igienica che aveva con sé da Parigi. Entrò cauta nella casupola e si guardò attorno. Presso la sede di Aide du Monde l'avevano informata che, talvolta, sotto quelle vecchie case in sfacelo si nascondevano le mine, ma il suo bisogno impellente di svuotare la vescica prevalse sulla paura. Quando notò una serie di impronte che portavano a una montagnola di feci in un angolo, seguì le tracce immaginando che se quel percorso si era rivelato sicuro per chi l'aveva preceduta non poteva nascondere insidie.

Si acquattò cercando al contempo di sollevare l'abito e di abbassare i pantaloni, ma il bisogno era così impellente, e i nuovi abiti talmente ingombranti, che prima di riuscire a liberarsi sentì un caldo fiotto di urina bagnarle i pantaloni e imbrattarle i sandali.

«Merda», borbottò poi si guardò attorno piena di vergogna. Provò ad asciugare l'urina, ma i pantaloni erano fradici e alla fine si arrese e tornò alla jeep.

Salì a bordo, si appoggiò alla schienale, chiuse gli occhi e cadde in un sonno agitato fino a quando non fu svegliata dalle parole di Ismael.

«*Miis*, *inja*, Bamiyan».

Elsa si sporse in avanti e guardò fuori.

Per quanto Kabul fosse un luogo devastato dalla guerra e assediato da orde di persone, animali e da un'accozzaglia di veicoli le aveva comunque dato l'idea di un posto dove fosse possibile trovare i servizi di una vera città: luce elettrica, acqua corrente, grandi edifici e persino strade lastricate.

Ma Bamiyan sembrava la perfetta riproduzione di una città appartenente a un'epoca ormai dimenticata come se, nel corso dei secoli, fosse rimasta immutata. Mentre Peshawar le aveva ricordato le atmosfere dei romanzi di Kipling, Bamiyan era un luogo che evocava scenari biblici, un villaggio esotico popolato da donne velate in groppa ad asini guidati da uomini barbuti. Le case, nascoste fra aspre montagne, erano basse e color sabbia, non più grandi di rimesse per auto. A un primo sguardo sembrava che la città non fosse servita né da luce elettrica né da acqua corrente e che scarseggiasse anche il cibo, quel poco disponibile veniva cucinato su falò all'aperto. Elsa aveva sentito dire che gli animali condividevano con gli abitanti esigui spazi vitali.

Ebbe la sensazione che si trattasse di un luogo dalla terra aspra e assai poco ospitale, e lei, che non era mai nemmeno stata in campeggio, si sentiva intimidita da quel paesaggio sul quale incombevano le montagne. Non riusciva a immaginare come sarebbe riuscita ad adattarsi a un luogo come quello, ma avrebbe dovuto imparare a farlo. Per i prossimi mesi quella sarebbe stata la sua casa e, al pensiero, sentì una fitta al cuore.

Ismael proseguì lungo la strada e infine si fermò nei pressi di un cancello dietro il quale sorgeva la sede dell'ADM. Elsa scese dall'auto, esausta e con gli abiti polverosi, mentre un uomo alto e magro le veniva incontro a grandi passi. L'uomo aveva lunghi capelli lucidi che portava raccolti in una coda.

«Oh, siamo così felici che tu sia arrivata», disse con entusiasmo e con un forte accento francese. «Benvenuta, benvenuta. Piacere, Pierre Dubois». Elsa si sentì confortata da quella calorosa accoglienza e cominciò a rilassarsi.

"Andrà tutto bene", disse a se stessa. "Non ho più motivo di preoccuparmi, sono arrivata".

Pierre le fece strada dentro una piccola costruzione di fango e intonaco adibita a ufficio. «Sono stato trasferito in un altro ufficio, oltre Herat. L'unico motivo per cui mi trovo ancora qui è per accertarmi che tu riceva tutte le informazioni necessarie. Ho già preparato le valigie. L'ADM, come già saprai, non dispone di molti collaboratori. Dunque, tutti noi dobbiamo fare sacrifici. Allora...», Pierre esitò un istante mentre guardava Elsa negli occhi. «Per il momento sarai tu la responsabile qui».

Elsa lo guardò sbigottita.

«Ma... non ho mai svolto questo tipo di lavoro prima d'ora», protestò. «Non saprei nemmeno da dove cominciare, qui da sola».

«Andrà tutto bene», le disse Pierre mettendole una mano sulla spalla. «Non ti preoccupare. Questa è una sede tranquilla. I volontari dell'ospedale qui vicino ti daranno una mano».

Elsa fece un profondo respiro, non sapendo come rispondere.

«Vieni, accomodati. Abbiamo molte cose da fare. Devo ragguagliarti».

Elsa trascorse il resto della giornata ad ascoltare Pierre che le impartiva istruzioni, cercando di ignorare le mosche ronzanti e di capire il più possibile. Gli aspetti burocratici del suo lavoro sembravano infiniti ed Elsa si chiese come sarebbe riuscita ad arrangiarsi da sola.

«Vedi, non è così difficile», le disse Pierre fiducioso dopo averle fornito tutte le informazioni necessarie. «Ricorda: protocolli, procedure, relazioni. Durante il tuo soggiorno qui non sarai soltanto un'infermiera che presterà assistenza presso la clinica e l'ospedale, dovrai occuparti anche della parte amministrativa e sarai, inoltre, responsabile della clinica. Mi raccomando non esitare a chiedere aiuto, se necessario».

Elsa si morse il labbro inferiore. "A chi potrò mai chiedere aiuto, visto che sono qui da sola?", si domandò, ma evitò di esprimere le sue perplessità per paura di sembrare polemica.

Pierre le fece vedere la loro piccola biblioteca, un unico ripiano stipato di libri su traumi e malattie che gli era capitato di curare, poi afferrò un piccolo libro dalla copertina verde.

«Questo è il manuale di Aide du Monde per i volontari che operano sul posto. Portalo sempre con te», le disse. «Ti fornirà tutte le informazioni necessarie per affrontare i problemi di cui soffre la gente di qui».

Il libro era piuttosto breve ed Elsa ne sfogliò alcune pagine.

«Malaria? La gente soffre ancora di malaria qui».

«No, no, non è una malattia molto diffusa. Non preoccuparti», le rispose lui sorridendo.

«C'è un'ultima cosa che devi sapere...», cominciò Pierre quindi fece una pausa e l'espressione sul suo viso si fece seria. «Noi qui rispettiamo regole precise. Immagino avrai sentito parlare dei soldati americani di stanza a Bamiyan, vero?».

Elsa scrollò il capo, abbozzando un sorriso. Nessuno le aveva parlato dei soldati americani, ma ricevette con piacere quella notizia, quasi con un senso di sollievo.

Pierre la guardò aggrottando la fronte.

«Noi dell'ADM non approviamo la loro presenza qui. Dunque come regola numero uno non devi... come dire... "fraternizzare" con loro. Mi capisci? Non vogliamo che la gente del posto ci confonda con i soldati. È una regola alla quale ci atteniamo scrupolosamente».

Elsa annuì, sperando che Pierre non notasse la sua delusione.

«Comunque, può darsi che tu non li veda nemmeno. Io li ho incontrati pochissime volte da quando sono qui», e, così dicendo, si voltò per sollevare i bagagli. «Mi porto via il telefono satellitare, te ne manderanno un altro a breve. Nel frattempo, Johann, il responsabile della base delle Nazioni Unite sarà felice di lasciarti usare il loro».

«Da Parigi ti manderanno presto rinforzi», le disse Pierre per rassicurarla mentre si avviava verso l'uscita. «Non preoccuparti. Sono certo che te la caverai alla grande». Aprì la porta e fece un cenno a un giovane dal viso imberbe. «Vieni, vieni. Ti presento Hamid. Lui sarà il tuo interprete e assistente, il tuo, come dire, braccio destro», la informò Pierre sorridendo. «Mi spiace di dover essere così frettoloso, ma si sta facendo tardi e devo andare. Mi accompagnerà Ismael, dobbiamo partire adesso per essere certi di arrivare a Yakawlang prima che sia buio».

Elsa si fece coraggio e, assumendo un atteggiamento sicuro di sé, tese la mano a Pierre. «Grazie di tutto, Pierre».

«*Bon chance, mon amie*», le rispose lui stringendogliela forte, dopodiché partì.

Elsa cercò di combattere la paura e sorrise rivolgendosi a Hamid. Il giovane aveva occhi bellissimi e neri come il carbone, ma a parte lo sguardo intenso aveva un viso comune. Era di media statura e assomigliava a tanti altri giovani che Elsa aveva visto lungo le strade durante il viaggio che l'aveva condotta lì, con l'unica differenza che era accuratamente sbarbato e pettinato. Era evidente che si prendeva molta cura dei suoi capelli, di un nero scurissimo come Elsa non aveva mai immaginato potessero essere, che portava pettinati all'indietro in modo impeccabile e gli conferivano un'aria alla Elvis Presley.

«Sono Hamid, come le ha già detto Pierre». La voce del giovane lasciava trapelare il nervosismo, il che servì a calmare Elsa.

«Hamid. E di cognome?»

«Hamid Naseer, primogenito di Afsar, di Kabul», rispose lui annuendo. «Ma tutti mi conoscono come Hamid. Da queste parti ci chiamiamo per nome».

Elsa gli sorrise e gli tese la mano prima di ricordarsi quanto le aveva detto Qasim e ritirarla subito.

«Be', io sono Elsa Murphy, ma chiamami Elsa. Anche a me va bene così. Sono venuta qui come volontaria. È la prima volta che mi trovo in un Paese straniero e dunque avrò bisogno del tuo aiuto».

«Io non sono mai uscito da Kabul. Be', a dire il vero una volta sono andato a Kandahar con mio padre, Kandahar è una città. Ma questo luogo, Bamiyan, è completamente diverso, è polveroso e selvaggio», disse guardandosi in giro. «Anch'io avrò bisogno d'aiuto», proseguì rivolgendole un ampio sorriso che mise in mostra i suoi denti bianchi e regolari. Quella di Hamid era la prima dentatura sana che Elsa vedeva da quando aveva lasciato Parigi.

«Che cosa facevi a Kabul?»

«Studiavo. Volevo diventare un ingegnere, ma ho interrotto gli studi troppe volte e mi ci vorranno ancora diversi anni prima che possa diventarlo. *Inshallah*, sai cosa significa vero? Se Dio vuole».

Elsa annuì, lo aveva appreso dal suo libretto di frasi in dari. Hamid proseguì: «*Inshallah*, riprenderò i miei studi a Kabul l'anno prossimo. Ora non c'è niente a Kabul. Niente lavoro, soltanto mendicanti. Questo lavoro mi permetterà di aiutare la mia famiglia e di risparmiare per poter proseguire gli studi».

Dal momento che Hamid era arrivato a Bamiyan prima di Elsa, aveva già avuto modo di studiare la configurazione del luogo e, dato che era ancora giorno, la accompagnò a visitare la sua nuova casa. Posizionato alla periferia del villaggio, l'alloggio messo a sua disposizione da Aide du Monde sorgeva in una zona di case fatiscenti e di macerie lasciate dai bombardamenti. Circondata da un alto reticolo di metallo, la sede accoglieva quattro locali costruiti con fango e intonaco, e un gabinetto separato dal resto.

«Un tempo questa casa apparteneva ai talebani», le disse mentre cominciavano la visita.

«I talebani? Qui?». Elsa riuscì a stento a celare la paura che la sola parola "talebani" le suscitava. «Apparteneva a uno o più soldati talebani? Spiegati meglio».

«Probabilmente i talebani avevano sequestrato questa casa ai veri proprietari e poi, quando se ne sono andati, il proprietario originario non ha più voluto venire a vivere qui. Quando i volontari di Aide du Monde sono venuti a cercare una sede, l'uomo ha venduto loro la sua casa».

«Mi vengono i brividi», disse Elsa.

«Adesso questo posto è sicuro. Tuttavia si vedono ancora i buchi dei proiettili», disse indicando una serie di fori nel muro. «I talebani se ne sono andati. Vieni a vedere con i tuoi occhi. È una bella casa», le disse facendole strada fuori dall'ufficio.

"Un'altra cosa di cui preoccuparsi", pensò Elsa mentre seguiva Hamid in quello che veniva definito il bagno, un locale delle dimensioni di un armadio che conteneva una piccola tanica di plastica per l'acqua e un fornelletto. Hamid le spiegò che per fare il bagno avrebbe dovuto prima riscaldare l'acqua sul fornello e poi rovesciarla in una tinozza di plastica.

«L'acqua per i tuoi fabbisogni è fornita da un pozzo che si trova nelle vicinanze e viene portata qui da un asino», proseguì Hamid. «Abbiamo affidato l'incarico a un uomo che si occuperà di portarti i rifornimenti ogni volta che ne avrai bisogno. Sei molto fortunata. Figurati che a Bamiyan le donne e i bambini si procurano l'acqua attingendo ai ruscelli».

Le stanze, prive di finestre, venivano illuminate da una lanterna o da candele. Il gabinetto era una latrina costruita con il fango e situata in una minuscola struttura collocata sul tetto. Elsa avrebbe dovuto salire i gradini di una scala di fango essiccato per raggiungerla.

Amid la accompagnò in un'altra minuscola stanza. «Questa è la tua camera», disse.

Elsa rimase in piedi nel vano dell'entrata del suo nuovo quartier generale a osservare quel minuscolo habitat, considerando che l'aggettivo "minuscolo" era fin troppo generoso. Lunga due metri e mezzo per tre la stanza sembrava l'interno di una scatola di cartone. Le pareti e il pavimento erano di fango essiccato e tutto era di colore marrone fatta eccezione per il letto, che altro non era se non un materassino di gommapiuma collocato al centro della stanza la cui monotonia era ravvivata da uno scampolo di stoffa rosso fuoco che fungeva da copriletto.

«L'inverno è passato, ormai, ma di notte e al mattino presto fa ancora freddo», la informò Hamid indicando una pila di coperte. «Quelle ti terranno caldo fino all'arrivo della primavera».

Elsa si strinse le braccia attorno al corpo per allontanare il freddo che cominciava già a farsi sentire.

«E dov'è la tua stanza?», gli chiese lei.

Hamid la guardò sconvolto.

«Non qui, Elsa. Non posso abitare qui insieme a te. L'Islam lo proibisce».

«Ma io e te lavoreremo insieme, no?». Per qualche ragione Elsa sentì che avere Hamid al suo fianco avrebbe costituito una grossa differenza. «Ci è permesso diventare amici, o no?»

«Sì, lavoreremo insieme, ma uomini e donne non possono essere amici», disse, quindi rimase in silenzio come se stesse riflettendo su qualcosa. «Ma possiamo fare finta che tu sia mia sorella. Allah ce lo permetterà. Sì, sarai mia sorella». Le sorrise soddisfatto di avere trovato una soluzione.

«Dove abiti, allora? Qui vicino?»

«Ho affittato una stanzetta al bazar. Non è lontano da qui. Stanotte un *chowkidor* – un guardiano – resterà qui fuori. Non permetterà a nessuno di entrare. Sarai al sicuro. Adesso vai a riposare, verrò a prenderti domani».

Con quelle parole, Hamid si congedò dopo aver fatto un breve inchino.

Elsa si guardò in giro, cercando di abituarsi al nuovo ambiente mentre il crepuscolo scendeva. Rispetto al nuovo alloggio, la sua camera a Dorchester sembrava la sala di un palazzo reale.

Sfinita, dopo il lungo viaggio e confusa dalle tante novità della giornata, non riuscì a fare null'altro se non gettarsi sul materassino e rannicchiarsi sotto una coperta. In balia della solitudine e delle mille preoccupazioni che l'assalirono pensò a sua madre e a quanto sarebbe stato bello se fosse stata ancora viva per assistere al suo viaggio da Dorchester all'Afghanistan.

Capitolo 6

Un lungo lamento strappò Elsa dal sonno. Si mise seduta sul materassino e, nonostante fosse ancora buio, capì che era già mattino e quel lamento era il tradizionale richiamo alla preghiera. L'aveva già sentito il giorno prima, quando era insieme a Pierre, e lui le aveva spiegato che lo avrebbe sentito cinque volte al giorno. Elsa diede un'occhiata all'orologio, ma la stanza era ancora immersa nell'oscurità e non riuscì a vedere che ore fossero. Si sdraiò di nuovo e si tirò la coperta fino al mento per proteggersi dal freddo della notte, ancora nell'aria, e rimase in ascolto.

La melodia era di una bellezza ammaliante, ma lei era ancora troppo stanca per goderne. Provò a estraniarsi, nell'intento di riprendere sonno, ma non vi riuscì, oramai era sveglia.

Privata dal sonno e ancora stordita per il jet lag, tornò a mettersi seduta sul letto e armeggiò nel tentativo di trovare la minuscola scatola di fiammiferi che Hamid le aveva lasciato. Con la scatolina in mano, sfregò un fiammifero, accese la lanterna e accolse con piacere la seppur fioca luce che illuminò le tenebre.

Guardò l'orologio un'altra volta, erano le quattro e mezzo.

"Oh, mio Dio, sarà così tutte le mattine?".

Si fece strada con la lanterna in mano, indossò una vestaglia e si diresse verso il minuscolo gabinetto dove era appeso uno specchio ricoperto di polvere, ma integro, e, alla flebile luce della lanterna, guardò la propria immagine riflessa. Lo specchio era appeso un po' troppo in alto e, data la sua statura, dovette mettersi in punta di piedi. Con gli occhi ancora assonnati, si fece una crocchia che si legò all'altezza della nuca. Si lavò i denti con lo spazzolino, ma senz'acqua dal momento che l'uomo con il suo asino doveva ancora arrivare e si passò una pezza asciutta sul viso prima di stendersi sulle labbra un velo di lucidalabbra rosso. Il rosso, pensò, era il colore adatto per inaugurare il suo primo giorno a Bamiyan. Un bel rosso acceso aveva sempre la capacità di instillarle fiducia, di farla sentire più forte, persino più alta. La sua scorta di rossetti, cinque confezioni in tutto, un colore per ogni stato d'animo, era stata la prima cosa che aveva provveduto a mettere in valigia. Sapeva che ne avrebbe avuto bisogno per sentirsi in gamba e sempre in ordine. Sorrise alla propria immagine, constatando ancora una volta che quel tocco di colore aveva modificato non soltanto le labbra, ma anche il suo stato d'animo. Era disposta ad abituarsi a vivere senza luce elettrica e persino senza acqua corrente, ma mai senza rossetto.

Raccolse da terra la lanterna, tornò nella sua stanza e prese il manualetto dalla copertina verde che Pierre le aveva lasciato. Nonostante la debole luce, cominciò a sfogliarlo.

Quando finalmente scorse un raggio di luce argentata filtrare attraverso la porta, si infilò gli abiti nuovi – l'abito lungo fino ai piedi, i pantaloni larghi e un maglione pesante. Si sistemò la sciarpa sul capo e infilò i sandali di plastica. Pensò che, escluso il rossetto, avrebbero potuto scambiarla per una donna afgana.

Hamid arrivò allo spuntare del sole.

«Bella giornata, vero?», disse, incurante dell'aria gelida. «Ti trovo bene. Ti ho portato del naan caldo. Posso riscaldare l'acqua di ieri per il caffè?»

«Sì, certo», rispose Elsa con gratitudine. «Ho i fiammiferi che mi hai lasciato ieri, ma non ho idea di come accendere un fuoco per cucinare».

«Dammi, ti faccio vedere».

Hamid raccolse un po' di sterpaglia e della carta dalla scorta vicino alla porta. Si accucciò, sfregò un fiammifero e accese un piccolo fuoco sotto una gratella. Vi sistemò sopra il bollitore e tirò fuori le tazze e il caffè solubile.

«Nello stesso modo puoi scaldare l'acqua per farti il bagno. *Famidi*? Capito?».

Elsa annuì mentre spezzava il pane caldo.
Quando ebbero terminato la parca colazione, partirono alla volta dell'ospedale.

La brezza marzolina era frizzante, come Hamid le aveva preannunciato, ed Elsa vedeva il proprio alito condensarsi ogni volta che apriva bocca. Si strinse nel maglione e uscirono di casa. Si recarono sul retro dell'alloggio e attraversarono un piccolo corso d'acqua prima di incamminarsi lungo un sentiero battuto che si snodava attraverso campi un tempo verdeggianti ora inariditi e trascurati.

«Non dovremmo fare attenzione ai campi minati? È sicuro camminare qui?», gli chiese Elsa ricordandosi, tutto d'un tratto, le raccomandazioni che le erano state impartite a Parigi.

«A Bamiyan il terreno è stato bonificato dalle mine. Siamo al sicuro qui», disse Hamid.

Elsa tirò un sospiro di sollievo. "Una cosa in meno di cui preoccuparsi".

Attraversarono un ponte di legno traballante ed Elsa colse nell'aria l'odore acre dei fuochi accesi per cucinare. Minuscole case di fango punteggiavano la strada. Il luogo sembrava il più squallido che potesse esistere al mondo e il terso cielo azzurro costituiva l'unica nota di colore.

Dai campi emersero al centro del villaggio costituito da un'unica strada principale lungo la quale sorgevano bancarelle traballanti e botteghe che vendevano di tutto, dalle saponette ai bollitori per il tè.

«Io abito qui», disse Hamid indicando un edificio fatiscente con una scala esterna che portava a un secondo piano.

«Carino», commentò Elsa. «La tua stanza è al piano superiore?».

Hamid annuì. «Ho la vista sulla strada principale del villaggio. Vedo tutto quello che succede», disse fiero.

Elsa si guardò attorno, affascinata. Nonostante il mercato fosse circondato dalle macerie di edifici bombardati, c'erano delle ghirlande luminose, simili a quelle natalizie, sistemate attorno ad alcune bancarelle. Il centro era in piena attività, e le gente affluiva sempre più numerosa. Gli uomini sul posto smisero di chiacchierare per osservare Elsa, la quale sostenne fiera i loro sguardi. Dopo un momento di curiosità, vide gli uomini tornare alle loro faccende e lei rimase a osservarli.

La gente del luogo, dagli occhi a mandorla e dal naso schiacciato, aveva tratti all'apparenza asiatici. Uomini e donne avevano la pelle più scura di quanto Elsa si aspettasse, ma guardandoli meglio notò che non soltanto era sciupata dal sole e dal vento, ma era anche resa più scura da una coltre di sporcizia. Elsa abbassò lo sguardo sulle proprie mani e vide che del nerume si era giù insinuato sotto le sue unghie. Si chiese quanto tempo sarebbe trascorso prima che anche la sua pelle assumesse quella patina caliginosa.

Notò che gli occhi di tutti – donne, bambini e persino uomini – erano messi in evidenza da una decisa linea di kajal. Le donne portavano grandi orecchini di metallo che pendevano dai lobi e sottili bracciali scintillanti che tintinnavano come campanellini a ogni movimento. Indossavano abiti e sciarpe attorno al capo dagli smaglianti colori rosso e giallo, niente a che vedere con le tinte scialbe che lei aveva scelto per sé dal sarto di Peshawar.

«Hazara», disse Hamid come se le avesse letto nel pensiero. «La gente di qui è di etnia hazara – selvaggi bifolchi per alcuni, brillanti guerrieri per altri. Come vedi le donne indossano abiti molto colorati e sebbene portino il velo non indossano quasi mai il burqa».

Erano bellissimi gli hazari, esotici e misteriosi allo stesso tempo.

«Gli hazari sono persone dal carattere fiero. Avrai notato il loro sguardo deciso. Si dice che da queste parti persino le donne abbiano lottato contro gli invasori talebani».

«Anche le donne?», chiese Elsa.

«Ah, questa è una storia che ti racconterò un'altra volta», disse Hamid indicandole un punto in lontananza. «Siamo quasi arrivati».

Proseguirono fino a quando non giunsero all'ospedale e, una volta varcato il cancello, Elsa ebbe la prima visione del luogo in cui avrebbe lavorato. L'edificio basso, a un solo piano, era stato imbiancato a calce, il che lo rendeva facilmente individuabile rispetto alle case di fango che predominavano nel villaggio.

Hamid era già stato lì e le riferì quanto aveva imparato.

«L'ospedale ha diciotto letti, destinati a coloro che sono molto malati», le disse. «La maggior parte di quelli che arrivano qui per ricevere cure viene assistita dai propri familiari».

Mentre attraversavano il corridoio, Elsa sbirciò dentro le stanze. Pazienti in preda alla febbre, scatenata da malattie quali tifo o meningite, giacevano madidi di sudore su vecchie brande di metallo. Nell'aria aleggiava il tanfo della malattia e dei corpi sudici. Le stanze erano affollate di parenti dal momento che almeno un familiare, e talvolta più d'uno, assisteva i pazienti quando bisognava lavarli e dar loro da mangiare.

La clinica era situata vicino all'ospedale, si trattava di un'altra struttura a un solo piano, imbiancata, costituita da tre ampie stanze, due delle quali erano adibite alle visite mentre la terza aveva l'aria di un pronto soccorso di fortuna. Non erano disponibili attrezzature per i raggi, né macchine per l'elettrocardiogramma né un laboratorio. Elsa notò tuttavia degli armadietti che contenevano bende e il necessario per praticare flebo e suturare ferite; lo stretto indispensabile per assistere un malato.

Elsa si guardò attorno e sospirò. La clinica era affollata, gruppi di gente del vicino villaggio reclamavano attenzione a gran voce e si muovevano in massa da una parte all'altra. Elsa cercò di mandare giù il nodo che le si era formato in gola mentre quel po' di fiducia che aveva conquistato l'abbandonava.

Anche Hamid era nervoso, Elsa lo capiva dal suo tono di voce.

«Vieni, forza», le disse. «Devi conoscere l'équipe medica. Sono tutti afgani, ma credo che alcuni di loro parlino un po' di inglese». Le fece strada in un piccolo ufficio e si rivolse a due persone che avevano l'aria di essere medici.

Una delle due era una giovane graziosa di nome Laila. Era piccola, con gli occhi che le brillavano, i capelli scuri, una voce melodiosa e un sorriso che non le abbandonava mai le labbra. A Elsa pareva felice e non riusciva a comprenderne il motivo.

Il marito di Laila, Ezat, un uomo dalla faccia severa, con una folta barba, e un costante cipiglio, era l'altro medico. Elsa si chiese se Laila intendesse offuscare con il suo perenne sorriso l'espressione di Ezat.

Ezat si alzò e si rivolse a Elsa con una voce bassa che contrastava con l'espressione dura sul volto.

«Perché hanno inviato una donna, un'infermiera, in un posto come questo? È un insulto nei miei confronti. Che cosa potrà mai insegnarci?».

Elsa sentì il rossore divamparle sulle guance e quando parlò si rese conto che le parole le uscivano a stento nonostante desiderasse dare di sé un'impressione diversa.

«Aide du Monde mi ha mandato qui a lavorare al suo fianco, non per insegnarle qualcosa. Anzi, immagino che sarà lei a insegnare qualcosa a me». Fece una pausa e respirò profondamente. «Voglio comunque che lei sappia che sono venuta qui per restarci».

Ezat si accigliò ancora di più e un istante dopo la piantò in asso.

Elsa rimase così confusa dall'episodio che durante le successive presentazioni non riuscì a memorizzare un solo nome, nonostante i membri dello staff – due infermieri e un addetto alle pulizie – l'avessero accolta cordialmente. Ancora frastornata dalla rabbia che le aveva manifestato Ezat, dallo spropositato numero di pazienti e dal caos generale, annunciò a Hamid la sua intenzione di dare un'occhiata in giro. Era sua intenzione familiarizzare al più presto con il nuovo ambiente.

Nonostante la struttura ospedaliera fosse minuscola, se paragonata a quella di Boston, si rese subito conto che c'era molto da fare, anche se aveva l'impressione di avere dimenticato tutto quello che Pierre le aveva detto. Aveva assimilato le informazioni che riguardavano la direzione dell'ospedale e della clinica, i protocolli e le procedure, ma a parte quello, non avrebbe saputo che altro fare.

Di nuovo venne assalita dal panico e uscì all'aperto per trovare un luogo dove rimanere un po' da sola.

Si sedette su un basso muretto sul retro dell'ospedale ed estrasse il manuale medico dalla borsa, sperando di trovarvi qualche risposta alle sue domande. Mentre cominciava a sfogliarlo, venne raggiunta da Laila che si sedette accanto lei.

«Non parlo bene l'inglese, Elsa», le disse con titubanza. «Mi dispiace per come si è comportato Ezat. Ammetto che non è educatissimo, ma è un bravo medico. Stai bene? Mi sembri nervosa».

«Mio Dio, Laila, sono terrorizzata. Forse Ezat ha ragione. Ora che sono qui, non sono più così sicura di poter essere d'aiuto», ammise Elsa chiudendo il manuale e tenendoselo in grembo.

«Non ti preoccupare», disse Laila posando una mano su quella di Elsa. «Sei qui per aiutarci. Noi vogliamo sapere che cosa possiamo fare per la nostra gente e sono sicura che tu potrai trasmetterci quello che sai e quello che è scritto lì», disse indicando il manualetto verde. «Sarebbe bello se tu riuscissi a far avere anche a me e a Ezat uno di questi», disse indicando il libricino che Elsa teneva in grembo.

«Certo, c'è una piccola biblioteca in ufficio. Mi sembra di averne vista un'altra copia, te la porterò domani».

«Vedi? Ci hai già aiutato. Possiamo studiare il manuale insieme», disse Laila sorridendo e saltando giù dal muretto. «Ora devo tornare dentro. C'è molto da fare. Domani puoi lavorare insieme a me», aggiunse girandosi e tornando verso la clinica.

«Grazie, Laila», gridò Elsa alle sue spalle, sentendosi già meglio.

Riprese a sfogliare il libro e si soffermò sull'indice e sull'introduzione. Con sgomento si rese conto che non aveva mai sentito nominare almeno la metà delle malattie elencate: filariasi, leishmaniosi...

"Mio Dio, che malattie sono mai queste?", si chiese.

Trascorse il resto della mattina seduta sul muretto, leggendo e memorizzando i sintomi di malaria, tifo, meningite, gozzo, verminosi e dissenteria, e studiando a memoria le relative cure e le dosi dei medicinali da somministrare.

Alla fine, chiuse il manuale con un sospiro non riuscendo a

immaginare come quella gente potesse sopravvivere a simili patologie.

Elsa e Hamid cenarono a base di riso e fagioli e quando Elsa rimase sola, provò a mettere a punto la nuova routine quotidiana. Utilizzò un grosso mestolo per trasferire l'acqua dalla tanica in cortile al secchio. Poi strascinò quest'ultimo nel bagno e rovesciò l'acqua nel serbatoio di riscaldamento. Prese una bracciata della sterpaglia che Hamid le aveva lasciato e la mise sotto il serbatoio, poi sfregò un fiammifero con il quale riuscì ad accendere un piccolo falò.

Ce l'aveva fatta!

Quindi raccolse il sapone, lo shampoo, un asciugamano, la camicia da notte e la lanterna a cherosene. Una volta scaldata l'acqua, riempì un secchio capiente e cominciò a lavarsi. Si insaponò, si sfregò per bene e poi si sciacquò con la poca acqua che aveva a disposizione. Poi si inginocchiò e immerse la testa nel secchio. Versò un po' di shampoo sui capelli, li lavò e immerse di nuovo la testa nel secchio per risciacquarli.

Alla fine, decise che non si sarebbe sottoposta a quella trafila tutte le sere.

"Quantomeno per stasera sono pulita e questo è già qualcosa", pensò con sollievo.

Una volta tornata nella sua stanza, Elsa rabbrividì e indossò un maglione pesante e un paio di calze di lana prima di infilarsi sotto le coperte per affrontare la notte. Si coricò e soffiò sulla fiammella della lanterna. Prima che potesse pensare a quanto fosse stanca, si addormentò.

Il mattino seguente alla clinica incontrò Laila e le consegnò il piccolo manuale verde.

La ragazza accolse il gesto con un sorriso ancora più grande di quello del giorno prima.

«*Besiar tashakur*, amica. Ezat, vieni a vedere che cosa ci ha portato Elsa!».

Ezat mise fuori la testa dalla sala visite con la fronte aggrottata, disapprovando l'intrusione.

«*Che'ast*? Che cosa c'è?», chiese con fare impaziente. Laila, imperturbabile, gli rispose con la sua voce melodiosa.

«Un libro, Ezat. Elsa ci ha portato un libro da consultare».

Ezat uscì dalla sala visite e tolse il libro di mano a Laila. Fece scorrere le dita sulla copertina e l'accenno di un sorriso gli increspò le labbra.

«*Tashakur*, Elsa, *tashakur*. Pierre non si ricordava mai di portarcelo», disse e stringendo a sé il manuale tornò nella sala visite.

Elsa accompagnò Laila nel suo giro di visite mentre Hamid le seguiva come un'ombra. I tre attiravano l'attenzione dei pazienti e di coloro che erano lì in visita e a ciascuno di loro Laila spiegava che Elsa era la nuova infermiera venuta dall'America per prestare aiuto.

Una donna anziana dalla pelle avvizzita, che sembrava troppo fragile persino per stare seduta, si sollevò dal letto e si sporse verso Elsa accarezzandola. Le sorrise e poi, annuendo, le prese la mano.

«Vedi, le piaci», le spiegò Laila. «Sono certa che molti avranno la stessa reazione di questa donna. Ci sarai di grande aiuto».

Una volta completato il giro delle visite, Laila si diresse alla clinica. «Sono già in ritardo. Guarda che folla. È così ogni giorno. Ci sono troppi malati e noi siamo in pochi. Daremo la precedenza ai casi gravi poi, se avremo tempo, ci occuperemo degli altri».

Elsa rimase a guardare mentre alcuni pazienti venivano allontanati. A quanto pareva per poter essere visitati bisognava dimostrare di versare davvero in gravi condizioni. Scoppiarono risse fra i pazienti e alla disperazione si aggiunse altra disperazione.

«Sono troppi per noi», commentò Laila. «Non possiamo fare molto».

«Come posso rendermi davvero utile?», chiese Elsa.

«C'è troppa gente che aspetta, alcune di queste persone hanno problemi di poco conto – irritazioni cutanee, tosse. Prova a dare un'occhiata, Elsa, scegli fra i pazienti che ti sembrano affetti da malattie che hai già trattato. Questo sarebbe un buon inizio».

Provvista di penicillina, pomate, antidolorifici, e dell'inseparabile manuale verde, Elsa si fece largo fra la folla e cominciò a curare ulcere purulente e ferite da lungo tempo infette. Si accucciò e con delicatezza si accinse a pulire il pus dalla gamba maleodorante di un vecchio pelle e ossa prima di lenire la ferita con una pomata e proteggerla con una garza. Se la cavò egregiamente dal momento che al pronto soccorso di Boston aveva trattato ulcere simili ai senzatetto che dormivano sotto i ponti.

Un altro vecchio si chinò e la guardò mentre lei gli disinfettava le ferite. Quando Elsa ebbe completato il bendaggio, l'uomo sollevò la gamba considerando soddisfacente il lavoro eseguito. Il vecchio rivolse a Elsa un ampio sorriso e, portandosi la mano al cuore, si inchinò prima di andarsene zoppicando.

Elsa distribuì penicillina e antidolorifici, venne in soccorso di persone che non si reggevano in piedi o afflitte da una tosse sconquassante e dispensò minuscole pillole che avrebbero ripulito il ventre gonfio di vermi a tanti bambini. Immersa nel lavoro, dimenticò il suo nervosismo, e dispensò sorrisi ai malati mentre faceva il possibile per farli stare meglio.

Notò che i pazienti la guardavano con curiosità – chi era quella giovane straniera venuta da lontano per disinfettare le ferite purulente di un vecchio? Alla fine della giornata, Laila la raggiunse e le disse che aveva sentito un paziente mormorare: «L'ha mandata Allah».

Il mattino successivo, Elsa venne sottratta alla sua routine da un insistente bussare al portone principale. Si coprì il capo con la sciarpa e corse ad aprire aspettandosi di trovarsi davanti Hamid. Invece, si trovò a tu per tu con un uomo piccolo e nervoso, di origine europea, che togliendosi gli occhiali dalla montatura di metallo e asciugandosi con la manica la fronte imperlata di sudore, le chiese se era lei Elsa Murphy.

Elsa annuì chiedendosi se fosse un membro di Aide du Monde.

«Sono Johann, rappresentante delle Nazioni Unite», disse girandosi e indicando un edificio lì vicino sul quale campeggiava il simbolo delle Nazioni Unite. «Pierre Dubois mi ha dato il suo nome. Posso entrare, per favore?», le chiese con voce tremante.

«Ma certo. Entri pure. È un piacere conoscerla», disse Elsa porgendogli la mano.

Johann gliela strinse con entrambe le mani trattenendola saldamente. Elsa sentì che aveva i palmi sudati e pensò che l'uomo era persino più nervoso di lei, il che le suscitò un sorriso.

«Io...», esitò l'uomo, manifestando la sua difficoltà ad affrontare l'argomento. «Mi dispiace dover essere così brusco, ma sono venuto a darle brutte notizie. Aide du Monde mi ha contattato chiedendomi di informarla...», la voce dell'uomo si incrinò mentre si portava la mano agli occhi. Elsa rimase sorpresa nel vedere che stava piangendo.

«Pierre non è mai giunto a Yakawlang. L'auto sulla quale viaggiava è stata assalita da un gruppo di banditi, forse talebani, e...». Johann si asciugò le lacrime e si schiarì la voce. «Pierre e il suo autista sono rimasti uccisi».

Elsa impallidì.

«Uccisi? Pierre e Ismael? Oh, mio Dio!», si sentì mancare e dovette appoggiarsi contro il muro per non cadere.

«È una notizia orribile, lo so. Pierre era mio amico, ma siamo in Afghanistan, eventi simili ci ricordano che questa è una parte del mondo molto pericolosa».

Nonostante non avesse avuto il tempo di conoscere bene Pierre e Ismael, la notizia della loro morte le provocò una profonda tristezza. Che cosa le aveva detto Pierre?, "Tutti qui dobbiamo fare sacrifici".

Le si riempirono gli occhi di lacrime e guardò Johann.

«Alla sede dell'ADM le hanno per caso detto che cosa devo fare? Hanno intenzione di sospendere il programma di aiuti umanitari?»

«No, no, credo che per lei non cambierà niente. Naturalmente, passerà un po' di tempo prima che possano inviare un'altra persona, ma c'è bisogno di lei qui e, almeno per il momento, Bamiyan è un luogo sicuro».

L'uomo sospirò e fece per andarsene, ma poi si fermò e guardandola disse: «Se dovesse avere bisogno di aiuto, Elsa, non esiti a rivolgersi a me».

Elsa ringraziò Johann, chiuse il portone e tornò nella sua stanza con passo malfermo.

"Mio Dio, che ci faccio io qui? Tutta sola in Afghanistan in una casa di talebani?", pensò.

Per un attimo desiderò che la rimpatriassero. Forse, dopotutto, aveva sbagliato ad accettare l'incarico. Chiuse gli occhi e aspettò l'arrivo di Hamid. Quando gli diede la triste notizia, il ragazzo sgranò gli occhi.

«Era l'imbrunire quando sono partiti… troppo tardi, credo, per viaggiare lungo quelle strade. I banditi vedono una bella auto straniera e sanno subito che a bordo ci sono uomini che possiedono radio e denaro. Se Pierre avesse aspettato fino al mattino, forse le strade sarebbero state più sicure».

Hamid scrollò il capo tristemente, e insieme si avviarono verso la clinica.

Elsa trascorse l'intera giornata con le lacrime agli occhi, sentiva un peso sul cuore e la preoccupazione l'attanagliava. Sapeva che in Afghanistan avrebbe corso dei rischi, ma non le erano mai sembrati tanto vicini quanto in quel momento. Che cosa poteva fare? Non voleva arrendersi e tornare a casa. Era lì da meno di una settimana, doveva concedersi del tempo, sarebbe stato stupido ripartire adesso. Non aveva intenzione di lasciare la clinica, e Pierre, dopotutto, era stato ucciso proprio mentre era in viaggio. Concluse che era più sicuro restare lì. Prima o poi l'ADM avrebbe mandato rinforzi.

Quando comunicò a Laila e a Ezat la notizia della morte di Pierre, le sembrò di veder mutare lo sguardo di Ezat, le parve persino di scorgere una lacrima, prima che lui le voltasse le spalle.

Capitolo 7

Elsa si trovava a Bamiyan da meno di una settimana quando aveva visto gli elicotteri dell'esercito americano volteggiare sopra la sua testa mentre camminava lungo la strada. Si era fermata ed era rimasta a guardarli, a naso in su, con gli occhi sgranati. La loro mera apparizione l'aveva rincuorata, aveva capito che era soltanto questione di tempo, prima o poi i soldati si sarebbero palesati. Ogni giorno si guardava attorno, sperando di vederli mentre saliva le scale che portavano sul tetto di casa sua. Ma ovunque fossero, si tenevano ben nascosti.

Tutte le mattine Elsa cominciava la sua giornata sul tetto, sorseggiando il caffè e guardando il villaggio che si animava. Ascoltava il canto dei galli, il raglio degli asini e il rincorrersi dei rumori delle varie attività portate avanti dalla gente del villaggio.

Un mattino, mentre lei e Hamid attraversavano il corso d'acqua diretti alla clinica, una banda di bambini, fra i quali spiccava una sola femmina, si unì a loro e li seguì per tutto il tragitto senza mai smettere di chiacchierare e di rivolgere domande a Elsa che Hamid traduceva senza celare il suo divertimento.

«Come ti chiami?»

«Elsa e voi?».

I ragazzini risposero in coro ciascuno con il proprio nome, ridendo.

«Seema».

«Bouman».

«Noori».

«Hussein».

«Syed».
«Assadullah».
Poi ripresero a rivolgerle domande.
«Hai figli?»
«No, non ancora».
«Oh», risposero tristi poiché non avere bambini era considerata una tragedia a Bamiyan.
«Dov'è tuo marito?»
«Non ho un marito».
E i loro occhi scrutarono il volto e le mani di Elsa in cerca di quella deformità che doveva averle impedito di trovare marito e, non trovandone traccia, sospirarono e ripresero a chiacchierare.
«Sai leggere?».
«Sai contare?».
«Ci sono scuole nel tuo paese?»
«*Balay*, sì», disse Elsa annuendo e poi pregò Hamid di dire ai bambini che *loro* sarebbero dovuti essere a scuola, ma questi risposero con un'altra risata.
«Non ci sono scuole qui. Non possiamo andarci. Dobbiamo lavorare». Poi, come se si fossero improvvisamente ricordati dei loro doveri, si dileguarono correndo in mezzo ai campi.
L'infanzia durava poco in Afghanistan.
La banda di ragazzini prese l'abitudine di seguirla tutte le mattine. In una giornata di sole, Elsa rimase a guardarli mentre correvano via e fu in quel frangente che, appena oltre i campi, scorse un piccolo convoglio dell'esercito americano percorrere la strada principale. Nascosta alla vista, grazie alla sterpaglia che cresceva nei campi, si sollevò in punta di piedi e rimase a guardare il gruppo che si fermava mentre uno dei soldati saltava giù dal veicolo. Elsa allungò il collo per vedere perché fosse sceso e scoprì che il piccolo Syed era caduto sbucciandosi le mani. Era seduto tutto solo al margine della strada e piagnucolava. Il soldato si accucciò vicino a Syed e si rivolse a lui pacatamente, poi prese il ragazzino e se lo issò sulle spalle. Syed prese a ridere con la sua vocina stridula e il soldato si girò. Elsa

rimase senza fiato, nonostante la distanza che li separava vide che il soldato aveva occhi di un azzurro intenso e quando sorrise gli si illuminarono. Fu quel sorriso cordiale che catturò il suo sguardo. Elsa trattenne il fiato e rimase a guardare il soldato che depositava con cautela Syed su una roccia lungo il margine della strada ed esaminava le ferite del piccolo. Parlò al bambino, che rispose annuendo con un sorriso. Un attimo dopo il soldato saltò di nuovo a bordo della jeep, salutò il bambino e il convoglio ripartì.

«Su, andiamo», le parole di Hamid la risvegliarono dal suo stato di trance.

«Scusa, mi sono distratta», disse ritornando sul sentiero, ma non riuscendo a pensare ad altro che all'affascinante soldato.

Poco dopo il suo arrivo a Bamiyan, Hamid le trovò compagnia. La donna si chiamava Amina e, nonostante avesse più o meno l'età di Elsa, si comportava come fosse la sua sorvegliante, la protettrice della sua virtù e reputazione, oltre a fungere da cuoca e da accompagnatrice. Amina era una vicina di casa di Elsa e aveva accettato con entusiasmo la posizione che Hamid le aveva offerto.

Amina era venuta al mondo con sei dita della mano destra, la mano "buona". Elsa venne a sapere che per la gente del posto la mano sinistra era considerata sporca, veniva usata per lavarsi, ma mai per mangiare né per toccare un'altra persona. Avere la mano destra offesa la rendeva "sporca". Secondo coloro che si affidavano alle superstizioni, la mano di Amina era contaminata dal male. Più di un uomo si era rifiutato di sposarla dopo essersi accorto di quella particolarità.

Nonostante la malformazione, e le sue conseguenze, Amina era animata da uno spirito sempre allegro e sul suo viso si leggeva un'espressione di sorprendente serenità accentuata da due begli occhi castani, da una pelle impeccabile e da lunghi capelli neri. Quando Hamid la presentò a Elsa, la giovane le rivolse un ampio sorriso e, nonostante non parlasse inglese, comunicava piuttosto bene con gesti e cenni del capo.

Elsa le fece vedere l'edificio e quando arrivarono nella sua stanza, Amina si accigliò. Si portò al centro del locale, scosse il capo e chiese a Elsa di aiutarla a disporre la valigia in modo tale che potesse essere utilizzata a mo' di tavolino sul quale collocò una torcia, una lanterna e alcuni libri. Completata l'opera, sorrise annuendo.

Munite di un martello, Elsa e Amina piantarono nelle nude pareti dei ganci ai quali appesero i loro abiti dopodiché si recarono al vicino bazar dove acquistarono un coloratissimo tappeto di plastica e tanti piccoli cuscini decorati con perline e minuscoli specchi che avrebbero ravvivato la camera da letto di Elsa.

Amina mercanteggiò il prezzo di ogni singolo oggetto che Elsa acquistò. Teneva il sesto dito all'interno del palmo della mano che copriva con la manica del vestito, poi gesticolava con foga accigliandosi e alzando la voce fino a quando non spuntava un prezzo che riteneva ragionevole. Quando uscivano dal negozio, Amina riassumeva la sua indole mite, abbassava lo sguardo con pudore e sussurrava un "*tashakur*".

A ogni sosta che facevano, Elsa rimaneva a osservare Amina, affascinata. Ben presto capì che la giovane era un osso duro con il quale tutti i venditori dovevano vedersela.

In casa le due donne stabilirono una routine che presto divenne loro familiare. Al mattino, Amina preparava tè e riso e Hamid portava il pane caldo che si procurava durante il tragitto. Dopo avere fatto colazione, Hamid ed Elsa partivano alla volta dell'ospedale e Amina rimaneva a casa a sbrigare le faccende e a preparare la cena.

Amina era pagata per il lavoro che svolgeva, questo particolare la rendeva diversa dalla maggior parte delle donne afgane. Hamid rivelò a Elsa che adesso Amina accarezzava dei sogni, non soltanto perché possedeva del denaro, ma soprattutto perché lavorava per un'infermiera straniera. Aveva deciso di chiedere a Elsa di eliminare una volta per tutte la sua odiata "appendice", convinta che senza di essa avrebbe trovato marito.

Elsa sperò che Amina non le rivolgesse mai una simile richiesta, ma non disse nulla.

Ogni mattina, Elsa svolgeva il suo lavoro presso la clinica e, con Hamid al suo fianco, entrava in contatto con un numero incredibile di persone che si lamentavano per sintomi banali. Teneva sempre il suo libretto verde in tasca e lo consultava spesso. La prima volta che fu in grado di diagnosticare da sola un caso di leishmaniosi avrebbe voluto esultare. Invece, si limitò a sorridere mentre pennellava la ferita con il medicamento indicato per poi dimettere il paziente subito dopo. Ogni giorno riportava nuove piccole vittorie, e nel giro di poco, la coda infinita di pazienti si ridusse notevolmente.

Quando la clinica era chiusa, Elsa sbrigava le pratiche che giacevano sul suo tavolo. Le sue giornate erano particolarmente faticose, ma lei si stava abituando al suo nuovo stile di vita ascetico.

Poiché viveva a lume di candela, o alla flebile luce della lanterna, le faccende cui si poteva dedicare al mattino presto o a tarda sera erano limitate, per cui cercava di concentrare tutte le sue attività nelle ore in cui era possibile beneficiare della luce del giorno. Di solito giungeva a casa all'imbrunire, ma fortunatamente le giornate si stavano già allungando. Dopo cena, lei e Amina si muovevano nella semioscurità disponendo di una scorta limitata di kerosene.

Le operazioni di igiene personale richiedevano una lunga preparazione – bisognava prendere la legna, riempire il serbatoio e riscaldare l'acqua – così Elsa cominciò a lavarsi una volta ogni due o tre giorni. Altri cambiamenti nella sua vita richiesero maggior spirito di adattamento.

Dormire sul materassino era scomodo dal momento che era duro e il pavimento era freddo. Le mancava anche il non potersi sedere, doveva, invece, accucciarsi per fare qualsiasi cosa: mangiare, scambiare quattro chiacchiere, visitare i pazienti, e persino fare i suoi bisogni. Si ritrovò ad agognare una sedia, un letto o un water e ben presto le venne la nausea dell'eterna dieta a base di riso e fagioli.

Ma Elsa si guardava bene dal lamentarsi. Hamid le aveva ripetuto più di una volta che era fortunata a vivere in quella casa. Il cibo, la sua stanza e l'asino che le portava l'acqua erano tutte cose che a Bamiyan venivano considerate un lusso.

Nei rari momenti di calma, Hamid le insegnava il dari – la variante afgana della lingua persiana – nonché le regole base di un comportamento educato. Hamid faceva del suo meglio per aiutare Elsa a capire la diversa cultura.

«Che ti piaccia o no, spesso si sussurra che le donne straniere sono prostitute e molti credono che siano qui per rubare gli uomini migliori alle donne afgane», le disse Hamid vergognandosi.

Elsa sorrise e fu lì lì per parlargli del soldato dagli occhi azzurri, ma poi decise di tacere e di tenere segreta la sua cotta. «Dacci un taglio, Hamid», gli disse sfoderando il suo migliore accento bostoniano e alzando gli occhi al cielo. «Ti sembro una prostituta?»

«Questa non è una grande città, Elsa», disse lui guardandosi attorno nervosamente. «Io lo so che non è così, ma questo è un villaggio di analfabeti». E abbassando la voce aggiunse: «In verità si tratta di contadini. Molti di loro non capiscono come una persona, soprattutto una donna, possa venire fin qui ad aiutare gente che nemmeno conosce. Ovviamente, sospettano che ci siano, come dire, secondi fini...».

Hamid fece una pausa per accertarsi che Elsa lo stesse ascoltando seriamente.

«Devi fare molta attenzione. Quando incontri gli occhi di un uomo, distogli subito lo sguardo e non tendergli mai la mano. Quello che devi fare, invece, è metterti una mano sul cuore. E ricordati che se le donne non ti guardano come una rivale, significa che hanno deciso di accettarti».

Elsa scrollò il capo e abbandonò l'argomento. Finita la lezione di bon ton passarono alla lezione di dari. Fortunatamente Hamid era un insegnante paziente.

«*Che taklif?*», disse Elsa focalizzando scrupolosamente l'attenzione sulla pronuncia.

«*Che taklif?* Che cosa c'è che non va?», Elsa ripeté la frase fino a quando non riuscì a pronunciare le parole con scioltezza.

«*Mariz*, malato?».

«*Salam alaikum chotor asti? Khoob asti? Jona jurast?*». "Immagino si tratti della forma di saluto più lunga al mondo", pensò Elsa.

«Che cosa significa?», chiese.

«Possa la pace discendere su di te. Come stai? Stai bene? Come va la salute?», rispose Hamid. «È una frase lunga, ma è il modo formale e corretto di salutare una persona. Avanti, prova», la spronò lui.

Elsa sospirò e ripeté il saluto.

Hamid si sporse in avanti e cercò di trattenere una risata.

«*Kh* è un suono gutturale. Devi pronunciarlo con la gola. Non ha lo stesso suono duro di *K*. Prova ancora».

Elsa faceva fatica a imitare quei suoni, ma provò e riprovò determinata a padroneggiarli.

Era inoltre decisa a ritagliarsi un ruolo preciso nel nuovo ambiente e decise di trascorrere più tempo al pronto soccorso della clinica, dato che le sembrava il posto più adatto per dimostrare la sua competenza e far vedere a Ezat che il suo aiuto era importante. Doveva tuttavia ricordarsi quanto le aveva detto Laila: il pronto soccorso era territorio di Ezat.

«Non credo che questa sia una buona idea, Elsa», le aveva detto Laila aggrottando la fronte. «Figurati che Ezat non lascia entrare neppure me al pronto soccorso e se ti presenterai lì stai pur certa che lui non sarà contento».

«Ma può darsi che si tratti della mossa giusta per fargli capire che sono venuta fin qui per restarci», era stata la sua risposta.

Elsa e Hamid trascorsero un lungo pomeriggio al pronto soccorso a pulire, fare ordine e a cercare di capire quali erano i medicinali più richiesti. Era un lavoro che lei sapeva svolgere bene, il che, per la prima volta da quando era arrivata, la fece sentire a suo agio.

Quando ebbero finito, Elsa si alzò e si stiracchiò. Attraverso la finestra aperta vide Ezat dirigersi con passo deciso verso il pronto soccorso.

Elsa richiamò l'attenzione di Hamid e gli indicò la finestra.

Hamid si girò nell'istante in cui Ezat spalancò la porta. Ezat rimase immobile, l'espressione sul suo viso lasciava intuire che era furente.

«Che cosa ci fate nel *mio* pronto soccorso?», tuonò.

«Il *nostro* pronto soccorso», disse Elsa rivendicando il suo diritto. «Abbiamo apportato alcuni cambiamenti, così le cose funzioneranno meglio. Ho spostato l'occorrente per suturare le ferite e i bendaggi da questa parte», disse indicando un lato della sala. «E ho sistemato qui le boccette per le flebo. Piccoli cambiamenti, ma vedrai che questa nuova sistemazione ci faciliterà il lavoro». Elsa sorrise, sperando di alleviare così la tensione.

Le narici di Ezat ebbero un fremito e il suo cipiglio si accentuò, ma rimase in silenzio. Spiazzata dal suo silenzio, Elsa proseguì.

«Ezat, in America ho lavorato al pronto soccorso di un grande ospedale», gli disse e proseguì schiarendosi la voce. «So quello che faccio. Curavamo pazienti con ferite da arma da fuoco, vittime di incidenti, incendi, e qualche volta eseguivamo persino interventi chirurgi. Non sto dicendo che potremo fare tutto questo qui, ma possiamo almeno cercare di migliorare la situazione», disse Elsa sperando che il suo tono suonasse deciso.

Ezat incrociò le braccia sul petto. «E se non funzionasse?»

«Ezat, almeno proviamo. Concedimi una chance. Io e te dovremo lavorare insieme, cominciare a migliorare l'ordine delle cose in questa sala potrebbe già essere un buon inizio».

Ezat sollevò un sopracciglio e se ne andò.

Alcuni giorni dopo, il lavoro alla clinica venne interrotto dal suono persistente di una sirena. Elsa si allontanò dalla fila di pazienti in attesa per andare a vedere che cosa stesse accadendo e, appena fuori dal cancello, le si parò davanti un veicolo bianco con esposta la bandiera sventolante delle Nazioni Unite. Scorse Johann che si sbracciava come un forsennato e gli corse incontro.

«Johann, è un piacere vederla...».

Johann la interruppe prima che lei avesse avuto modo di finire la frase.

«Abbiamo un'emergenza. È grave, molto grave. Si tratta di uno dei nostri soldati, un artificiere», disse Johann scrollando il capo. «È finito su una mina. La prego... lo aiuti». Johann indicò il sedile posteriore della jeep ed Elsa si chinò per guardare dentro.

All'interno vide un giovane ferito, il suo viso era una maschera di sangue con un solo occhio aperto e vitreo e al posto delle gambe aveva solo due monconi sanguinolenti. Nell'esplosione aveva perso anche il braccio destro che qualcuno gli aveva posato sul petto.

Elsa gridò a Hamid di portare una barella. Mentre Johann le parlava, Elsa sentiva soltanto un forte ronzio nelle orecchie.

Finalmente Hamid ed Ezat arrivarono e salirono a bordo della jeep per prendere il soldato. Elsa rimase immobile a guardare mentre i due uomini lo adagiavano sulla barella e aveva ancora lo sguardo fisso sul soldato, quando nel trasferirlo, il braccio dilaniato di quest'ultimo cadde a terra.

Il sapore amaro della colazione che Elsa non aveva ancora digerito le riempì la bocca.

«Elsa, prendi il braccio e mettilo qui!», le ordinò Ezat indicando il petto insanguinato dell'uomo.

Ma Elsa non riuscì a muoversi. Le girava la testa, cercò di respirare, ma l'odore del sangue e la vista dell'uomo ferito le davano il voltastomaco. Si girò e vomitò il pane e il tè che aveva mangiato e barcollò finendo contro la jeep mentre Johann si affrettava a sorreggerla.

Ezat le rivolse un'occhiata carica di disprezzo, si chinò, raccolse il moncherino da terra e lo sistemò sulla barella. «Andiamo!», ordinò, quindi si diresse verso il pronto soccorso, scrollando il capo mentre passava vicino a Elsa.

«Elsa, cara», gridò Johann con espressione preoccupata.

«Mio Dio, non so che cosa mi sia successo», disse lei mentre le salivano le lacrime agli occhi. «Ho già vissuto momenti di emergenza. Ho lavorato in un pronto soccorso, so come comportarmi».

Elsa tremava come una foglia e Johann la prese a braccetto.

«Si sieda un attimo. È difficile reggere la vista di feriti in queste condizioni, è straziante assistere la vittima di una mina».

«No, no, Johann». Elsa si divincolò e fece un respiro profondo. «Devo tornare al pronto soccorso o Ezat non mi perdonerà mai».

Si diresse con passo veloce verso il pronto soccorso, ma quando arrivò davanti alla porta esitò un attimo prima di aprirla ed entrare.

Ezat, un'infermiera del posto e Hamid erano riuniti attorno alla barella. L'odore del sangue e della morte riempivano il piccolo spazio ed Elsa trattenne il fiato.

Ezat si girò verso di lei e la guardò con espressione accusatoria. «È morto. E tu… cosa ti è successo?»

«Mi sono lasciata prendere dal panico», ammise. «Mi dispiace, non mi era mai accaduto. Non succederà più».

Ezat le puntò contro due occhi di ghiaccio.

Lei gli voltò le spalle, cercando di respingere le lacrime.

Quella notte, rimase distesa sul suo materassino a cercare di convincersi che sapeva come comportarsi nei casi d'emergenza. Lo aveva imparato alla scuola per infermieri e durante il tirocinio al pronto soccorso. "La prossima volta non accadrà, mi farò trovare pronta", si ripromise.

Rivisse la scena più e più volte, ma ora nella sua mente si rivedeva salire a bordo della jeep, sollevare il ferito, adagiarlo sulla barella e prestargli le cure necessarie, salvandogli la vita.

"So che ne sono capace, so che posso farlo", pensò fino a quando non venne sopraffatta da un sonno agitato.

PARTE SECONDA

Parween

Capitolo 8

Bamiyan, 1988

«Un marito, mamma? No!», gridò Parween con quanta voce aveva in corpo.

«Adesso smettila!», mormorò sua madre con fermezza. «Non sei più una bambina. Dobbiamo pensare al tuo futuro». Rahima puntò uno sguardo deciso sul viso sporco di sua figlia. «Se ti farai vedere calma e rispettosa, dimostrando che sai cucinare e pulire, *inshallah*, non avremo problemi».

Ma qualcosa negli occhi della madre lasciava trapelare il dubbio.

A soli dieci anni, Parween sapeva già che quello affrontato dalla madre era un argomento importante, benché non volesse discuterne. Unì in grembo le mani sudice e si sedette a gambe incrociate sul tappeto consunto, cercando di prestare ascolto a quel che la donna aveva da dirle. Nascose i piedi nudi sotto l'abito sfilacciato e i pantaloni larghi, lo scialle portato a mo' di velo sulla testa era sistemato alla bell'e meglio, e si mise all'ascolto.

«È così che vanno le cose», continuò Rahima decisa. «Per cui non c'è bisogno di mettere il muso. Fai come ti dico o non troverai mai un marito».

"Meglio così", pensò Parween, ma rimase in silenzio.

Non voleva un marito, ma era consapevole che a nessuno interessava quello che voleva lei. Era la più piccola di quattro fratelli – colpita dall'ulteriore sventura di essere una femmina – e aveva trascorso tutta l'infanzia a soddisfare i bisogni degli altri.

E ora ecco che doveva affrontare anche l'argomento "matrimonio", e proprio quando aveva appena lasciato la casa dove era nata! *Come poteva essere così crudele la vita?*

Parween Saleh aveva soltanto un anno quando i mostri provenienti dal nord, i "Russki", avevano invaso la sua terra natale, un villaggio polveroso conosciuto con il nome di Onai e situato fra le montagne della regione centrale dell'Afghanistan.

Aveva imparato ad andare carponi, e in seguito a camminare, fra i campi minati di cui era costellata la zona in cui viveva e ad addormentarsi nonostante gli attacchi aerei e a nascondersi quando sentiva sopraggiungere il rombo dei veicoli mostruosi che sfilavano davanti alle basse case di fango per poi sparire nella lontana campagna.

Talvolta pareva che i combattimenti si inasprissero; più di un abitante del villaggio era tornato a casa zoppo, cieco o senza gambe. La guerra portava con sé soltanto miseria.

Poi, tutto d'un tratto, poco prima del suo decimo compleanno, i soldati stranieri erano scomparsi. «I combattimenti sono finiti!», aveva annunciato la gente del posto. Parween si ritrovò sola con sua madre e due fratelli – la sorella più grande si era già sposata e aveva lasciato casa – più tre capre, quattro polli, e un cane smunto e senza nome.

Non serbava ricordi di suo padre il quale era uscito presto dalla sua vita quando, come le aveva spiegato la madre, era stato chiamato a difendere il paese dall'invasore straniero. In seguito avevano appreso che non sarebbe più tornato a casa perché era fra i "martiri" sacrificatisi per la causa della nazione.

Parween aveva sempre vissuto a Onai con la famiglia, in attesa che il padre facesse ritorno a casa. Ma una volta ricevuta conferma della sua morte, avevano dovuto constatare che il piccolo villaggio offriva poche opportunità di sostentamento, ancor meno speranze a loro. Ben presto sua madre si ritrovò costretta a vendere le capre e ad abbandonare il cane. Era tradizione che il fratello di un uomo morto sposasse la vedova di quest'ultimo, assicurando sostentamento alla famiglia, ma il padre di Parween non aveva fratelli né altri parenti, così Rahima aveva dovuto rivolgersi alla propria famiglia in cerca di aiuto.

Si era trovata costretta a sradicare i figli dalla loro terra e a trasferirsi con i loro pochi averi nel villaggio di Bamiyan dove ad accoglierli c'era la grande famiglia allargata di Abdullah, lo zio di Parween.

Abdullah era un pastore che viveva in un complesso di casupole di fango che vantava ampie stanze, ciascuna abitata da un'intera famiglia.

Il viaggio fu lungo, così lungo che Parween aveva pensato che non sarebbe terminato mai, ma poi finalmente, dopo un intero giorno trascorso a bordo di un autobus sgangherato e dopo un faticoso tragitto a piedi, erano giunti alla loro nuova casa. La fertile e verde valle era annidata all'ombra di grandi rocce color sabbia nelle quali si aprivano caverne. La strada coperta da ghiaia e polvere era piena di persone che si muovevano a piedi o a dorso d'asino, le risate e le voci di coloro che si intrattenevano in amichevoli conversazioni riempivano l'aria. Parween era riuscita a vedere soltanto brevi scorci del nuovo ambiente e ne era rimasta comunque affascinata. Giunta a destinazione la famiglia scaricò i bagagli.

Mentre i suoi fratelli esploravano i dintorni, Parween rimase al centro della stanza assegnata alla sua famiglia e si guardò attorno incuriosita. La stanza dava su una corte centrale che offriva un'area per cucinare, un piccolo pozzo e una latrina appartata dal resto. Il pavimento sporco della piccola stanza era coperto da un tappeto tessuto a mano sfilacciato e dai colori sbiaditi.

"Com'è bello!", pensò deliziata. "È così morbido".

Non avevano un tappeto nella casa di Onai e Parween si accucciò per lasciar scorrere le mani sul tessuto consunto. Era morbido al tatto e le sfumature di colore costituivano una piacevole novità rispetto al vecchio pavimento della casa che aveva lasciato.

Diverse finestre coperte da teli di plastica interrompevano la monotonia delle pareti e offrivano scorci sul cortile. Il vicino pozzo rappresentava un lusso, garantiva scorte d'acqua e avrebbe evitato a Parween il faticoso tragitto di ore, con le giare appese a bastoni in bilico sulla sua schiena, come avveniva a Onai. Quando le giare erano piene, i bastoni, due vecchi rami, sfregavano contro le spalle ossute della ragazzina e, al suo rientro, trascorreva ore a massaggiarle per lenire il dolore. Ma ora che il pozzo era lì a due passi, le sarebbe stata risparmiata quella fatica e Parween sorrise con sollievo.

"La vita sarà semplice qui", pensò.

Parween era minuscola, i suoi fratelli la definivano uno "spaventapasseri". Poiché era l'ultima arrivata, era sempre stata l'ultima anche a venire sfamata. Ma nonostante la piccola taglia, aveva energie da vendere. Aveva imparato presto ad arrangiarsi da sola e a difendere la propria indipendenza con tenace determinazione. I suoi fratelli, indaffarati nelle loro faccende, avevano poco tempo da dedicare alla sorella piccola. Sebbene Parween fosse spesso impegnata, vuoi a trasportare le pesanti giare d'acqua dal pozzo a casa, vuoi a svolgere altre faticose mansioni, aveva sempre trovato anche il tempo per divertirsi.

Andava a correre su e giù per le colline nei dintorni di Onai, con il velo che sventolava alle sue spalle. I ragazzi le avevano insegnato a combattere, le avevano spiegato come doveva tenere le mani e sferrare pugni che avevano fatto finire a gambe all'aria più d'uno di loro. Le avevano detto come riconoscere ed evitare le mine che, come tutti sapevano, potevano spedire un essere umano dritto dritto al cospetto di Allah, e a evitare gli esplosivi che sembravano giocattoli ma potevano far saltare le braccia a un bambino. E le avevano mostrato persino come fare a sputare così lontano da colpire il tronco di un albero distante e a fischiare come gli uccelli. Non c'era niente di più divertente che sputare più lontano dei ragazzi o a fischiettare più forte di loro.

A parte tutto quello che aveva imparato dai maschi, c'erano state poche altre occasioni in cui aveva appreso qualcosa. Per le ragazze non era prevista la frequentazione di una scuola. In campagna non serviva saper leggere e scrivere e, comunque, non c'era nulla da leggere. Essere in grado di contare le pecore o le mucche, o addirittura il denaro, era però importante e dunque la maggior parte dei giovani sapeva almeno contare. I ragazzi di Onai avevano condiviso con Parween la magia dei numeri e lei aveva fatto pratica indicando le pecore al pascolo e contando: «*Yek, doo, seh, chahar*...». La sua capacità di contare la rendeva orgogliosa, non conosceva altre ragazze in grado di farlo.

Ma secondo la madre, ora che si erano trasferiti a Bamiyan, Parween avrebbe dovuto abbandonare la sua passione per i numeri e per i combattimenti.

Mentre i suoi fratelli si sistemavano, Parween rimase seduta ad ascoltare la donna; tutto quello che finora l'aveva resa felice le sarebbe scivolato dalle mani come sabbia fra le dita. Come avrebbe potuto vivere senza correre, senza sentire il vento che le scompigliava i capelli? Come avrebbe potuto vivere a passo lento ora che i suoi piedi callosi non avrebbero più messo le ali sopra le strade polverose di Onai e i suoi prati? Come sarebbe sopravvissuta senza poter sputare o combattere? E, peggio ancora, che vita sarebbe stata la sua senza la sincera, scanzonata amicizia dei ragazzi? Aveva visto come funzionavano le cose per le donne. Quando una bambina cresceva, veniva tenuta nascosta e le veniva preclusa la possibilità di avere degli amici, di aspirare a qualcosa di piacevole.

Parween era abbattuta. Come sarebbe riuscita a sopportare quella vita miserabile? Prese a tormentare un'escoriazione sulla mano e si chiese se quella sarebbe stata la sua ultima ferita da combattimento, poi tirò un sospiro, sconsolata.

Quando Rahima ebbe terminato la ramanzina congedò sua figlia con un cenno della mano. Parween si alzò e, prima di uscire all'aperto a godersi il tiepido sole, si sistemò il velo in testa. Se d'ora in avanti sarebbe rimasta segregata lì, allora era meglio che prima si guardasse un po' in giro.

Appena al di là della strada, si fermò e sollevò lo sguardo per studiare le due gigantesche statue dei Buddha scolpite nella montagna. Erano così alte che Parween dovette allungare il collo per vederle meglio, e per ammirare le loro teste fu costretta a piegarsi all'indietro fino a barcollare, rischiando di cadere. Le due statue erano lì, sentinelle silenti dell'intero villaggio.

Una delle due era più imponente dell'altra, entrambe erano collocate in profonde rientranze le cui cupe ombre oscuravano la luce sfavillante del sole. Ciascuna statua era avvolta in un abito i cui drappeggi erano intagliati nella roccia creando un effetto di morbidezza. Le rocce circostanti erano disseminate di piccole cavità, alcune rotonde, altre più squadrate e mentre Parween osservava le statue venne attratta da un tumulto che sembrò scuotere l'intero villaggio. Il suo sguardo seguì alcuni gruppi di persone che si arrampicavano veloci lungo le pareti rocciose, scomparendo nei suoi recessi segreti. Incapace di tenere a freno la curiosità, attraversò la strada e si aggregò a un gruppetto di bambini che saltabeccavano fra le rocce. Si sforzò di stare loro dietro, ma i suoi piccoli piedi scivolavano di continuo dentro strette fenditure e su pietre appuntite.

Mentre si risollevava dopo una caduta, la sua attenzione venne catturata da una sorta di piccola stanza ricavata dentro la roccia e non esitò a entrarvi. Il pavimento terroso era liscio, sgombro dalle pietre che le avevano fatto male durante l'arrampicata. Ma furono le pareti, coperte da disegni dipinti con colori vivaci, a incantarla. Fece scorrere le dita sulle sfumature colorate che decoravano la grotta. Così come le statue, anche quelle decorazioni apparivano più consumate in alcuni punti, e tuttavia la bellissima gamma dei rossi e degli azzurri e le rifiniture dorate erano ancora vivide.

Sorrise soddisfatta della sua scoperta e uscì dalla grotta. Si trovò così innanzi a una scala stretta e ripida costruita nella roccia che conduceva più in alto, verso i Buddha. Lassù, proprio sopra una delle due statue, si apriva un altro anfratto trasformato in alloggio.

Alle pareti non c'erano dipinti, ma la stanza guardava sulla vallata e quando Parween vi mise piede poté godere del panorama dell'intero villaggio, verde e ricco di vegetazione e popolato di case, gente, e animali. Cercò di individuare la casa dello zio Abdullah, ma da lassù era indistinguibile da tutto il resto. Tuttavia, in lontananza, vide il centro di Bamiyan e il mercatino affollato.

Decisa a scoprire tutto quello che era possibile scoprire, Parween tornò verso la scala, scese i gradini lungo il fianco della montagna e si diresse al bazar.

La sporcizia ricopriva Parween dalla testa ai piedi. Ciocche di capelli arruffati facevano capolino da sotto il velo. A Onai lavarsi significava dover percorrere un lungo tratto di strada per raggiungere un corso d'acqua gelata e immergervisi per poi strofinarsi con un grezzo pezzo di sapone. Parween considerava il lavarsi un'azione troppo complicata, alla quale rinunciava volentieri. Non era indispensabile essere puliti, erano mesi che non si lavava decentemente, e comunque c'erano cose più importanti di quella, essere alti, per esempio, abbastanza da poter cogliere le albicocche più mature e le mele più dolci dai rami alti.

Anche lei, come tutti i ragazzini smunti di Bamiyan, era animata dalla voglia di giocare e avida di qualcosa da mettere sotto i denti. Il bazar, con le bancarelle sulle quali erano esposti cibo, chincaglieria e prelibatezze varie, offriva infinite tentazioni. Parween percorse il breve tratto che la separava dal piccolo mercato e, passando da un vicolo buio alla sfolgorante luce del sole, rimase immobile e senza parole di fronte alla frenetica attività nella quale si ritrovò immersa.

Il profumo del naan appena sfornato, giunse a lei trasportato dalla brezza e l'attirò verso un panettiere che aveva la bottega sulla via principale del bazar. Quando sbirciò all'interno del negozio, il calore del forno la investì e un forte bruciore agli occhi la costrinse a chiuderli per un istante. Volute di vapore danzavano nell'aria, sollevandosi dal forno costruito nel pavimento di terra della bottega. Lo sportello del forno era aperto e Parween vide ardere il fuoco sul fondo della sua struttura cilindrica. La pasta fresca veniva messa a cuocere da due aperture laterali. Due uomini, ricoperti di sporcizia e fuliggine, erano seduti a gambe incrociate in mezzo alla bottega, intenti ad allineare i pani. Un terzo uomo stava vicino al forno e mescolava la farina all'acqua. A un certo punto chiuse lo sportello e si mise al centro della panetteria.

Quando il panettiere si inginocchiò per riaprire lo sportello, Parween si avventurò all'interno della bottega per vedere il pane appena sfornato. Con un gesto fluido, l'uomo estrasse dal forno due pani fumanti e poi gettò nel forno altri due pezzi di pasta. Lo stomaco vuoto di Parween gorgogliò alla vista del pane caldo e fragrante, tradendo la sua presenza, e tutti e tre gli uomini si voltarono verso di lei.

«*Naan?*», chiese il più vecchio dei tre.

«*Afghanis na doram*», rispose lei tristemente. *Non ho soldi.* Il vecchio spezzò un grosso pezzo di pane appena sfornato e glielo porse. Lei esitò un istante, con un cenno l'uomo la incoraggiò a prenderlo, poi glielo mise in mano.

«*Tashakur*», lo ringraziò lei a voce bassa, colpita da tanta gentilezza. Uscì dalla bottega camminando all'indietro, con il suo tesoro stretto al petto, e, una volta fuori, si sedette a terra e cominciò a mangiare mentre guardava l'andirivieni della gente del posto.

Il bazar era affollato. Le donne, con i loro bambini al seguito, indossavano abiti e pantaloni colorati e portavano gioielli che luccicavano al sole mentre avanzavano con passo deciso lungo la strada. Gli uomini giravano per il bazar parlando e ridendo.

Parween si appoggiò contro il muro esterno della panetteria sbocconcellando il pane. "Le cose devono andare bene da queste parti, se tutti sorridono", suppose Parween. Persino gli asini, legati fuori dai negozietti, sembravano contenti.

Le giunse il suono di una musica soave, era una musica che Parween aveva sentito raramente a Onai, dove la gente non aveva denaro per permettersi lussi del genere. Invece, in quel piccolo mercato, molti negozianti disponevano di mangianastri che diffondevano brani di musica indiana. Le melodie intonate dai liuti e dalle voci dei cantanti facevano a gara con il ronzio dei generatori di elettricità di quei negozianti che gestivano le attività più fiorenti e potevano permettersi l'elettricità per diverse ore al giorno.

Persino gli edifici erano più solidi di quelli che aveva visto fino a quel momento, si trattava di abitazioni di legno e alcune erano persino alte due piani. Parween notò le ghirlande di lucine colorate che ornavano l'entrata di alcuni negozi e immaginò che, quando scendeva l'oscurità, quelle minuscole luci multicolore creassero un'atmosfera da notte magica.

"Che luogo meraviglioso è Bamiyan", pensò.

Dall'altra parte della strada scorse il banco di un macellaio all'aperto. L'uomo era seduto su una sedia di legno e si stava sistemando il turbante di stoffa scolorita. Tocchi di manzo, ricoperti di nugoli di mosche, erano appesi all'aria a seccare e cani e topi facevano freneticamente la spola fiutando l'odore del sangue. Parween guardava incantata la caccia degli animali ai brandelli di carne caduti per terra. Quando i cani si avvicinavano troppo ai pezzi di manzo appesi, il macellaio si alzava per cacciarli via.

Parween finì le ultime briciole di pane, quindi si alzò e riprese la sua esplorazione.

L'aroma caratteristico del manzo che si sta cuocendo riempiva l'aria e Parween si affidò al suo fiuto che la condusse in un vicolo dove un uomo sdentato e con il turbante faceva girare i kebab su un fuoco all'aperto. L'uomo si girò e sputò un pezzo di grasso masticato e in quel mentre vide Parween che lo guardava. La studiò per un attimo con occhi dolci, poi si pulì le mani unte sulla camicia e le sorrise.

«*Beshenin, beshenin*», le disse indicandole un piccolo sgabello vicino al fuoco. Lei si sedette e il vecchiò le porse uno spiedino caldo sul quale erano infilzati tre pezzi anneriti di carne. Questa volta Parween non esitò, afferrò avidamente lo spiedino e si avventò sul cibo. Erano anni che non metteva in bocca un pezzo di carne, dal giorno in cui una ragazza di Onai aveva sposato un suo cugino, e il gusto dimenticato del manzo abbrustolito le riempì la bocca.

"Mmm... delizioso".

Masticò e masticò ancora la carne, restia a inghiottirla. Voleva che quel momento durasse il più a lungo possibile, chissà quando le sarebbe capitata un'altra occasione come quella.

«*Tashakur*», disse dopo aver gustato anche l'ultimo pezzo. In risposta, l'uomo le porse una scopa e la invitò con un cenno a spazzare via la sporcizia che si era accumulata attorno al fuoco. Parween prese la scopa di buon grado e cominciò a spazzare con vigore.

Quando ebbe pulito il terreno per bene, riconsegnò la scopa all'uomo dagli occhi buoni, mormorò un grazie e si diresse nuovamente verso casa. Mentre attraversava il bazar, passò davanti a un negozio che esponeva luccicanti sandali di plastica e si fermò ad ammirarli. Le numerose file di calzature la incantarono. Abbassò lo sguardo sui suoi piedi nudi e desiderò infilarsi quei sandali eleganti, ma sapeva che sua madre non avrebbe mai concesso un tale lusso alla sua figlia più piccola e bizzosa.

Proseguì e si fermò di nuovo nei campi a guardare una ragazzina della sua stessa età che faceva a pugni con un ragazzo. Davanti a quella scena Parween strabuzzò gli occhi. Doveva trattarsi di un'allucinazione o dell'opera dei *jinn* – quegli spiriti maligni che tendevano agguati alle anime innocenti di bambini e bambine. Si stropicciò gli occhi: i due stavano davvero combattendo. La ragazzina stava avendo la meglio, l'avversario era caduto e lei lo teneva a terra puntandogli contro le ginocchia, pronta a sferrargli il colpo finale.

«Ahh!», gridò la ragazzina tirandosi in piedi con aria trionfante. «Così impari! Prova a lanciarmi ancora i sassi e ti beccherai un'altra lezione!».

Il ragazzo si alzò, con il naso insanguinato e le dita che gli dolevano, e scappò via. Quando questi fu lontano la ragazza si girò e vide Parween.

«Ehi, tu, vuoi prenderle?», le ringhiò contro con le mani sui fianchi e gli occhi sgranati.

«No», rispose Parween ancora eccitata dalla scena cui aveva appena assistito. «*Khoob asti*, sei brava».

«*Tashore*, chi sei?»

«Mi chiamo Parween e vengo da Onai. Sono arrivata oggi con la mia famiglia».

«Io sono Mariam», rispose la ragazza, raccogliendo da terra la sciarpa che portava a mo' di velo.

Parween annuì. «Possiamo vederci più tardi?»

«Sì, perché no?», disse Mariam girandosi e mettendosi a correre in mezzo ai campi.

Parween sospirò, non si aspettava proprio di imbattersi in un'altra ragazza capace di lottare. *Una ragazza*! Pensò che quel luogo le avrebbe riservato molte sorprese.

All'imbrunire, dopo aver condiviso con sua madre una parca cena a base di riso, Parween tornò alle grotte dei Buddha, si arrampicò di nuovo fino a quella più alta, e rimase a osservare il paesaggio. Le grotte vicine e i giardini a terrazze erano punteggiati da macchie di luce prodotte da falò, lampade a kerosene e candele. Le ghirlande di lucine colorate del bazar erano tutto uno scintillio, proprio come aveva immaginato. Note musicali uscivano dai negozi del villaggio e, ancora una volta, Parween rimase affascinata dalla bellezza del luogo. Si rannicchiò contro il muro e rimase a fissare lo scenario fino a quando, in quella sua prima notte a Bamiyan, non si addormentò accovacciata sopra il Buddha gigante.

Qualche giorno dopo il loro arrivo, Rahima venne assunta come cucitrice presso il sarto del villaggio. Anche i fratelli di Parween, Abdul e Noori, trovarono un lavoro. Abdul curava il gregge del vecchio del villaggio, e Noori aiutava a riparare i motori dei rari camion che passavano da Bamiyan.

La famigliola non si era aspettata tanta fortuna. Ora che potevano contare sui futuri guadagni, si concessero piccoli lussi. Parween ottenne i desiderati sandali, sebbene non quelli luccicanti che tanto l'avevano colpita. Sua madre scelse un paio di sandali pratici e robusti di plastica grigia. Le comprarono anche un nuovo velo, di un rosa intenso abbellito lungo i bordi da roselline ricamate.

«*Baraye man?* Per me?», sussurrò sorridendo mentre accettava i regali e li teneva stretti prima di abbracciare sua madre. Era la prima volta in vita sua che riceveva doni così belli e pensò che li avrebbe conservati come nuovi. Lì per lì, le venne voglia di fischiare come le avevano insegnato i ragazzi, ma si trattenne.

Corse invece fino al pozzo, riempì due grandi secchi di acqua fresca e andò a prendere il piccolo pezzo di sapone di sua madre. Si strofinò i piedi fino ad arrossarsi la pelle, dopodiché indossò il suo primo paio di sandali nuovi. Si lavò i capelli sfregandosi il cuoio capelluto con così tanto vigore che la testa, a contatto con la schiuma corrosiva del sapone, cominciò a bruciarle. Dopo tanto lavarsi, Parween si rimirò le mani pulite e i capelli luminosi e per giorni odorò di lisciva.

A Bamiyan le giornate trascorrevano tranquille. Per settimane la madre di Parween non trattò più l'argomento matrimonio e Parween sperò, ma era soltanto una speranza, che se ne fosse dimenticata. "Del resto, lavorano tutti così tanto, chi ha il tempo di pensare a certe cose?", si disse.

E quando l'eccitazione per i sandali e il velo nuovi svanì, pregò Allah che la salvasse dalla vita che sua madre aveva pianificato per lei.

Capitolo 9

La ferale notizia giunse quando Parween compì dodici anni: era stata promessa in sposa a un giovanotto del villaggio.

Sebbene il matrimonio non sarebbe stato celebrato prima che trascorressero altri quattro anni, all'improvviso ebbe una chiara visione della sua vita futura: avrebbe messo al mondo una schiera di bambini e non avrebbe potuto fare altro se non cucinare, pulire, lavorare nei campi; erano quelle le mansioni fondamentali richieste a ogni donna afgana.

Si rese conto che la sua infanzia era davvero finita. Non poteva più aggirarsi per il bazar o attraversare da sola i campi nei pressi del villaggio. Non si sarebbe potuta arrampicare mai più in cima all'amata statua del Buddha ad ammirare il paesaggio che Bamiyan le offriva.

Non era previsto nemmeno che frequentasse la scuola. Nonostante avesse chiesto a sua madre di potersi iscrivere, l'unica scuola di Bamiyan aveva chiuso i battenti. Dopo che i "Russki" se n'erano andati era seguito un periodo di relativa calma, ma poi i signori della guerra avevano cominciato a combattere fra di loro e il paese era precipitato di nuovo nel caos. Aveva sentito i fratelli discutere con zio Abdullah. Entrambi volevano unirsi ai combattenti, ma Abdullah glielo aveva proibito.

«Ne abbiamo abbastanza di combattimenti», aveva detto. «Dobbiamo imparare a vivere in pace». Lei era rimasta a guardarli mentre protestavano, con la rabbia che divampava nei loro occhi.

"Non ne verrà nulla di buono", aveva pensato. La guerra portava soltanto miseria.

Parween era consapevole che il suo triste destino era segnato, da lei non ci si aspettava altro che accettasse di buon grado il ruolo della giovane donna promessa in sposa. Nemmeno Allah era stato capace di salvarla dal suo destino.

Le giornate di Parween cominciavano all'alba, quando nella sua stanza si attardava ancora il gelo della notte. Si alzava e arrotolava il suo materassino affinché gli ospiti potessero appoggiarvisi contro quando si sedevano. Senza far rumore, usciva dalla stanza dove alloggiava la sua famiglia e andava a raccogliere la legna per accendere il fuoco, dopodiché smuoveva le ceneri del giorno prima rinfocolandole.

Ancora assonnata si trascinava al pozzo, colmava d'acqua i contenitori di plastica che mostravano diversi buchi, poi riempiva fino all'orlo il piccolo bollitore. Preparava la colazione con gli avanzi del pane e del riso del giorno prima e quando tutto era pronto andava a svegliare la madre e i fratelli.

Shookria, la sorella più grande, si era sposata da tempo e si era trasferita nella casa del marito dove era stata adottata dalla nuova famiglia. Tornava di rado da loro e Parween temeva che le sarebbe accaduta la stessa cosa. Lei era ancora molto piccola quando Shookria si era sposata e così serbava pochi ricordi della sorella, sebbene le fosse impossibile dimenticare il giorno del suo matrimonio. Si era trattato di un evento gioioso – un giorno e una notte interi di festeggiamenti.

Gli uomini e le donne festeggiavano separatamente, così queste ultime avevano avuto occasione di dedicarsi al trucco, ridere e ballare. Per le invitate il matrimonio era un avvenimento quanto per la sposa e Parween si era lasciata coinvolgere dall'atmosfera magica. Non aveva mai vissuto una giornata tanto emozionante.

Una cugina aveva voluto truccarla e lei l'aveva lasciata fare e quando si era guardata in uno specchio rotto aveva sorriso. Era strano ammirare la propria immagine, ma non poteva farne a meno. Con i capelli castani appena lavati e gli occhi verdi sottolineati dal kajal si trovava carina. Poi, sua cugina aveva estratto un vecchio tubetto che conteneva una specie di cera colorata e gliel'aveva applicata sulle labbra e quando lei si era guardata di nuovo allo specchio, e si era vista le labbra ravvivate da un lucido rosso, non era riuscita a contenere la gioia. Si era sentita grande e bella come le donne che si accalcavano attorno alla sposa, ed era affascinata dall'immagine a cui il trucco aveva dato vita.

La cugina si era dimenticata di riporre il rossetto prima di andare a ballare e Parween lo aveva preso. Era diventato uno dei suoi oggetti più cari e, di tanto in tanto, lo estraeva dal suo nascondiglio segreto per ricordare il giorno del matrimonio di sua sorella e la gioia che aveva provato quando, per la prima volta, aveva steso la cera colorata sulle labbra.

A Bamiyan aveva condiviso il segreto con la sua migliore amica, Mariam. Lontano da occhi indiscreti le due ragazze si mettevano il rossetto con cura ed estrema parsimonia, rimirandosi in un vecchio specchio e abbandonandosi a malinconiche considerazioni sul loro futuro.

Parween era sfinita dai lavori che la tenevano impegnata dall'alba al tramonto. Dopo avere preparato la colazione, doveva riordinare la stanza della sua famiglia e sbattere i tappeti. Poi raccoglieva gli abiti in un grande cesto, si metteva in tasca un pezzo di sapone, si sistemava il velo e raggiungeva le donne con le quali percorreva il tragitto che conduceva al vicino torrente dove facevano il bucato. Lungo la strada altre donne si univano a loro e quello che arrivava al torrente era un folto gruppo di giovani e anziane che ridevano mentre immergevano il bucato nelle acque gelide. Dopo aver strofinato gli abiti li stendevano ad asciugare a terra o li appendevano sui rami più bassi degli alberi.

Fare il bucato spezzava la schiena a Parween. L'acqua ghiacciata le intirizziva le esili dita e le faceva sentire i suoi morsi sulla pelle ruvida e screpolata delle mani.

Tuttavia, rimanere seduta ad aspettare che gli abiti fossero asciutti offriva a Parween e alle altre donne l'occasione di scambiarsi pettegolezzi e raccontarsi storie. Si riunivano lungo le rive del torrente, con i piedi che sfioravano l'acqua e la schiena appoggiata contro i tronchi degli alberi.

«Avete sentito? Il marito di Farouzan non la vuole più, dice che è diventata troppo brutta», disse una delle vecchie comari del villaggio, le cui ciocche di capelli grigi spuntavano da sotto il velo. «Le ha persino chiesto di lasciare la casa!», aggiunse la vecchia non trovando una posizione comoda, poiché aveva la schiena curva e faceva difficoltà ad appoggiarsi contro il tronco dell'albero.

«No, no, sono stati i jinn a costringerlo a dirle di andarsene», rispose un'altra.

La vecchia sbuffò e si soffiò il naso nella sciarpa.

Mariam era seduta per terra vicino a Parween e rideva e immergeva i suoi vestiti nel ruscello.

Mariam era esile come Parween, aveva capelli neri e lucenti, quando erano puliti, il che non accadeva molto spesso, e grandi occhi marroni che vedevano tutto, o quantomeno così lei affermava. Viveva vicino alla famiglia di Parween in un tugurio di fango. Erano diventate amiche intime e c'era il medesimo futuro ad attenderle: un matrimonio, dei figli, una vita da trascorrere a pulire e a cucinare. Per il momento, tuttavia, stavano insieme il più possibile, a ridere, spettegolare, sognare a occhi aperti.

«Ahh, sapevate che Kandy-Gul ha messo al mondo un'altra femmina?», disse una ragazza non più grande di Parween. «Con questa fanno cinque. Daoud si cercherà un'altra moglie». Il commento suscitò una fragorosa risata da parte delle donne. Tutte loro sapevano che una moglie veniva considerata soltanto in base al numero di figli maschi che era in grado di dare al marito. Le figlie, per quanto amate, erano, nei casi migliori, cittadine di seconda classe. Ma nella famiglia di zio Abdullah era diverso, lì le donne venivano trattate con gentilezza e Parween e sua madre erano grate agli uomini per questo.

Le donne al torrente continuarono a chiacchierare mentre Parween e Mariam raccoglievano gli abiti ancora umidi, li mettevano nei cesti e si dirigevano verso casa. Quando Mariam arrivò davanti alla porta della sua abitazione, le due ragazzine si salutarono. Parween fece ancora qualche passo e anche lei arrivò a casa, depositò i vestiti lavati, raccolse un cesto e andò in cerca della legna per accendere il fuoco.

Preferiva raccogliere piccoli pezzi di legno, ma trovarli non era facile dal momento che le donne e i bambini di Bamiyan ne facevano razzia. Spesso doveva optare per lo sterco fumante lasciato da mucche, capre e persino cani, nei campi circostanti. Lo raccoglieva e lo metteva nel cesto, lieta di averlo con sé. Ma spesso si ritrovava a sistemare lo sterco umido e puzzolente nelle pieghe del suo vestito. Il tanfo degli escrementi rimaneva sugli abiti per giorni, olezzante memento di quelle che erano le sue mansioni. Una volta arrivata a casa, conferiva al letame la forma di palline schiacciate che metteva ad asciugare al sole prima di sistemarle fuori dalla stanza della sua famiglia. Assolto questo compito, Parween preparava la cena. Doveva pulire il riso, cioè eliminare i tenaci vermicelli che spesso si insinuavano fra le scorte di cibo e che, se non venivano tolti prima della cottura, davano al riso un gusto sgradevole. Se accadeva che i fratelli sputassero il riso infestato, la colpa veniva attribuita a lei.

Era accaduto una sola volta, ma la loro ira era stata tale che Parween aveva giurato che non sarebbe successo mai più.

Dopo avere lavato il riso, sminuzzava, se avevano la fortuna di disporne, un piccolo pezzo di montone o di pollo, altrimenti sgusciava i fagioli che poi aggiungeva al riso. Preparare un pasto la impegnava per ore, doveva prestare attenzione e rimestare il cibo con cura. Qualche volta i fratelli o Rahima, che lavorava ancora presso il sarto, portavano a casa il pane appena sfornato che mangiavano accompagnandolo a qualsiasi altro piatto.

Ogni sera, quando i suoi due fratelli arrivavano a casa, Parween serviva loro il tè verde che era l'alimento principale della loro dieta. Riempiva ogni tazzina con la bevanda fumante e cinque o sei generosi cucchiai di zucchero.

Quando poi gli uomini si erano saziati, Parween e sua madre si servivano di quanto era avanzato. Ultimata la cena, spettava a Parween sparecchiare e riordinare la stanza.

Disponeva i giacigli attorno alla stanza e, se fuori era già buio, accendeva una piccola lanterna per trovare la strada che portava al pozzo. Lì prendeva l'acqua che le serviva per lavare i piatti di metallo e le pentole. Soltanto quando tutto era pulito e in ordine, poteva andare finalmente a letto e abbandonarsi al meritato riposo. Quello era l'unico momento che aveva solo per lei.

Con tutte le responsabilità di cui era gravata, Parween aveva, fortunatamente, poco tempo per pensare all'eventuale matrimonio, tuttavia aveva avuto modo di intravedere il suo futuro sposo.

Raziq Khalid era in verità un cugino di secondo grado, e viveva con la sua famiglia nello stesso gruppo di case in cui abitava lei. Era giovane, doveva avere all'incirca venticinque anni, ma Parween non conosceva la sua età precisa, ed era bello, con i capelli marroni e gli occhi intensi, così neri da sembrare due pezzi di carbone.

Inoltre era un tipo in gamba, lavorava al bazar dove dava una mano a un commerciante a tenere i conti e a organizzare gli ordini. Parween era venuta a sapere che era in grado di leggere e scrivere, non soltanto in persiano, ma anche in inglese. La sua famiglia viveva a Kabul, dove le occasioni di ricevere un'istruzione adeguata non mancavano, e lui aveva frequentato la scuola abbastanza a lungo per imparare più di quanto la maggior parte degli afgani avrebbe mai imparato in una vita intera. Raziq e i suoi familiari si erano trasferiti a Bamiyan dopo la ritirata dell'esercito russo, quando Kabul era stata assediata da feroci conflitti fra i signori della guerra che si contendevano il potere.

Erano arrivati lì da un anno, sua madre era la cugina di zio Abdullah, dunque il matrimonio era stato approvato senza difficoltà. Tuttavia la cerimonia non avrebbe avuto luogo fino a quando Parween non avesse compiuto sedici anni. Dapprima aveva provato orrore all'idea di sposarsi, ma dopo aver visto Raziq scoprì di esserne piacevolmente incuriosita.

Mariam non faceva che prenderla in giro e, nonostante Parween fingesse di arrabbiarsi, il più delle volte accadeva che si ritrovassero a ridacchiare ponendosi domande sul futuro marito.

Parween sospettava che, in realtà, Mariam provasse un briciolo di invidia, benché andasse dichiarando che era felice per la sua amica. Il matrimonio di Mariam, invece, non era ancora stato combinato, e lei ripeteva spesso che sperava in un futuro sposo che fosse bello anche soltanto la metà di Raziq.

«Chi pensi sarà il mio futuro marito?», chiese un giorno a Parween mentre erano sedute vicino al torrente ad aspettare che si asciugassero i vestiti. «Forse è qualcuno che abbiamo già visto, sai», disse sistemandosi il velo.

«Magari sposerai il figlio del fornaio», rispose Parween con aria sognante. «Forse ti ha visto mentre compravi un naan e si è innamorato di te».

Mariam rispose con una risatina.

«O forse sposerai il ragazzo con il quale ti ho visto fare a pugni il giorno che ci siamo conosciute».

Mariam si sbellicò dalle risa. «Ahh, che giornata quella! Eri appena arrivata a Bamiyan, vero?»

«Già. E quando ti vidi lungo la strada prendere a pugni quel ragazzo antipatico, capii di avere trovato l'amica della mia vita. Tornando a tuo marito, sarà certamente bello e coraggioso e ti amerà come se ti avesse scelta in moglie lui stesso».

«*Inshallah*», sospirò Mariam.

Mariam faceva parte di una famiglia di nove figli e viveva in un tugurio dove non c'era mai abbastanza cibo, né vestiti o denaro. A casa nessuno si accorgeva della sua assenza quando se ne andava alla chetichella dalla sua cara amica Parween ed era con la famiglia di quest'ultima che aveva trascorso gran parte della sua infanzia, quasi come se fosse un'altra figlia di Rahima. Non voleva nemmeno pensare all'eventualità che il matrimonio le potesse dividere e pregava affinché rimanessero sempre unite.

Ben presto i loro indovinelli sul possibile marito cessarono, e anche per Mariam venne combinato un matrimonio. Venne promessa in sposa a un vecchio nel lontano villaggio di Mashaal. La notizia sconvolse le due ragazze e le unì ancora di più. Insieme piangevano per il futuro che attendeva Mariam e fra le lacrime si scambiavano promesse di amicizia eterna.

«Ti prego, non dimenticarmi», diceva Mariam mentre le lacrime le rigavano il volto.

«Non ti dimenticherò mai, amica mia», giurava Parween.

Si ripromettevano di tenersi in contatto per quanto nel loro cuore sapessero che difficilmente sarebbero riuscite a mantere tale promessa.

Poi un giorno giunse per Mariam il momento di lasciare Bamiyan. Parween riuscì a vedere il futuro sposo dell'amica quando questi venne a prenderla. Provò una stretta al cuore e si dolse per lei, era un vecchio raggrinzito, sdentato e sporco, che veniva accolto in casa di Mariam e studiava la futura sposa grattandosi la barba sudicia mentre Mariam sfioriva sotto il suo sguardo.

Sarebbe stata la sua terza moglie, la più giovane, e, se le cose fossero andate come tutti speravano, sarebbe stata la prima a dargli un figlio maschio. Fino a quel momento, sarebbe stata trattata come una vera schiava, avrebbe fatto da madre alle cinque figlie di lui, una delle quali aveva quindici anni, la stessa età di Mariam. Soltanto la nascita di un maschio l'avrebbe sottratta al suo stato di donna meno importante di tutta la famiglia.

Dal momento che Mariam sarebbe stata la terza moglie del vecchio, i festeggiamenti per il matrimonio prevedevano soltanto una cena in famiglia. Parween, desiderosa di vedere la sua amica per l'ultima volta, si insinuò di nascosto nella stanza delle donne dove Mariam era seduta insieme alle sorelle. Sebbene, per una volta, ci fosse abbondanza di cibo a disposizione, Mariam non riusciva a mandare giù un solo boccone e, rivolgendosi a Parween con il volto rigato dalle lacrime e gli occhi rossi, le chiese: «Lo hai visto?».

Parween le prese la mano. «Sì», rispose respingendo le lacrime. «Ma, *inshallah*, sarà gentile e sarà buono con te».

Parween sapeva che, probabilmente, non sarebbe stato così, ma non trovò altre parole da rivolgere all'amica per mettere a tacere le sue paure. Allora strinse Mariam a sé accarezzandole i capelli.

«*Tars na dori*», le sussurrò all'orecchio. «Non avere paura», e ripeté quelle parole ancora e poi ancora fino a quando Mariam non scivolò in un sonno agitato. A quel punto Parween se ne andò quatta quatta, così come era venuta.

Il mattino successivo di buon'ora, Mariam venne fatta salire in groppa al mulo del vecchio per partire alla volta della sua nuova casa. Parween corse a salutarla e prima di lasciarla, di nascosto da tutti, le mise in mano una cosa.

Era il vecchio rossetto che aveva tenuto per sé dopo il matrimonio della sorella. Se l'erano messo così tante volte che era rimasto solo un piccolo rimasuglio di colore.

«Così ti ricorderai di me», le sussurrò Parween.

Mariam strinse forte la mano dell'amica e se la portò alla guancia bagnata di lacrime. «Ti porterò sempre nel cuore, mia cara amica».

E con quelle parole se ne andò. Con le lacrime che le rigavano il volto, Parween rimase a guardare la sua migliore amica fino a quando la sua esile figura non fu un puntino all'orizzonte.

Capitolo 10

Parween venne data in sposa poco dopo il suo sedicesimo compleanno.

Zio Abdullah, orgoglioso di aver avere trovato un buon partito per la nipote, non si limitò a invitare i familiari, ma estese l'invito ai gioiosi festeggiamenti ad amici e vicini di casa. Parween aveva cercato di inoltrare un messaggio a Mariam, ma non aveva ricevuto risposta e non c'era modo di sapere se l'amica sarebbe potuta venire a Bamiyan per la cerimonia.

Più di un centinaio di persone si radunò nel piccolo complesso abitativo per festeggiare. La madre e la zia di Parween l'aiutarono a prepararsi. Lei si sedette nervosa, ma con aria regale, su un cuscinetto ricamato, il cuscinetto della sposa. Venne circondata da tutte le donne invitate al matrimonio che si affannarono a prepararla e a truccarla utilizzando colori accesi che facevano risaltare i tratti del suo viso. Il kajal usato per sottolinearle gli occhi era più nero della buia notte, il rossetto di un rosso pari agli sgargianti papaveri estivi e la cipria che le misero sulle guance più bianca della neve che copriva le vette dell'Hindu Kush. Quando le donne ebbero finito, arretrarono di qualche passo per ammirare la loro opera.

«Ohh», mormorano all'unisono. «Sei una sposa bellissima».

Le labbra colorate di Parween si schiusero in un sorriso mentre fissava la propria immagine riflessa nello specchio. Era da un anno, da quando Mariam se n'era andata, che Parween non metteva più il rossetto. Nonostante sua madre ne possedesse uno, non c'era divertimento nell'utilizzarlo ora che la sua più cara amica era lontana. "Oh, se soltanto Mariam fosse qui e mi potesse vedere con il rossetto e il vestito bianco e il velo di seta", disse fra sé chiudendo gli occhi e rivolgendo un pensiero all'amica.

Quando fu pronta per la cerimonia, venne accompagnata fuori dalla stanza. Parween si mise nervosamente al fianco di Raziq, circondata da zio Abdullah e dai fratelli, mentre il *mullah* recitava le preghiere e quindi passava il Corano sulle teste chine degli sposi prima di tendervi sopra uno scialle. Un lucido specchio venne mantenuto sotto lo scialle affinché marito e moglie potessero vedere la loro prima immagine di coppia unita. Raziq sorrise, anche Parween sorrise, portandosi una mano alla bocca e distogliendo lo sguardo.

Il Corano venne quindi consegnato a Raziq il quale ne lesse un versetto, lo scialle venne sollevato e Parween e Raziq furono dichiarati marito e moglie.

Parween si girò verso Raziq e trovandosi a tu per tu con colui che era appena diventato suo marito, timidamente distolse lo sguardo. Non ricordava che un uomo l'avesse mai guardata negli occhi prima d'ora, ma ora lui non era un uomo qualsiasi, era suo marito.

Un brivido d'emozione la percorse, non riusciva a crederci. Abbassò gli occhi ed ebbe un lieve capogiro mentre il cuore faceva mille capriole.

Il ricevimento ebbe inizio e gli sposi si sedettero vicini, ma nonostante i piatti succulenti che erano stati preparati, Parween non aveva fame, si sentiva la bocca dello stomaco serrata dall'emozione.

«Allora, mia bellissima moglie, proprio oggi non hai fame?», le chiese Raziq, con un ampio sorriso e sfiorandole la mano.

Il cuore di Parween iniziò a battere forte. Si era rivolto a lei chiamandola "bellissima". Lo era davvero? Lui la trovava davvero bella?

"È così che dev'essere il paradiso", pensò Parween. Fissò di nuovo Raziq e, questa volta, le parve che il suo cuore prendesse quota.

«Devi mangiare, Parween», le disse in tono gentile e un po'

scherzoso. «Voglio una moglie forte e sana», le disse sorridendo e allora Parween sbocconcellò, ubbidiente, il cibo che aveva nel piatto.

«Marito mio...», esitò timorosa nel rivolgersi a quell'estraneo dagli occhi gentili. «Io sono forte e anche se oggi non mi va di mangiare, non ti deluderò». E distolse lo sguardo mentre Raziq le accarezzava la mano.

«Mia cara Parween, non temo che tu possa deludermi. Sono io che spero di non deludere te. Sai, anch'io oggi sono un po' nervoso. Non mi sono mai trovato così vicino a una donna e, nonostante non ci conosciamo, ora siamo marito e moglie». Raziq fece un breve sospiro. «Con il passare del tempo impareremo a sentirci a nostro agio insieme. Per oggi, proviamo soltanto a essere felici».

Parween abbozzò un altro sorriso.

Quando il pranzo nuziale terminò, le invitate si accinsero a scortare di nuovo Parween nella stanza delle donne dove i festeggiamenti avevano già avuto inizio. Parween si voltò e sorrise timidamente a Raziq prima di allontanarsi.

Con dispiacere Parween scoprì che doveva comportarsi da silenziosa spettatrice al suo stesso matrimonio e che non le era permesso di partecipare ai festeggiamenti.

«Posso ballare, vero?», chiese e la sua domanda suscitò l'ilarità generale. «Perché non posso ballare anch'io?». Sua madre la rimproverò amorevolmente perché dimostrava di non aver prestato la dovuta attenzione alle loro conversazioni in preparazione del matrimonio. Le spiegò che una donna sposata doveva dimostrarsi modesta e ubbidiente.

Parween sospirò. Era stato più divertente partecipare al matrimonio di sua sorella che essere la sposa.

I vivaci festeggiamenti proseguirono per ore e, alla fine, Parween si addormentò fra gli schiamazzi e l'allegria generale. Alle prime luci dell'alba, gli invitati cominciarono ad andarsene alla spicciolata, e lei fu svegliata per andare a raggiungere suo marito in un'altra stanza dello stesso complesso abitativo nel quale viveva lei. Era consapevole della sua fortuna. Mentre la maggior parte delle ragazze veniva strappata alla propria famiglia, lei avrebbe avuto il privilegio di rimanere vicino ai suoi cari, ma nonostante quello, il pensiero di ciò che l'aspettava la terrorizzò.

Quando furono soli, Raziq si dimostrò gentile e premuroso. «Stai tremando, ma non devi avere paura», le disse mentre le toglieva l'abito nuziale. «Sei mia moglie e questo è quanto accade fra marito e moglie», proseguì accarezzandole il corpo nudo. Un brivido la percorse e il cuore le palpitò in risposta alla vicinanza e alle carezze di Raziq.

Con dolcezza Raziq guidò Parween verso quello che le era stato descritto come "l'atto del matrimonio". Dapprima Parween avvertì un po' di dolore, ma Raziq fu delicato e attento e lei si meravigliò perché non provò alcun imbarazzo. Dopo aver sentito tanti racconti scabrosi che descrivevano la crudezza del sesso, non era preparata alle tenere carezze di Raziq e ai suoi mormorii di piacere.

Forse quell'atto avrebbe dato i suoi frutti, se avesse messo al mondo un figlio maschio, pensò in silenzio.

Mentre Parween e Raziq cominciavano ad abituarsi alla loro vita come marito e moglie, Parween fu sorpresa di scoprire che aveva minori incombenze ora rispetto alla sua vita da nubile. Fino al giorno in cui non fossero arrivati dei bambini, non avrebbe dovuto far altro che occuparsi di Raziq e dei loro animali: un mulo, due capre, e un paio di polli scheletrici. La sua vita sarebbe stata assai più semplice rispetto a prima.

Si sentiva a proprio agio quando conversava con Raziq e il giorno in cui gli confidò che sapeva contare lui sorrise soddisfatto.

«Lo zio Abdullah mi aveva detto che eri in gamba e mi fa piacere constatare che non si sbagliava. Ti piacerebbe imparare di più?», le chiese stringendosi al petto il libro che teneva in mano. «Così un giorno potrai istruire i nostri figli».

Parween riusciva a stento a credere alle proprie orecchie. *Imparare*, le sembrava di sognare.

«Parlo un po' di inglisi, sono certo che un giorno mi sarà utile. Piacerebbe anche a te imparare l'inglisi?».

Parween rimase senza parole, istintivamente si gettò fra le braccia di Raziq e gli diede un bacio sulla guancia.

«Oh, sì, mio caro marito, sì!».

Quella sera, la loro piccola stanza si trasformò in un'aula. Raziq decise di cominciare con i numeri, dal momento che, per anni, Parween non aveva contato altro che polli e capre.

«*Yek, doo, seh, chahar*...», Parween contava con scioltezza e quando Raziq fu certo che conoscesse bene i numeri glieli tradusse in inglese, il che complicò un po' le cose e Parween dovette esercitarsi a lungo prima di memorizzarli. Tuttavia, nonostante le difficoltà, era una studentessa animata da un forte desiderio di apprendere.

Una volta imparati i numeri, Raziq cominciò a insegnarle alcune semplici frasi di uso corrente, poi cominciarono a conversare scambiandosi frasi più complesse. «Vengo da Bamiyan. Mio marito si chiama Raziq», quest'ultima frase suscitava sempre un risolino a Parween.

«Mia moglie si chiama Parween», replicava lui facendole l'occhiolino.

Ogni sera Raziq le insegnava a leggere e a scrivere nell'elegante scrittura persiana in uso in Afghanistan. Parween faceva fatica a tracciare le elaborate lettere mentre Raziq, chino su di lei, la seguiva con l'odore della mina della matita sulle dita.

«Prova di nuovo», le diceva con dolcezza ogni volta che Parween sbagliava. La pazienza di lui era pari alla perseveranza di Parween e in poco tempo lei imparò a riconoscere prima le lettere poi intere parole e frasi. Con sua somma soddisfazione, Parween scoprì che c'era tanto da leggere. Raziq portava a casa libri e quotidiani che lei divorava leggendo ad alta voce così che lui potesse sentire come pronunciava le parole.

Ogni giorno, Parween aveva innumerevoli opportunità di leggere mentre percorreva il tragitto solitario attraverso il bazar per portare un pasto caldo a Raziq. Un mondo intero le si svelò, ora era in grado di comprendere le insegne delle botteghe e le etichette sulle confezioni. Le piacevano in modo particolare le scritte nelle vetrine sudice della panetteria che, in eleganti lettere persiane, dichiaravano: qui il miglior pane di Bamiyan. Le lettere erano vergate con tanta eleganza che lei non riusciva a trattenersi dall'entrare nella bottega. Il pane appena sfornato che comprava lì veniva avvolto nella carta di vecchi giornali, il che le offriva un'ulteriore occasione di lettura.

Il venerdì, giorno sacro per la religione islamica, era anche l'unico giorno libero di Raziq, così spesso camminavano fino alle vicine montagne per andare a fare un picnic nei pressi di un ruscello dalle acque gelide. Raccoglievano le more e le mangiavano pasteggiando. Dopo pranzo, Raziq si appoggiava contro il tronco di un imponente albero e leggeva qualcosa a Parween o leggevano insieme, per tenersi in esercizio.

«Un giorno avrò un'attività tutta mia», affermava Raziq. «Potrei tenere la contabilità per i commercianti in un mio piccolo ufficio al bazar. Che ne pensi? Ti piacerebbe essere la moglie di un apprezzato uomo d'affari?»

«Ma io ti apprezzo già Raziq, non importa quale lavoro tu faccia, e sono felice di essere tua moglie». Parween si sedeva più vicino a lui, gli sfiorava il braccio e gli sorrideva.

Un pomeriggio Parween portò Raziq a vedere le statue dei Buddha. Si divertì a vedere lo stupore sul viso del marito mentre la guardava arrampicarsi fra le rocce e sparire nella grotta più alta, sopra la più imponente delle statue. Lui dovette faticare per tenere il passo e quando la raggiunse Parween gli indicò raggiante il bazar, la loro casa e, in lontananza, l'Hindu Kush. Dal momento che erano soli ad ammirare Bamiyan, Raziq strinse Parween a sé.

«Ti amo, mia cara moglie», le sussurrò con aria quasi cospiratoria. «È stata davvero una fortuna che Allah ti abbia scelto per me». Parween non si stancava mai di sentirglielo dire. Raziq non era soltanto il suo amato marito, ma giorno dopo giorno era diventato anche un caro amico.

Un anno dopo essersi uniti in matrimonio, Parween scoprì di

essere incinta. Le mestruazioni cessarono e lei si consultò con sua madre, la quale le confermò che la scomparsa del ciclo era rivelatrice della gravidanza. Quella sera Parween preparò una cena speciale per Raziq dopo aver sacrificato uno dei loro scheletrici polli.

«Che cosa hai preparato?», le chiese lui entrando in casa e sentendo quel profumino nell'aria. Poi, si accorse del pollo arrosto disposto su un letto di riso.

«Raziq», disse lei arrossendo, incapace di trattenere l'eccitazione. «Aspetto un bambino», annunciò quasi cantando dalla felicità.

Raziq le prese le mani e gliele baciò. «Oggi mi hai dato la gioia più grande. È un maschio? Sei in grado di dirlo?»

«No, no, non posso ancora dirlo, ma sento che sarà un bel bambino in salute».

Con il passare dei mesi cominciò a sentire il bambino che si muoveva dentro di lei. Parween prendeva la mano a Raziq e gliela posava sul ventre rigonfio affinché sentisse i lievi movimenti e i calci del piccino, e insieme si godevano quell'immensa gioia.

«Sono certo che sarà un bel maschietto», diceva Raziq.

Un pomeriggio, poco tempo dopo aver sentito alcuni movimenti nel suo ventre, Parween si recò come sempre al bazar per consegnare il pasto a Raziq.

Lungo il tragitto di ritorno, sentì una fitta acuta che la costrinse a piegarsi in due dal dolore e riuscì a trascinarsi fino a casa a fatica.

Il mattino dopo, mentre era ancora distesa a letto, accusò fitte di dolore che l'assalivano a ondate.

Madida di sudore, Parween allontanò Raziq.

«Vai al lavoro», lo pregò sollevandosi e cercando di nascondergli la propria sofferenza. «Non puoi fare nulla. Passerà presto», gli disse poiché qualsiasi cosa stesse accadendo non voleva che lui vi assistesse.

Raziq ubbidì riluttante, ma prima andò a chiamare Rahima che si sedette di fianco a Parween e si predispose a massaggiarle la schiena.

Parween si rannicchiò su stessa cercando di mandare via i crampi, ma questi diventavano sempre più forti. Nonostante fosse troppo presto, il bambino stava nascendo.

Rahima mandò a chiamare la levatrice, ma il tanto desiderato maschietto che venne al mondo non emise mai il suo primo respiro. Era una creatura minuscola e perfetta, legata a Parween da un cordone sanguinolento. Lei chiese che venisse avvolto in una coperta, affinché potesse stringerlo a sé per un istante prima di consegnarlo a Rahima.

«Abbi cura di lui, mamma, fa' in modo che la terra non sfiori il suo corpicino», disse, poi si voltò dall'altra parte e pianse.

Raziq venne chiamato a casa e rimase al fianco di Parween. «L'ho visto, era un bel bambino. Non piangere, moglie mia. *Inshallah*, avremo un altro bambino e questa volta vivrà». Pregarono insieme Allah, chiedendogli che mandasse loro un figlio sano e giurarono che avrebbero accolto volentieri anche una bambina.

Raziq non si sbagliava. Dovettero aspettare tre anni durante i quali rivolsero ad Allah innumerevoli preghiere, ma alla fine Parween ebbe la gioia di annunciare a Raziq che era di nuovo incinta.

«Vedi, sapevo che Allah ci avrebbe ascoltato», le disse come se fosse passato un solo giorno dalla loro prima preghiera.

La gravidanza questa volta proseguì ben oltre i primi movimenti del feto e alla fine Parween diede alla luce una bambina sana che si annunciò con un pianto potente.

Fin dal primo momento Parween si innamorò della bambina perfetta che lei e Raziq avevano creato. Decisero di chiamarla Zahra, giacché assomigliava a un piccolo fiore.

Raziq adorava la sua bambina. Non appena imparò a camminare, Zahra prese a trotterellare dietro al suo papà e quando lui la sollevava sulle spalle la piccola emetteva gridolini di gioia. A Raziq non dispiaceva che fosse una femmina e quando si recava al bazar la presentava a tutti con orgoglio. Le voleva bene tanto quanto avrebbe voluto bene a un figlio maschio e non ne faceva segreto.

Parween non aveva mai immaginato che la sua vita di moglie potesse essere così lieta, e, tuttavia, la sua gioia era attenuata dalla consapevolezza che Mariam non era stata altrettanto fortunata. Le era giunta notizia, da persone che si erano recate a Mashaal, che l'amica aveva dato alla luce due bambini nati morti. La sua incapacità di generare un figlio maschio per il vecchio marito aveva reso quest'ultimo lo zimbello del villaggio. Umiliato, l'uomo sfogava la propria rabbia picchiando Mariam quotidianamente.

La sua condizione di terza moglie faceva sì che anche le altre mogli, gelose della sua giovinezza, la tormentassero. La trattavano come la loro serva e diventò facile vittima dei loro soprusi. Correva voce che la prendessero a calci quando si chinava per lavare il pavimento, che rovesciassero l'acqua che lei andava ad attingere al pozzo con fatica e che le guastassero il riso infestandolo di vermi. Benché ricoperta di lividi che duravano giorni e giorni, soffriva in silenzio e pregava Allah che le mandasse un figlio maschio.

Parween stava in pena per la sua cara amica.

Una sera mentre erano seduti attorno al tavolo per la cena, con la bambina che dormiva vicino a loro, Parween chiese a Raziq: «Ti ricordi Mariam, la mia amica? Ha sposato un vecchio di Mashaal».

«Certo che me la ricordo. Era la tua ombra, o forse tu eri la sua».

Gli occhi di Parween si riempirono di lacrime al solo ricordo. «Pare che il matrimonio non vada bene. Ho saputo che viene picchiata e maltrattata dal marito e anche dalle sue altre mogli. Vorrei aiutarla».

«È una faccenda fra marito e moglie», disse Raziq con un sospiro. «Non possiamo interferire nel loro matrimonio».

Nel sentire quelle parole, Parween non riuscì più a trattenere le lacrime.

«Ti prego, Raziq, se quanto dicono è vero, prima o poi lui la ucciderà. Viene trattata peggio di un cane randagio. E io le voglio bene come a una sorella». Rimase in silenzio per un lungo istante, sforzandosi di smettere di piangere. «Se non puoi aiutarmi, vorrà dire che mi arrangerò da sola», disse con voce ferma.

Raziq rimase seduto in silenzio per un po', dopodiché si chinò verso Parween. «Prova a mandarle un messaggio, dille di venire qui. Potremmo trovare il modo di aiutarla, magari tenendola a vivere da noi».

Le parole di Raziq la rincuorarono. L'amore che provava per lui la fece arrossire.

«Ma non andrai a Mashaal da sola», proseguì Raziq in tono deciso. «Hai capito?».

Parween annuì. Il giorno dopo, affidò alle donne del villaggio un messaggio per Mariam pregandola di tornare a Bamiyan, quindi, speranzosa, rimase in attesa dell'amica.

Capitolo 11

Mentre aspettava di ricevere un messaggio da parte di Mariam, Parween continuava a recarsi dal panettiere desiderosa di leggere il giornale dentro il quale veniva avvolto il pane. Quei vecchi quotidiani, spesso provenienti da Kabul, le permettevano di farsi un'idea sui cambiamenti che stavano avendo luogo in Afghanistan. Non appena consegnava il pane caldo a sua madre, correva a casa e, dopo aver lisciato il foglio di giornale, lo leggeva in cerca delle ultime notizie.

Lesse dei feroci combattimenti che avevano luogo nella campagna fra i signori della guerra per il controllo della nazione. Bamiyan non era stata sfiorata da quei combattimenti, ma la gente del posto seguiva gli eventi con profondo interesse perché sapeva che l'esito di quel conflitto avrebbe avuto conseguenze anche su di loro.

Quando infine i talebani strapparono all'Alleanza del Nord il controllo su Kabul, si diffuse la speranza che, finalmente, avrebbe regnato la pace. Ma la pace così a lungo agognata non era destinata a durare.

I talebani si rivelarono ferrei seguaci dell'Islam. Cominciò a girare voce che avevano istituito la *purdah*, un'antica pratica che vietava agli uomini di vedere le donne. In base a tale regola veniva proibito alle donne di uscire, se non accompagnate da un uomo, e, anche in questo caso, dovevano essere coperte dal burqa affinché non si intravedesse né una ciocca di capelli né un lembo di pelle. Le donne dovevano persino indossare scarpe che non facessero rumore, il ticchettio dei tacchi, così come il fruscìo delle suole delle scarpe, erano vietati.

Parween sgranò gli occhi mentre leggeva quelle notizie.

I talebani avevano annunciato che la punizione prevista per i trasgressori sarebbe stata immediata e definitiva e per dimostrare la loro incontrastata autorità avevano sparato a una giovane donna dopo averla sorpresa da sola per le strade di Kabul, con il capo scoperto e le mani tese per mendicare cibo. Parween si chiese se avesse implorato i talebani di lasciarla in vita.

Ma sarebbe stato Raziq, e non il giornale, a dare notizia a Parween degli ultimi, nefasti sviluppi.

«È successo, sono arrivati i talebani», annunciò Raziq una sera con occhi tristi.

La notizia fece provare un brivido a Parween.

«Si sono impossessati di due complessi abitativi, proprio all'inizio della via. E oggi, quattro di loro hanno pattugliato il bazar armati di kalashnikov. Avresti dovuto vederli, erano giovani, ma sudici, con barbe incolte, turbanti bisunti e camicie luride. Hanno intenzione di ripristinare le vecchie regole». Allungò la mano per accarezzare Parween e la guardò con un'intensità tale che lei ne provò paura.

«Le cose non saranno più come prima, mia cara moglie», le disse cupo in volto. «Dovrai indossare il burqa se vorrai uscire di casa».

Parween si ritrasse, con il volto rosso di rabbia. «Non indosserò il burqa, Raziq! Non mi nasconderò, non accetterò di essere ignorata».

Raziq scrollò il capo, triste.

«Rispetto la tua decisione, ma se non indosserai il burqa non potrai venire al bazar. Preferisci rimanere segregata in casa?»

«Sì», rispose Parween piena di rabbia. «Non la darò vinta ai talebani. Quelli sono dei pazzi furiosi», disse incrociando le braccia sul petto.

Raziq fece un respiro profondo mentre la guardava con la fronte aggrottata.

«Non dovrai mai esprimerti così fuori da queste quattro mura. Lo capisci? I talebani non hanno alcuna intenzione di lasciarsi sfidare da una donna, piuttosto ci ucciderebbero entrambi».

«I talebani sono malvagi...».

«Forse, ma sono loro che comandano e noi non possiamo opporci. Dobbiamo accettare le loro regole, per il momento».

Parween vide un velo di tristezza scendere sugli occhi di Raziq e la sua rabbia si dissolse.

Raziq si sfiorò il mento. «Lo sai che non potrò più spuntarmi la barba? Tutti gli uomini dovranno lasciarsi crescere la barba lunga e incolta. Vedi, saremo tutti obbligati a rispettare le loro regole, anche i bambini». Posò il suo sguardo su Zahra che gironzolava con passo incerto per la stanza, ridendo e balbettando le sue prime parole. «I talebani hanno bandito tutti i giochi, ogni possibile forma di divertimento. Niente aquiloni né sport, né risate né musica. Dicono che il divertimento distrae dalla preghiera inducendo gli uomini a dimenticare che devono adorare soltanto Allah».

Parween preferì interrompere la discussione, ma in cuor suo sapeva che non avrebbe mai potuto accettare le nuove regole.

A mano a mano che i giorni passavano, il risentimento di Parween cresceva al punto che le sembrava di avere un pugno conficcato nello stomaco. Rimase a osservare la madre, che era stata costretta ad abbandonare il lavoro presso il sarto, diventare più taciturna e più vecchia. E ogni nuovo giorno che Parween trascorreva nell'isolamento della sua stanza, la sua convinzione che bisognasse fare qualcosa cresceva.

«Dobbiamo ribellarci», sussurrò un giorno a Raziq.

Lui sospirò e l'espressione che apparve sul suo viso fece capire a Parween che stava aspettando da tempo quel momento.

«Non sono questioni che puoi risolvere, mia cara moglie», le disse. «Devi stare tranquilla, non dobbiamo farci notare, non devono notare che esistiamo», la scongiurò.

«Ma loro sanno che esistiamo, ci hanno derubato della nostra vita e ci hanno lasciato l'illusione di vivere. Mia madre e io siamo prigioniere in casa nostra e quello che attende nostra figlia è un futuro di assoluta miseria».

«Ma non possiamo fare niente. I talebani sono ovunque, nessuno può mettersi contro di loro». Raziq fece una pausa, poi continuò: «Non devi assecondare questi tuoi pensieri. Tu devi preoccuparti di mandare avanti la nostra casa e devi prenderti cura di nostra figlia. Non sono questioni che ti riguardano».

Parween sentiva la rabbia montarle dentro. Non aveva mai litigato davvero con Raziq e tuttavia in quel frangente era certa che lui avesse torto. Fu sul punto di rispondergli con sarcasmo, ma si trattenne.

Era suo marito e sapeva quel che doveva fare.

«Mi dispiace Raziq. Presterò ascolto alle tue parole».

Ogni giorno Raziq le riferiva di qualche atrocità compiuta dai talebani. Al bazar era proibita la musica, e le lucine colorate che adornavano le botteghe erano state eliminate. Bamiyan, un tempo una comunità gioiosa e vivace, era diventata una città fantasma. I suoi abitanti uscivano in tutta fretta di casa per fare le loro compere e altrettanto frettolosamente rientravano.

E, tuttavia, qua e là si coglievano segni di ribellione, una barba spuntata sul viso di un uomo o un po' di musica in un locale.

Ma ai talebani nulla sfuggiva.

In una soleggiata giornata d'inizio ottobre, radunarono un gruppetto di uomini del villaggio, alcuni dei quali erano tanto vecchi da dover essere sorretti. Raziq si trovava al bazar quando il raduno ebbe luogo e rimase a guardare Noori, il fratello di Parween, che veniva trascinato via dal motore al quale stava lavorando. Raziq corse in una bottega vicina per chiedere che cosa stesse accadendo. Lì incontrò il suo amico Wazir e altri due ignari negozianti che lo guardarono perplessi. Insieme a loro seguì i talebani e i prigionieri fino all'estremità di una polverosa pista d'atterraggio alle porte della città da dove si potevano vedere in tutta la loro imponenza le amate statue dei Buddha di Bamiyan.

Una folla di gente si era radunata e guardava un vecchio talebano che gridava agli uomini spaventati.

«Infedeli! Con il vostro comportamento vi siete fatti beffe di Allah. Quando escono di casa, le vostre mogli non si coprono come impone la legge. Puttane! Le vostre madri, mogli e figlie sono tutte puttane!».

Mentre l'uomo parlava un brusio si levò dalla folla, ma quando si udì il rumore dei fucili che venivano caricati, sulla folla discese il silenzio. Persino il vento sembrò quietarsi.

Mentre il grido *Allah u akbar* riecheggiava nell'aria, i talebani puntarono i fucili e giustiziarono ogni singolo prigioniero con un preciso colpo alla testa. Alcuni di loro emisero un grido, e quando le armi tacquero, gli uomini passarono fra le file di cadaveri per finire coloro che davano ancora segni di vita.

Fra quelli che avevano assistito all'esecuzione alcuni vennero chiamati a scavare lunghe fosse dentro le quali gettare i morti.

Terrorizzati, gli abitanti del villaggio ubbidirono agli ordini. Con le lacrime agli occhi e pregando Allah di perdonare loro, spinsero i corpi di parenti, amici e vicini di casa dentro le fosse e li ricoprirono con la terra cancellando così ogni segno del massacro.

Raziq, Wazir e gli altri avevano assistito all'esecuzione in preda all'orrore. Nonostante non osasse parlare, per paura che lo sentissero, Raziq sapeva che sua moglie aveva ragione. Bisognava fare qualcosa per salvare Bamiyan dall'orrore imposto dal regime dei talebani.

Raziq corse a casa. Voleva essere lui a dare a Parween la notizia della morte di Noori e sperava di trovare le parole giuste per lenire il suo dolore. Arrivò senza fiato davanti al cancello del complesso abitativo di Abdullah.

Vide Rahima e Parween nei pressi del pozzo, intente a chiacchierare mentre riempivano secchi d'acqua. Zahra giocava con l'acqua ai piedi di Parween.

Nel sentire il cancello che si apriva Parween si girò. «Sei tornato presto, oggi», gli disse sorridendo. «La bottega ha chiuso prima? Hai finito di lavorare?».

Raziq non rispose e l'espressione che Parween vide sul suo viso la fece rabbrividire.

«Che cosa è successo?», chiese.

Anche Rahima si voltò verso Raziq. «*Che taklif?*», domandò a sua volta.

Zahra corse incontro a suo papà e lui si chinò per darle un bacio.

«Vai in casa, piccola mia. Ti raggiungo subito». La bambina trotterellò dentro, ubbidendo al padre.

Parween e Rahima, immobili, con lo sguardo pregarono Raziq di parlare.

«Si tratta di Noori, è morto. I talebani lo hanno ucciso insieme a molti altri. Gli hanno sparato», e a quel punto la sua voce si ruppe.

Rahima emise un lamento e si lasciò cadere in ginocchio. «Figlio mio!», gridò coprendosi il volto con le mani.

Parween era confusa. «Sparato? Che cosa significa, è stato un incidente?»

«No, non si è trattato di un incidente, ma di un'esecuzione. Hanno ucciso una ventina di uomini oggi e Noori era fra quelli».

«Ma che cosa avevano fatto? Perché Noori?». Parween non riusciva a comprendere l'accaduto.

«Da quanto si sa, hanno preso Noori e gli altri senza una ragione, non avevano fatto nulla. Anche il vecchio Ali-Haq era fra coloro che sono stati giustiziati. Non riusciva nemmeno a reggersi in piedi da solo, doveva appoggiarsi all'uomo che gli stava vicino».

Nel sentire il racconto Parween cominciò a piangere e si gettò fra le braccia di Raziq.

«Oh, mio Dio, Noori ha sofferto? Dov'è? Possiamo almeno seppellirlo?»

«No, no, non possiamo», rispose Raziq quasi in un sussurro. «Lo hanno seppellito insieme agli altri là dove sono stati fucilati», fece una pausa prima di aggiungere: «Non credo che abbia sofferto. È morto sul colpo».

Parween si inginocchiò vicino a sua madre in lacrime e la strinse a sé in un abbraccio.

«Non essere triste, madre. Noori è un martire, come nostro padre, e ora entrambi risiedono in paradiso». Parween si sforzò di mantenere la voce ferma e di trattenere le lacrime.

Raziq si chinò e le parlò all'orecchio.
«Ora devo tornare al mercato. C'è ancora molto da fare». Si alzò e si avviò verso il cancello, ma prima che potesse aprirlo, Parween fu al suo fianco.
«Ti prego non andare. È pericoloso là fuori. Rimani qui. Abbiamo bisogno di te».
Raziq cercò di controllare il tremore alle mani.
«Devo andare. Non mi succederà niente. Tornerò stasera. Forse ci saranno notizie. Forse si è trattato solo di un tragico errore».

Raziq tornò di buon passo al bazar, al negozio di Wazir, un tempo adorno di lucine e rifornito di veli colorati. Ma ora le luci erano state spente e i veli – ritenuti troppo vistosi – erano stati ritirati. Gli uomini, sei di loro, erano seduti nel retrobottega e parlavano a voce bassa.
Wazir, il più anziano, fu il primo ad alzare la voce.
«Ci hanno privato della libertà, ci hanno rubato i nostri averi, impediscono ai nostri figli di giocare e ora anche questo. Ci uccideranno tutti se non riusciremo a cacciarli».
Faizir annuì.
«Non possiamo rimanere con le mani in mano. Abbiamo combattuto contro i Russki, ora dobbiamo ribellarci a questi nuovi invasori».
«Quanti di voi possiedono delle armi?», chiese Wazir e furono in pochi ad alzare le mani.
Raziq si alzò in piedi.
«È vero che dobbiamo agire, ma dobbiamo essere cauti, prendere tempo, coglierli di sorpresa. Immagino che si aspettino che ci sia una reazione da parte nostra al massacro di oggi. Dobbiamo attendere e agire quando meno se lo aspettano. Ragioniamoci e incontriamoci di nuovo fra una settimana per discutere sulle possibilità di azione. Ma soprattutto, dobbiamo stare attenti a non suscitare sospetti».
Dal gruppetto si levò un mormorio d'approvazione e gli uomini decisero che si sarebbero riuniti di nuovo da lì a una set-

timana. Raziq tornò in fretta nel suo piccolo ufficio dove dispose il tappetino per la preghiera, si inginocchiò rivolto alla Mecca e chiese ad Allah di guidarlo nelle sue azioni.

Focolai di rivolta nascevano qua e là nel villaggio e il gruppo di sei uomini divenne più numeroso. In capo a quattro settimane più di venti uomini si ritrovarono nell'angusto retrobottega di Wazir. Ciascuno disponeva almeno di un'arma. Si trattava di vecchie armi che da tempo non venivano utilizzate, ma avrebbero dovuto arrangiarsi con quel che erano riusciti a recuperare.

Le riunioni si tenevano ogni settimana e, a poco a poco, e in gran segreto, i piani dei partecipanti presero forma.

Nel frattempo i talebani si insediarono a Bamiyan con la loro artiglieria pesante e i carri armati e si impadronirono di abitazioni e proprietà degli abitanti. Sparavano alle persone e agli animali con la medesima indifferenza, appiccavano il fuoco a raccolti di patate e ai campi dove cominciava a crescere il grano.

Si presentavano di prepotenza al bazar e puntavano il dito contro giovani che avevano osato spuntarsi la barba. Molti di loro venivano prelevati dalle strade e sparivano nel nulla.

All'inizio dell'inverno del 2001, i ribelli decisero che dovevano agire in fretta poiché se avessero aspettato ancora avrebbero rischiato di farsi scoprire.

Scelsero una notte senza luna verso la fine di febbraio e pregarono che il cielo nero come la pece offrisse loro un minimo di protezione. Avevano deciso di prendere d'assalto una casa all'interno del villaggio dove viveva un gruppo di talebani.

Raziq insieme a una ventina di uomini attraversò strisciando i campi bruciati e scavalcò il muro di cinta che nascondeva alla vista la casa designata all'assalto. Scavalcato il muro, gli uomini si divisero e rimasero in attesa del segnale prestabilito.

Non appena il fiammifero si accese, gli uomini invocarono all'unisono il nome di Allah e irruppero nella casa abbattendo porte e finestre.

Nel caos che seguì nessuno di loro si salvò.

Nonostante fossero tutti armati, i talebani possedevano armi più efficaci e, sapendo che quel giorno sarebbe arrivato, erano pronti a combattere e furono spietati.

Raziq venne ferito gravemente, ma era ancora cosciente quando i talebani fecero un ultimo giro di ricognizione fra i corpi trafiggendo indistintamente morti e morenti con una spada. Negli ultimi istanti di vita Raziq vide negli occhi dei nemici il piacere che traevano da quell'ultimo atroce atto.

Il mattino successivo, la notizia si diffuse nel villaggio. Lo zio Abdullah si precipitò alla casa dei talebani e lì, appeso al ramo di un albero, trovò il corpo di Raziq, straziato al punto da risultare irriconoscibile. Abdullah si portò la mano alla bocca, ma non riuscì a non vomitare.

Cadde in ginocchio e pianse con gli occhi rivolti al cielo. Quando infine riuscì a risollevarsi, abbandonò quel luogo e tornò verso casa.

Si precipitò nella stanza dove Parween era intenta a cantare a bassa voce una canzoncina a Zahra mentre riponeva i giacigli.

«Buongiorno, zio», disse Parween illuminandosi nel vederlo entrare. «Prendi una tazza di tè con noi? Raziq non c'è. Credo che sia andato al bazar, mi fa piacere se accetti».

Abdullah cadde in ginocchio mentre Zahra trotterellò vicino a lui invitandolo a uscire nel cortile. «No, tesoro, non oggi». Abdullah fece una pausa. «Devo darti una brutta notizia, una notizia che ci rattrista tutti». Esitò un istante poi prendendo fiato annunciò: «Raziq era fra un gruppo di uomini coraggiosi che hanno assalito i talebani la notte scorsa. C'è stata un'aspra lotta, Raziq e gli altri...». Gli si incrinò la voce, invece delle parole gli uscirono dalla bocca soltanto singhiozzi di dolore, e non riuscì nemmeno a guardare Parween.

«Gli altri... che cosa mi vuoi dire?», chiese Parween avvicinandosi allo zio. «Raziq è stato arrestato?»

«Sono tutti morti», riuscì a dire Abdullah mentre le lacrime gli rigavano il volto e gli cadevano sulla barba.

Parween si sentì mancare e cadde a terra.

"Oh Allah, ecco dunque dove andava ogni sera", pensò.

Non riusciva a respirare e una fitta di dolore le trafisse il cuore.

"No, no, non è vero".

Parween si sentì come un sasso gettato nell'acqua che andava sempre più a fondo.

Lo zio Abdullah la strinse in un abbraccio e Parween si nascose il volto fra le mani e pianse.

Per tutto il giorno rimase rannicchiata sul pavimento e si mosse soltanto quando sua madre le preparò il giaciglio e la aiutò a sdraiarvisi. Rahima la coprì e si distese accanto a lei, sussurrandole parole di conforto che Parween non udì. Le uniche parole che riecheggiavano nella sua mente erano quelle pronunciate dallo zio Abdullah. "Sono tutti morti".

Raziq era morto, ucciso dai talebani.

Nel villaggio si diffuse la notizia che erano stati seppelliti tutti nell'ennesima fossa comune. Non avrebbe mai più potuto stringere Raziq a sé, né avrebbe potuto preparare il suo corpo per una degna sepoltura. I talebani l'avevano privata anche di quell'ultimo semplice atto e lei non poteva sopportarlo.

Ogni giorno Parween se ne stava seduta per terra in solitudine a versare lacrime fino a quando una mattina di sole, molte settimane dopo la morte di Raziq, le improvvise urla di Zahra lacerarono il silenzio distogliendo Parween dal suo dolore e inducendola a correre in soccorso della figlia. La bambina si era avventurata troppo vicino al fuoco, acceso per cucinare, procurandosi una brutta scottatura al braccio e piangeva in preda al dolore e alla paura.

Parween la prese in braccio e la cullò fino a calmarla, poi le asciugò le lacrime e le curò il braccino. Quell'episodio la riportò alla vita. Ma era come se durante il suo lutto Parween fosse stata lontano da lì e ora che era tornata si sentiva cambiata. Covava nel cuore una rabbia sommessa che chiedeva vendetta e, prima o poi, l'avrebbe ottenuta, ed era quel pensiero a darle la forza di alzarsi ogni mattina.

Per fortuna nessuno parlava di un eventuale matrimonio con

il fratello di Raziq. In quei giorni di tumulti e di caos, nessuno sapeva se fosse vivo o meno. Da tempo si era trasferito a Kabul e da mesi non ricevevano sue notizie.

Parween non riceveva più notizie nemmeno dal fratello, Abdul, il pastore. Un giorno, dopo aver lavorato nei campi, non aveva più fatto ritorno a casa. Si presumeva che fosse stato ucciso o che si fosse unito a coloro che lottavano contro i talebani. Comunque fosse, il risultato era il medesimo: i propri cari potevano sparire da un giorno all'altro, e non c'era nulla da fare, nessun modo per scoprire la verità.

Rahima si trasferì nella minuscola casa di Parween, le due donne e la bambina riuscivano a cavarsela con il denaro e le scorte che Raziq aveva messo da parte. Zahra era al sicuro, almeno per il momento, e Parween intendeva continuare a proteggerla. Raziq era stato previdente e questo le permetteva di non doversi preoccupare per la loro quotidiana sussistenza, tuttavia, soltanto la vendetta avrebbe reso meno cieca la rabbia di Parween e le avrebbe permesso di trovare un po' di pace.

Forse non l'avrebbe ottenuta subito, ma un giorno sarebbe arrivata e lei era disposta ad aspettare. Era una donna, dopotutto, ed era abituata all'attesa.

Capitolo 12

Era la primavera del 2001 quando, dopo aver occupato il villaggio per tre anni, i talebani annunciarono che avrebbero distrutto i Buddha di Bamiyan. La notizia lasciò sgomenti gli abitanti di Bamiyan che scongiurarono i talebani di ravvedersi. Ma quelli ignorarono le proteste e procedettero a collocare ordigni esplosivi alla base delle due meravigliose statue.

Dalla sua abitazione, Parween le osservò ridursi in un ammasso di polvere e detriti. I suoi amati Buddha, le figure che adorava sin da quando era bambina, e che abitavano quelle montagne da generazioni, furono distrutte in un istante.

I talebani non nutrivano rispetto per niente e per nessuno, né nei confronti delle donne e dei bambini né per la bellezza in generale. L'odio che Parween provava per loro non fece che acuirsi.

Parween si arrampicò sul tetto della sua piccola casa, come ultimamente aveva preso l'abitudine di fare, per osservare la campagna circostante. Data la pendenza, il tetto offriva una buona visuale sul centro del villaggio. Quel giorno però non fu il panorama ad attirare lo sguardo di Parween, bensì un gruppo di talebani intenti a disseminare il terreno di mine. Grazie agli insegnamenti che le erano stati impartiti da bambina a Onai, riconobbe gli oggetti che stavano piantando nel terreno. I talebani non la vedevano mentre lei li osservava dal tetto e dunque poté seguire attentamente ogni loro mossa. Parween conosceva Bamiyan perfettamente: i campi, gli alberi, le vallate e i corsi d'acqua e prese nota di ogni punto in cui i nemici piantarono i loro semi di distruzione.

Li tenne d'occhio mentre disponevano le mine secondo un chiaro schema a mezza luna procedendo verso l'esterno rispetto al centro del luogo prescelto. Una volta collocate le mine, le ricoprivano di terra o sterpaglia per nasconderle alla vista. Parween contò attentamente i passi dei nemici mentre questi si spostavano fra le mine e affidò ogni mossa alla sua memoria.

Una volta rientrata in casa, prese un foglio e, a lume di candela, disegnò piccole mappe che riproducevano gli schemi seguiti dai talebani per preparare l'esplosione. Affidò le mappe a zio Abdullah che diffuse l'avvertimento: "State lontani da quel campo o quel ruscello, se attraversate il campo di Arif evitate di avvicinarvi agli alberi".

L'avvertimento fece il giro del villaggio e gli abitanti riconoscenti si chiesero chi fosse la fonte di quelle informazioni così importanti per la loro incolumità. Nessuno, tantomeno i talebani, avrebbe mai potuto immaginare che l'informazione giungeva da una donna.

Ma Parween non era l'unica donna pronta a sfidare il nemico. Correva voce che una giovane vedova si fosse sbarazzata del velo, avesse indossato abiti maschili, imbracciato un kalashnikov e si fosse aggregata a un gruppo di giovani ribelli. Ben presto la giovane divenne una vera leggenda mentre nel villaggio si diffondeva la notizia delle sue gesta. Si diceva che avesse ucciso più talebani lei di tutti i suoi compagni d'armi. Nel penoso tentativo di screditarla i talebani l'avevano definita una traditrice dell'Islam. Ma per gli abitanti di Bamiyan era un'eroina. Molti sostenevano di averla vista galoppare in sella a un cavallo in villaggi remoti, la treccia al vento, e una bandoliera a tracolla. A Bamiyan si diceva che soltanto una donna di etnia hazara poteva sfidare il nemico con tanto coraggio.

Parween immaginava che la tanto venerata giovane ribelle fosse Mariam. Le era giunta voce che il marito di Mariam, nel deplorevole tentativo di avere salva la vita e di accattivarsi la benevolenza dei malvagi talebani, avesse offerto loro la sua giovane moglie affinché potessero divertirsi mentre occupavano Mashaal. La notizia le era giunta per bocca di Haleema, una comare che aveva lasciato Bamiyan per andare a vivere a Mashaal con suo figlio. Tornata al villaggio per una visita, si era precipitata a casa dello zio Abdullah per riferire a Parween quanto era venuta a sapere.

«Ahh…è meglio che nessun altro ci senta», disse Haleema passandosi la lingua sul labbro inferiore e guardandosi attorno con gli occhi stretti. «Temo che la tua amica abbia fatto una triste fine», aggiunse prima di fare una pausa e di asciugarsi la fronte con l'estremità del suo lungo velo.

«Che cosa è successo, parla!».

«I talebani non sono gli uomini pii che si crede. A Mashaal i loro usi immorali e la loro malvagità sono ben noti. Pare che quegli uomini avidi abbiano accettato l'offerta del vecchio. La povera Mariam è stata gettata ai loro piedi e costretta ad aprire le gambe con ciascuno di loro».

Parween trattenne un grido, coprendosi la bocca con le mani.

Haleema proseguì abbassando la voce: «L'hanno malmenata e ricoperta di lividi e bruciature».

Parween chiuse gli occhi per cacciare via dalla sua mente quelle terribili immagini.

«Si dice che Mariam abbia invocato pietà ai suoi aguzzini, ma per i talebani il lamento di una donna vale quanto il lamento di un cane. L'hanno trattata alla stregua di una bestia e quando si sono stancati di lei persino il suo malvagio marito si è rifiutato di riprenderla con sé. Le ha detto che ora valeva meno di una puttana».

Parween sentì le lacrime salirle agli occhi. «E nessuno l'ha aiutata?»

«Corre voce che Mariam sia scappata a rifugiarsi nelle grotte sulle montagne di Mashaal e che alcune donne del villaggio si prendano cura di lei, ma non so se è vero. Potrebbe davvero trovarsi in una grotta, ma chissà. Mi dispiace, Parween».

«Dobbiamo trovarla. Falle giungere un messaggio, dille di venire qui. Quando tornerai a Mashaal?».

Haleema ci pensò un attimo. «Prossimamente, *inshallah*, se tutto andrà bene».

«Ti prego, passa parola. Qualcuno deve pur sapere dove si trova. Dille che deve tornare a casa dalla sua gente. Ti prego, Haleema. Promettimi che lo farai».

Haleema annuì e Parween la baciò sulle guance.

Poco tempo dopo, tre talebani dall'aria truce irruppero in casa di Parween esigendo cibo e denaro. Zio Abdullah era al bazar e l'accorata richiesta di Rahima di avere pietà di loro venne ignorata. Parween, con i recenti racconti di Haleema nella mente, si mise al fianco di sua madre.

«Che cosa volete?», disse guardandoli torvo e chiedendosi come potessero degli uomini così giovani essere tanto malvagi.

I giovani dalla lunga barba incolta le restituirono uno sguardo cupo e spietato.

«Sappiamo che nascondi del denaro, puttana!», gridò uno di loro sospingendola con il fucile poi si portò il dito alla narice ed emettendo una sorta di grugnito si liberò del muco che finì sul pavimento.

La vista e la vicinanza di quegli uomini le faceva venire la nausea, ma Parween rispose calma: «Ho seppellito il denaro nel campo. Potete averlo se questo è il volere di Allah. Vi farò vedere dov'è».

Dopo che Parween ebbe indossato il burqa, gli avidi talebani la spinsero verso la porta e lei li condusse nel vicino campo. Dapprima camminò esitante, cercando di ricordare dove avessero disseminato le mine. Poi vide il vecchio albero di albicocche dal tronco curvo che aveva dato riparo ai talebani quando avevano interrato le mine in quel campo.

Abbassò lo sguardo sui propri piedi per orientarsi e cominciò a contare i passi fra sé e sé. I talebani la seguivano dappresso. A un certo punto, sollevò la testa e attraversò il campo con una serie di lunghe falcate. La sua inattesa bravata mandò su tutte le furie uno dei talebani che fece per raggiungerla nell'intento di schiaffeggiarla. Ma mentre il giovane le si avvicinava mise il piede su una mina e l'esplosione che ne seguì lo fece saltare in aria riducendolo a brandelli.

«*Allah u akbar!*», gridò Parween mentre veniva scaraventata di lato dall'esplosione e i resti del nemico le piovevano addosso.

Gli altri due talebani – anche loro poco più che ragazzi – si fermarono e si guardarono attorno, l'orrore dipinto sui volti, il sudore che gli imperlava la fronte. Dove dovevano mettere i piedi, in che direzione dovevano muoversi? A Parween parve di poter leggere nella loro mente. Colui che era saltato in aria era l'unico armato e i suoi compagni si ritrovavano ora indifesi come Parween che fissò lo sguardo nei loro occhi imploranti. Parween esitò, avrebbe voluto dire loro: "Fermatevi! Non mettete i piedi lì".

Invece rimase in silenzio, si girò e scappò via e mentre correva udì le esplosioni.

Si infilò in un vicolo, si sistemò il burqa affinché non si vedesse che era imbrattata di sangue e cercò di controllare il respiro mentre raggiungeva la sua abitazione. Quando Rahima la ritrovò, Parween si era già lavata e ricomposta.

«Oh, figlia mia», gridò Rahima. «Ho pregato Allah che ti proteggesse».

«Sto bene, mamma», disse Parween sorprendendosi della propria calma. «In verità non cercavano nulla».

Rahima si avvicinò alla figlia aggrottando la fronte. «Ma tu stai tremando, sei sicura di non essere ferita?».

Parween si ritrasse. «Sto bene. Volevano soltanto spaventarci. Non ci daranno più fastidio».

Il giorno dopo, nel villaggio si sparse la voce della morte dei tre talebani e tutti, compresi gli stessi talebani, immaginarono che l'incidente fosse dovuto alla stupidità dei tre.

Parween non fu mai sospettata, dopotutto non era che una sciocca e inutile donna.

Nel mese di settembre i talebani lasciarono Bamiyan. Una sera lo zio Abdullah tornò dal bazar e ne diede notizia.

«I talebani se ne sono andati», annunciò con un gran sorriso. «Allah ha accolto le nostre preghiere. Non c'è più traccia di quella gente».

«Zio, io non mi fido», disse Parween con aria dubbiosa. «Nessuno dovrebbe fidarsi. Se è vero, comunque, mi chiedo dove siano andati».

«Tesoro, per il momento non sono più qui. Oggi al villaggio ho visto delle donne camminare tranquille. Dovresti venire con me domani, a prendere un po' d'aria».

Parween non credeva alle proprie orecchie.

«È vero? Ne sei proprio sicuro? Non è un inganno?»

«Vieni a vedere con i tuoi occhi», le rispose lo zio.

Il giorno dopo, Parween e sua madre si recarono al bazar dove Parween respirò il profumo del pane appena sfornato e lesse i vecchi giornali per la prima volta dopo un periodo che le era sembrato interminabile.

Ma la gioia di Parween durò poco, nel mese di ottobre cominciarono i bombardamenti.

Era corsa voce al mercato che i talebani avevano attaccato l'Amrika, ma la notizia suonava assurda.

I talebani erano stupidi e codardi e nessuno che avesse un briciolo di sale in zucca avrebbe compiuto un atto simile.

Ma perché allora l'Amrika aveva preso a bombardarli e aveva mandato il suo esercito?

Quando i soldati stranieri arrivarono i talebani li attaccarono, ma troppo debolmente e, a un passo dalla sconfitta, molti di loro si tagliarono la barba e sparirono in aperta campagna.

Coloro che ne avevano subìto i soprusi non avevano dimenticato e quando a novembre arrivarono i soldati stranieri, la gente di Bamiyan puntò il dito contro i temuti oppressori di un tempo che cercarono invano di rendersi invisibili come le donne che avevano vessato.

La gente di Bamiyan manifestò nei confronti dei talebani la stessa pietà che loro avevano dimostrato nei confronti delle loro vittime. Nella sola Bamiyan, i soldati e la gente del posto riuscirono a scovare un centinaio di prigionieri talebani.

La gente del villaggio uscì per le strade a dare il benvenuto ai soldati americani che attraversavano il paese a bordo di jeep e tank e scendevano dal cielo con i paracadute aperti sopra le loro teste come fossero mandati da Allah.

Parween, in piedi ai margini della strada, li guardava estasiata rammaricandosi che Raziq non fosse più lì ad assistere allo spettacolo insieme a lei.

PARTE TERZA

Amici

Capitolo 13

Da quando Elsa era giunta a Bamiyan era trascorso ormai un mese che, per quanto pieno di difficoltà, era servito a farle superare, almeno in parte, angosce e timori. Persino le malattie dai nomi più strani, leishmaniosi, tifo, malaria, verminosi intestinale, problemi che le erano sembrati insormontabili i primi giorni, si erano rivelati risolvibili una volta affrontati.

Elsa aveva messo a punto una routine quotidiana che le infondeva un po' di serenità. Ogni mattina saliva sul tetto della sua abitazione dove sorseggiava il caffè. Da lassù guardava il villaggio animarsi, le mucche, i muli e i bambini che affollavano le strade, gli abitanti del luogo già intenti nelle loro attività. Ma un mattino, Elsa avvertì nell'aria qualcosa di diverso rispetto al solito schiamazzare di bambini e, nel sentire sopraggiungere il rombo dei motori delle jeep, si alzò e rivolse lo sguardo all'orizzonte. Sicura che si trattasse del convoglio del soldato dagli occhi azzurri allungò il collo e strinse gli occhi per proteggersi dal sole. Ma quando le jeep si profilarono in lontananza notò che non si trattava dei veicoli dell'esercito americano, bensì di quelli delle Nazioni Unite. Delusa tornò a sedersi e a sorseggiare il caffè. Non aveva più visto i soldati da quel mattino in cui li aveva spiati mentre passavano lungo la strada. Pierre aveva ragione, probabilmente non li avrebbe visti mai più.

Poi, qualche giorno dopo, mentre era di nuovo seduta sul tetto a bere caffè, il caratteristico ronzio delle pale di un elicottero irruppe nella quiete mattutina. Elsa si alzò e scrutò il cielo e vide alcuni soldati lanciarsi dagli elicotteri dell'esercito americano con bianchi paracadute che si gonfiavano sopra di loro. Gli uomini atterrarono nascosti alla vista dal terreno collinoso.

Elsa avrebbe voluto saltare di gioia: forse il suo soldato era fra loro.

In capo a qualche giorno, un soldato si presentò alla clinica e chiese di lei, come se fosse stato richiamato lì dai suoi continui pensieri. Indossava pantaloni mimetici, una maglietta marrone e un cappellino con visiera. Portava un fucile in spalla e una pistola nella fondina della cintura. Elsa cercò di respingere la punta di delusione che provò nel vedere che non si trattava del soldato che aveva visto lungo la strada. E, tuttavia, il soldato assomigliava in tutto e per tutto a Ken, era bello, biondo, abbronzato e pronto a combattere.

Tese la mano e si presentò con l'accento biascicato degli Stati del sud. «Sono il tenente Dave Martin, il Comandante mi ha mandato a cercarla. Apparteniamo alla quinta unità delle Forze Speciali di Fort Bragg, North Carolina, e siamo di stanza non lontano da qui. Abbiamo saputo da poco della sua presenza qui, e vorremmo offrirle il nostro aiuto se possibile».

Elsa gli strinse la mano e, dandosi un contegno, rispose: «Piacere, Elsa Murphy, sono un'infermiera volontaria di Aide du Monde». Era felice di trovarsi di fronte a un altro americano, di potersi esprimere nella propria lingua, ma era anche piuttosto nervosa. «Non sono sicura che sia bene farmi vedere in sua compagnia», disse a bassa voce.

«Capisco», rispose il tenente in tono rassicurante. «Ed è per questo che sono qui. Vorremmo scambiare quattro chiacchiere con lei, il Comandante desidererebbe invitarla a cena da noi domenica prossima. È libera?».

Elsa esitò. I responsabili della base francese di Aide du Monde l'avevano avvertita più volte di evitare i soldati – gli "invasori" come loro li chiamavano. «È proibito fraternizzare con loro, è la nostra prima regola», così le aveva detto Pierre. Ma chi sarebbe venuto a sapere che aveva *infranto* quella regola, a meno che non avesse deciso lei stessa di informare la sede di Parigi?

Il tenente notò l'espressione dubbiosa di Elsa.
«Non correrà nessun rischio, stia sicura. Sappiamo dove si trova l'alloggio destinato ai volontari di Aide du Monde e possiamo venirla a prendere noi. Alle sei, se per lei va bene. Non c'è motivo di preoccuparsi».
Elsa abbozzò un sorriso. «Va bene, ci sarò», rispose chiedendosi se avrebbe incontrato anche il soldato dagli occhi azzurri.
«A presto, allora», il tenente si congedò con un gioviale cenno della mano e si avviò verso il cancello. Elsa rimase a guardarlo salire a bordo di una jeep e partire sollevando una nuvola di polvere.

Elsa tornò alla clinica e a una decina di prigionieri talebani in attesa di essere visitati.
«Talebani?», chiese a Hamid provando una sensazione di disagio. «Credevo che fossero tutti nelle prigioni nei dintorni di Kabul».
«C'è una prigione anche qui a Bamiyan dove adesso sono rinchiusi un centinaio di talebani», rispose Hamid. «Sono stati catturati dalla gente del posto, dalla polizia e dai soldati americani, e oggi sono qui con vari problemi di salute. Sono stati portati dagli uomini della polizia di Bamiyan, spetta a noi decidere se visitarli o meno».
Elsa lo guardò esitante. «Intendi dire che spetta a me decidere?»
«Sei tu la responsabile, tocca a te prendere le decisioni, Elsa».
Elsa rimase in silenzio a riflettere. «Be', il nostro compito consiste nel fornire cure mediche, immagino di doverli visitare comunque. Dove sono?».
Hamid l'accompagnò sul retro della clinica dove i prigionieri erano ammassati a terra e guardati a vista da quattro ufficiali di polizia. Elsa si avvicinò loro con passo lento. Erano trasandati, non avevano l'aria malvagia e non incutevano paura, ma suscitavano pena. Erano sudici e indossavano abiti laceri che Elsa immaginò infestati dai pidocchi. Portavano tutti la barba, erano scheletrici e l'arroganza di un tempo li aveva abbandonati.

Elsa strinse i denti e, rivolgendosi loro in lingua dari, chiese a ciascuno quale problema lo affliggesse.

«*Mariz? Che taklif dori*».

C'era chi aveva la tosse, chi gli occhi arrossati, chi accusava un prurito insopportabile per via dei pidocchi, nessuno era seriamente malato. Elsa notò che uno di loro tremava come una foglia e le lacrime gli scorrevano come piccoli rivoli lungo il volto sudicio.

«*Che taklif?*», chiese indicando l'ometto a Hamid.

Hamid si rivolse all'uomo vestito di stracci, il quale rispose a bassa voce condannando i talebani e sostenendo di non essere uno di loro.

«Sono stato fatto prigioniero soltanto perché mi hanno sorpreso a rubare del cibo per la mia famiglia. Non sono un talebano!», disse con un tono di voce fiero e convincente al punto che un ufficiale di polizia gli si fece incontro con aria minacciosa, ma Elsa lo allontanò con un cenno della mano e chiese al vecchio il suo nome.

«Mi chiamo Mohammed e sono di Sattar», rispose questi gentilmente. «Sono un semplice contadino i cui campi sono stati bruciati da questi infedeli. Soffro di tosse e sono molto stanco», disse portandosi una mano al cuore. «Che Dio la benedica se vorrà aiutarmi».

Elsa decise di verificare se l'uomo le aveva raccontato la verità e si appuntò il suo nome e quello del villaggio di provenienza. Forse Hamid avrebbe potuto aiutarla a scoprire se quanto rivendicava corrispondeva al vero.

Infine, poiché gli altri prigionieri attendevano il loro turno, Elsa fece un cenno a Hamid. «Se li trasferiamo al pronto soccorso, potrò dare loro un'occhiata veloce. Prima se ne vanno e meglio è».

Hamid si rivolse rudemente ai prigionieri e li condusse alla clinica.

Due giorni più tardi, Elsa e Hamid si fermarono alla prigione del villaggio e parlarono con un rappresentante della polizia del governatore provinciale. Elsa vide Mohammed guardarla intensamente attraverso le sbarre della cella affollata in cui era rinchiuso, mentre lei si informava sui reati attribuitigli. Lui la salutò con un cenno portandosi la mano al cuore.

«*Salam alaikum, chotor asti? Khoob asti? Jona jurast?*», disse ad alta voce.

Gli uomini della polizia le fornirono le informazioni richieste. «Oh, no, no, non è un soldato talebano. Ha rubato del cibo e se vuole essere scarcerato prima deve pagarlo», dichiarò uno dei poliziotti.

«Ma...», azzardò Elsa prima di sentire il piede di Hamid contro il suo.

«Dobbiamo andare», disse lui. «Il poliziotto sta semplicemente svolgendo il suo lavoro».

Prima di lasciare la prigione, Elsa si girò e fece un cenno a Mohammed.

«*Alaikum salam*», gli gridò mentre si dirigeva verso la porta.

Mentre tornavano verso casa chiese a Hamid di scoprire di quanto denaro avesse bisogno Mohammed per uscire dal carcere.

Il giorno dopo Hamid la informò che ci sarebbero voluti cinquecento afghani – dieci dollari americani – per farlo uscire di prigione.

«Soltanto dieci dollari?», Elsa si girò e prese un biglietto da dieci dollari dalla borsa. «Ecco», disse consegnandolo a Hamid. «Sapevo che mi sarebbe servito prima o poi. Quando hai un attimo di tempo, puoi tornare al villaggio?».

Hamid sorrise. «Sei una donna di buon cuore, Elsa».

Quando Mohammed fu rilasciato, tornò alla clinica insieme a Hamid per rivolgere infiniti ringraziamenti a Elsa.

«*Tashakur*, lei è stata molto gentile ad aiutarmi. Grazie alla sua gentilezza, oggi tornerò dalla mia famiglia a Sattar. Spero, prima o poi, di vederla ancora, *inshallah*».

«È stato un piacere», rispose Elsa timidamente. «Spero che un giorno torni a trovarci».

Mohammed salutò Elsa con un altro inchino e si congedò per tornare a casa.

Nonostante il venerdì fosse il giorno sacro per l'Islam e nel villaggio la maggior parte delle botteghe fosse chiusa, così come l'ospedale, Elsa e Hamid lavoravano quasi tutti i venerdì per buona parte della giornata. C'era sempre tanto da fare quando l'ospedale era aperto e il venerdì era l'unico giorno in cui Elsa poteva dedicarsi al lavoro burocratico e fare il punto della situazione riguardo ai farmaci e alle scorte di cui avevano bisogno. Comunque, sembrava non ci fosse molto altro da fare per loro due in quel piccolo villaggio, lontano da casa.

Così Elsa si immerse nel lavoro. Cominciò organizzando la farmacia. Situata in una vecchia stalla sul retro della clinica, non era mai stata opportunamente pulita prima che i medicinali e le scorte vi venissero sistemati, e si sentiva ancora aleggiare nell'aria l'inconfondibile tanfo dello sterco degli animali. Container carichi di farmaci erano coperti da balle di fieno e altri reperti risalenti al tempo in cui quel luogo era una stalla.

Elsa lavorava a fianco dell'addetto all'archivio, Sidiq, un giovane gobbo che parlava un inglese perfetto con una voce particolarmente querula. Il venerdì Sidiq non aveva nient'altro da fare e accettava di buon grado l'occasione di lavorare. Aveva un'espressione perennemente torva, non perché fosse cattivo, ma per via dei jinn, così lui diceva.

Era stato arrestato a Kabul perché aveva il volto rasato in un periodo in cui si poteva circolare soltanto con la barba incolta. Era rimasto rinchiuso nella terribile prigione di Policharki per un anno intero e durante quel periodo i jinn si erano insinuati nella sua mente, rendendolo triste e infelice, costringendolo a gridare, sputare e a cadere a terra in preda alle convulsioni. Inspiegabilmente i talebani lo avevano lasciato in vita, ma buttato fuori dalla prigione.

«Se i jinn ti vogliono, che vengano a prenderti!», gli avevano gridato dietro i talebani.

«Sono uscito di prigione pensando che, una volta libero, i jinn avrebbero abbandonato la mia anima, ma così non è stato», spiegò Sidiq tristemente. «Si sono insediati nella mia mente e mi hanno reso una persona sgradevole. Persino mia madre non mi sopportava più. All'improvviso cominciavo a sputare e a gridare senza motivo, e non c'era nient'altro da fare se non lasciare che i jinn avessero la meglio.

«Infine sono riuscito a trovare la forza per affrontare il colloquio dell'ADM per il reclutamento dello staff internazionale e sono venuto qui a Bamiyan. Pare che ai jinn non piaccia questo posto e può darsi che mi abbiano abbandonato, sebbene non si possa mai dire».

Elsa venne poi a sapere che Sidiq era in cerca di moglie. «Tuttavia non credo che la troverò a Kabul. Quando la gente sa che sei posseduto dai jinn, non c'è verso di riuscire ad avvicinare le loro figlie. Ma forse qui a Bamiyan potrei riuscire a sposarmi».

Elsa pensò subito alla cara Amina, la quale cercava disperatamente marito. Osservò bene Sidiq e, nonostante fosse un tipo dimesso e avesse la sfortuna di possedere una voce stridente come il gesso su una lavagna, era buono e intelligente. E dopotutto, se fino a quel momento i jinn avevano impedito ai due di trovare la persona giusta, poteva essere una buona idea provare a fargliela in barba e convincere i due a incontrarsi. Che male poteva esserci?

Elsa ne parlò con Sidiq.

«So che non dovrei intromettermi, ma la mia amica Amina è davvero bella e gentile, ma purtroppo non riesce a trovare marito perché ha sei dita della mano destra, lei dice che è uno scherzo dei jinn».

«Ahh, quando i jinn prendono possesso di una ragazza, be', nessuno la vuole, vero?», rispose Sidiq.

«Ma di certo tu converrai che è sciocco ragionare così», disse Elsa perorando la causa di Amina. «Dopotutto lei ha soltanto un dito in più, per il resto è una bella ragazza. Potremmo persino cercare di asportarglielo. Che ne diresti di conoscerla?»

«Mmm...», Sidiq parve considerare la proposta per un attimo. «Qui in Afghanistan le cose non funzionano così, ma, be', credo che non ci sia nulla di male a incontrarla».

«Perfetto. Allora questo pomeriggio verrai a casa con me e prenderemo il tè insieme».

Quando Hamid sentì la proposta di Elsa reagì storcendo il naso.

«Elsa, da noi sono le famiglie che decidono i matrimoni e non le donne straniere organizzando tè pomeridiani. Siamo in Afghanistan. Credo che tu stia commettendo un grosso errore».

Ma Elsa non si scoraggiò.

«Oh, Hamid, Amina e Sidiq vogliono sposarsi, ma le loro famiglie non sono riuscite a combinare un matrimonio. Che male ci può essere a farli incontrare?».

Hamid scrollò il capo e rimase in silenzio.

Sidiq confessò timidamente che era d'accordo con Hamid.

«Non credo si tratti di una buona idea», disse con la sua voce stridula mentre si avviavano verso la casa di Elsa. «E tuttavia un buon tè nel pomeriggio è sempre gradito».

Quando i tre giunsero all'abitazione, Amina, ignara di tutto, rimase così intimidita dai due uomini che ci volle un bel po' prima di farla uscire dalla sua stanza. Quando finalmente ne emerse, rimase seduta coprendosi il volto, e il sesto dito, con il velo, troppo nervosa per parlare e persino per sorseggiare il tè.

Anche Sidiq, di solito molto loquace, rimase in silenzio per tutto il tempo, limitandosi a dare testimonianza della sua presenza sorseggiando rumorosamente il tè. Non diede segno di notare Amina. Toccò a Elsa e a Hamid riempire quel silenzio inatteso e per fortuna l'incontro si concluse in fretta così come aveva avuto inizio.

Quella sera Elsa si scusò con Amina.

«Mi dispiace», le ripeté più volte. «È che Sidiq cerca moglie ed è davvero una brava persona, ma mi rendo conto che prima avrei dovuto parlartene. Spero tu non ce l'abbia con me. Comunque, non mi intrometterò più».

Un sorriso increspò le labbra di Amina. La giovane donna abbassò lo sguardo e si carezzò il sesto dito. Elsa notò il sorriso e d'un tratto capì.

«Ohh, ti è piaciuto, vero?», le chiese.

Amina rimase in silenzio, ma il suo sorriso si allargò.

Nonostante l'apparente indifferenza dimostrata nei confronti delle doti nascoste di Amina, il giorno dopo Sidiq arrivò alla clinica e consegnò a Elsa un prezioso regalo. Era uno specchietto decorato da perline e riposto in una piccola borsetta di velluto cucita a mano.

«Oh, è bellissimo», esclamò Elsa. «Ma non posso accettarlo, non sarebbe giusto». Provò a restituirlo a Sidiq, ma lui la invitò con fermezza a tenerlo.

«È per te. Devi prenderlo. L'ho fatto io insieme a molti altri oggetti quando ero rinchiuso nel carcere di Policharki. Mia madre mi portava gli specchi e le perline e io passavo tutto il giorno a incollare le perline creando le cornici. Mia madre sperava che se i *jinn* avessero visto me o la mia immagine riflessa nello specchio sarebbero rimasti confusi e quindi avrebbero abbandonato la mia mente. Ma purtroppo questo non è mai accaduto, fino a ieri, quando ho sentito i *jinn* abbandonarmi per sempre mentre ero seduto a bere il tè con te e con i tuoi amici. Credo che parlerò con il fratello di Amina. Hamid mi ha fatto vedere dove abita e mi ha promesso di accomapagnarmi affinché io possa presentarmi ed esprimere le mie intenzioni».

Dopo quel lungo discorso fece una pausa per riprendere fiato e sorrise a Elsa.

«Non ci sono rose senza spine e Amina è davvero una rosa, mia cara Elsa. *Besiar tashakur*, molte grazie a te, sorella».

Elsa ricambiò i ringraziamenti con un filo di voce e corse via prima che Sidiq potesse vedere le sue lacrime. Strinse in mano il piccolo specchio e lo ripose con cura in tasca.

Capitolo 14

Ora che aveva organizzato al meglio le sue giornate, Elsa trovò il tempo di scrivere a Maureen e, per quanto in Afghanistan non vi fosse ancora un servizio postale, Johann le aveva promesso che avrebbe inserito la lettera nella prossima spedizione delle Nazioni Unite e l'avrebbe fatta spedire da Ginevra. Un mattino bussò alla porta di Johann lungo il tragitto per andare alla clinica, ma non avendo ricevuto risposta, ripose la lettera nella borsa e se ne andò.

Giunta a destinazione, si recò nel reparto dell'ospedale in cerca di Laila con la quale, ogni mattina, faceva il giro delle visite. Le parve che i pazienti in attesa fossero più agitati del solito, ma dal momento che la sua comprensione della lingua era ancora limitata, non ne colse il motivo. Mentre si guardava attorno in cerca di Laila, individuò Johann e lo chiamò estraendo la lettera dalla borsa e sorprendendosi per l'inatteso colpo di fortuna. Questi si sistemò gli spessi occhiali sul naso e si precipitò verso di lei. «Elsa, la cercavo. C'è bisogno di lei», disse e con voce tremante le spiegò che un autobus locale era esploso dopo essere passato su una mina in un villaggio vicino.

«È terribile. Ci sono molti morti e feriti. Quando mine come questa esplodono tutto quello che è nelle vicinanze viene decimato». La voce di Johann si incrinò quando Laila li raggiunse. «Abbiamo bisogno di lei sul luogo dell'incidente. Pensa di poterci aiutare?», chiese alla donna, mentre Elsa si voltava verso Laila.

«Vai pure, Elsa, e porta Ezat con te mentre io mi preparo», disse Laila parlando in fretta.

Elsa si rivolse a Johann. «Posso essere d'aiuto», e sentendo l'esitazione nella propria voce ripeté: «Lo so che posso essere d'aiuto».

Se Johann colse la nota d'ansia nella sua voce, non lo diede a vedere.

«Potete andare con la mia jeep. Ne manderò subito un'altra».

Elsa raccolse in fretta tutto il necessario e lo mise dentro uno zaino. Ezat apparve al suo fianco e si mise a raccogliere strumenti e medicinali in silenzio. Insieme cercarono Hamid e il trio partì a bordo della jeep delle Nazioni Unite.

Hamid condusse il veicolo su un terreno scosceso, attraversando in una nuvola di polvere i vari villaggi, ma nonostante la velocità, ci misero una buona mezz'ora prima di raggiungere il luogo dell'incidente. Non erano riusciti a ottenere notizie più dettagliate sull'accaduto né a sapere se ci fossero sopravvissuti. Elsa si teneva stretta con una mano al sedile della jeep e intanto controllava e ricontrollava il contenuto dello zaino e guardava l'orologio. Ezat se ne stava seduto tranquillo e guardava fuori dal finestrino.

Quando finalmente arrivarono, Elsa balzò subito giù dalla jeep. Lamiere contorte, frammenti umani carbonizzati e lembi di vestiti intrisi di sangue erano sparsi ovunque come piovuti dal cielo. Ovunque cadesse il suo sguardo, un cadavere o una parte di corpo giaceva in una pozza di sangue. Elsa si sentiva la gola secca e presero a tremarle le gambe; avrebbe voluto distogliere lo sguardo da quello spettacolo, ma si sforzò di non farlo.

Qua e là ardevano fuochi e nell'aria si sentiva l'odore acre del fumo e della carne bruciata che le faceva lacrimare gli occhi e pizzicare la gola. I sopravvissuti, con gli abiti ridotti a brandelli e intrisi di sangue, vagavano fra i rottami e i corpi dilaniati e carbonizzati rimasti a terra. Persino la strada e gli alberi che la costeggiavano bruciavano o erano stati divelti dall'esplosione.

Una donna dai capelli grigi, con il velo ridotto a brandelli ancora sul capo, si inginocchiò a terra come se volesse pregare, tenendo qualcosa fra le mani. Quando Elsa le si avvicinò vide che si trattava del sandalo insanguinato di un bambino.

Vicino a lei, un giovane ferito alla testa e con diverse bruciature stava al centro del luogo dell'esplosione con le braccia tese e il viso rivolto al cielo. Sembrava volesse gridare, ma dalle labbra gli usciva soltanto un debole lamento.

Attorno c'erano capannelli di persone sanguinanti, in lacrime o con lo sguardo fisso nel vuoto, quando si accorsero della presenza di Elsa i loro occhi si fissarono su di lei. Elsa sentì un nodo alla gola, si guardò attorno e cercò di prendere una boccata d'aria. Mai avrebbe potuto immaginare una simile tragedia. Si voltò e vide Hamid ed Ezat a loro volta immobili a fissare la scena.

"Oh, mio Dio", pensò. "Che cosa devo fare? Se fossi a Boston che cosa farei?", e tutto d'un tratto capì come doveva agire.

«Triage», disse ad alta voce. «Devo procedere con il metodo del triage, soltanto a quel punto potremo cominciare ad aiutare questa gente», esitò ancora un istante, inspirò lentamente per calmarsi, poi si rivolse a Hamid e a Ezat.

«Hamid, per favore, chiedi ai feriti, a quelli che possono camminare, di venire a sedersi qui». Le tremava la mano mentre indicava un muretto sgretolato. Poi, additando un'area sgombra vicino ai rottami dell'autobus, aggiunse: «Prova a vedere se coloro che non sono rimasti coinvolti riescono a trasportare i feriti così che io ed Ezat possiamo soccorrerli».

Ezat annuì in segno di approvazione e Hamid corse a dare disposizioni su come trasportare i feriti.

Mentre era in piedi in mezzo alla strada, Elsa vide altri corpi che giacevano fra le lamiere dell'autobus. Si avvicinò ai rottami e si inginocchiò per vedere meglio, ma era troppo buio, e allora strisciò sotto di essi. Il metallo e i vetri infranti le ferivano le mani e le ginocchia mentre lei avanzava con coraggio. Strinse gli occhi per vedere meglio, ma riuscì a individuare soltanto tre corpi senza vita, due dei quali, rimasti schiacciati sotto il peso dell'autobus, giacevano in pozze di sangue, e pezzi di metallo ritorto li trafiggevano da parte a parte. Elsa si allungò per toccare il viso a una bambina la cui pelle era grigia e bruciata. Dopo aver appurato che era morta, le chiuse gli occhi con delicatezza prima di rivolgere al cielo una preghiera per trovare la forza per affrontare quella tragedia. Tirò un sospiro profondo e toccò altri due corpi, anch'essi schiacciati sotto il peso delle lamiere, constatando che non respiravano.

Si spostò in cerca di un qualche segno di vita – il battito di un polso, un respiro, ma la sua fu una ricerca vana, attorno a lei incombeva soltanto il silenzio. Strisciò fuori da sotto i rottami con le lacrime che le offuscavano la vista.

Si rimise in piedi, si asciugò gli occhi, si pulì le mani e rivolse l'attenzione alle vittime che giacevano lungo la strada. Vide Ezat che si occupava di loro e Hamid al suo fianco.

«Vieni, Elsa! Ci sono dei feriti gravi, c'è bisogno di te», le gridò quest'ultimo.

Elsa si affrettò a raggiungere i feriti e si chinò su una donna che giaceva a terra con gli occhi aperti, fissi su qualcosa che Elsa non poteva vedere. Aveva la testa insanguinata, ma il respiro sembrava regolare e non si lamentava, così Elsa si limitò a curarle le ferite.

Mentre lei passava da una vittima all'altra, cominciarono ad arrivare altri veicoli, alcuni dei quali contrassegnati dal simbolo delle Nazioni Unite. Ora anche la gente comune stava aiutando. Un rumore sordo e costante, non troppo diverso da quello che era abituata a sentire al pronto soccorso, riempiva l'aria, ma Elsa rimase concentrata fino a quando non udì un pianto sommesso. Quando si voltò vide due ragazzini stretti in un abbraccio.

«Sono fratelli», disse Hamid alle sue spalle. «I loro genitori sono rimasti sotto l'autobus». Nonostante i ragazzini avessero i vestiti laceri e insanguinati, Elsa vide che non avevano riportato ferite gravi.

«Potresti portarli via da qui, Hamid, affinché non vedano tutto questo?», chiese Elsa indicando i rottami e Hamid accompagnò i due fratelli al margine della strada.

D'un tratto le parve di udire un rantolo e si voltò di scatto. Un giovane smunto giaceva sulla strada con un braccio e una gamba piegati in posizione innaturale, aveva la camicia intrisa di sangue, respirava a fatica e aveva lo sguardo vitreo. Anche il viso era una maschera di sangue e i suoi tratti erano resi irriconoscibili a causa delle schegge di vetro e metallo.

Il giovane aveva una profonda ferita alla testa; Elsa temette che delle schegge provocate dall'esplosione gli si fossero infilate nel cranio. Nemmeno i parenti e gli amici lo avrebbero riconosciuto. Elsa si chinò e gli srotolò il turbante con cura; lunghe ciocche di capelli neri caddero a terra.

Elsa guardò bene il ferito e si accorse che non si trattava di un uomo. Posò l'orecchio al petto della vittima, sentì un debole battito e si accorse che quella donna minuscola e scheletrica era incinta.

«Oh, merda!», sussurrò. «Tieni duro. Ti porteremo all'ospedale al più presto», disse alla giovane.

Hamid aiutò Elsa a raddrizzare il braccio e la gamba della donna e a immobilizzarla con del nastro e pezzi di legno. Elsa rovistò nella borsa e ne estrasse l'occorrente per preparare una flebo. Se fosse riuscita a somministrarle liquidi forse la donna sarebbe sopravvissuta fino al suo arrivo all'ospedale, e lì, avrebbe potuto partorire.

Con mano ferma, Elsa applicò il laccio alla donna e cercò una vena, le inserì il catetere e lo collegò a una sacca di liquidi. Fece un cenno a Hamid e insieme caricarono la donna con cautela sul retro della jeep. Mentre la sollevavano un vecchio stick di rossetto le scivolò fuori dalla tasca e rotolò a terra. Elsa lo raccolse e se lo rigirò in mano.

"Un rossetto? In questo posto?", pensò.

«Te lo tengo io», disse a bassa voce mettendosi lo stick in tasca. Elsa avrebbe voluto partire subito alla volta dell'ospedale, ma c'erano altre vittime di cui lei ed Ezat dovevano occuparsi prima di poter tornare alla base.

All'improvviso si udì un rantolo e quando Elsa si voltò vide un gruppo di gente del posto estrarre da sotto le lamiere dell'autobus un piccolo corpo. Il bambino era insanguinato, aveva le gambe maciullate e nell'esplosione aveva perso un braccio. Uno dei soccorritori lo mise fra le braccia di Elsa.

Lei prese il piccolo, notò che stava ancora respirando, tuttavia capì che per lui non c'era più nulla da fare. Lo strinse a sé, mentre lui esalava il suo ultimo respiro. Elsa gli accarezzò i capelli e gli sfiorò una guancia, poi lo riconsegnò all'uomo in lacrime che glielo aveva affidato.

«Mi dispiace», mormorò prima di girarsi e dare libero sfogo al pianto.

Gocce di sudore le imperlavano la fronte e le scendevano lungo il viso, confondendosi con le lacrime che le annebbiavano la vista. Si asciugò con la manica della camicia e cercò di non lasciarsi sopraffare dal dolore.

Ezat e gli altri soccorritori giunti dall'ospedale erano impegnati a estrarre altre vittime dalle lamiere, così lei si dedicò ai sopravvissuti seduti sul muretto. Questi avevano riportato perlopiù ferite di lieve entità e potevano affrontare il tragitto fino all'ospedale dove avrebbero ricevuto le cure necessarie. Lei e Hamid li aiutarono a salire sulle jeep mandate dalle Nazioni Unite. Poco dopo tutti i sopravvissuti furono sistemati a bordo.

«Hamid, vai a dire a Ezat che noi torniamo all'ospedale. C'è un altro veicolo che potrà riportarlo indietro quando avrà finito». Elsa rimase a guardare Hamid mentre informava Ezat, poi il medico si voltò verso di lei annuendo e rivolgendole quello che le sembrò un breve sorriso di approvazione.

Elsa annuì di rimando, dopodiché lei e Hamid salirono a bordo della jeep che trasportava la donna incinta gravemente ferita. Durante il tragitto, che sembrò interminabile, Elsa le tenne la mano e quando giunsero all'ospedale chiese a Hamid di stare vicino alla donna mentre lei andava a cercare Laila.

«Laila, si è trattato di un'esplosione terribile», le disse concitatamente. «Non puoi immaginare la situazione. Ezat tornerà presto, la maggior parte delle persone che siamo riusciti a portare qui può aspettare, ma c'è una giovane donna...». Elsa abbassò la voce prima di proseguire. «Era vestita da uomo e ha riportato una profonda ferita alla testa, temo non ci siano speranze. A dire il vero è già un miracolo che sia arrivata viva qui».

«Be', se non c'è speranza per lei, occupiamoci degli altri feriti».
«No, Laila, quella donna è incinta». Elsa fece una pausa per riprendere fiato. «Forse possiamo salvare il bambino».
Laila annuì ed Elsa fece un cenno a Hamid, che le aiutò a trasportare la donna nella sala visite.
Laila si chinò su di lei e la visitò. Questa alzò gli occhi febbricitanti verso il soffitto.
«Prova a toccarle l'addome. Ha le contrazioni, il bambino sta nascendo».
Estrassero tutto l'occorrente per il parto, si lavarono le mani e infilarono i guanti, pronte ad accogliere il nascituro. Elsa prese una fiala di Pitocin dal vassoio e ne riempì una siringa. Il farmaco avrebbe accelerato le contrazioni e la nascita, ma non si rivelò necessario. Laila fece scivolare la mano dentro la donna e disse che la testolina del nascituro era già discesa nel canale del parto.
«Sta nascendo. Prendi le forbici e i lacci e una coperta».
Elsa fece come le diceva Laila e nel giro di alcuni minuti il bambino venne espulso insieme a un fiotto di sangue. Era un maschietto, talmente magro da sembrare già denutrito. Il piccolo fece il primo respiro ed emise un debole pianto nell'istante medesimo in cui sua mamma esalò l'ultimo respiro.
Laila consegnò il piccino a Elsa e coprì la donna con un lenzuolo.
«Almeno il bambino è vivo», disse tristemente. Poi si voltò verso Elsa. «Se non hai bisogno di me qui, vado a vedere se Ezat è tornato. Poi ci occuperemo degli altri pazienti».
«Vai pure, me la posso cavare da sola».
Elsa lavò il minuscolo bambino già orfano e lo avvolse in una coperta dell'ospedale. In farmacia si procurò del latte in polvere e riempì un vecchio biberon. Si sedette cullando fra le braccia il fagottino, invitandolo a succhiare e il suo invito venne subito accolto. "Com'è diverso da Diana", pensò Elsa con tristezza.
Dopo la sua prima poppata, il neonato si addormentò fra le braccia di Elsa e lei rimase seduta a cullarlo mentre con la mano

frugava nella tasca in cerca del rossetto appartenuto alla donna, un indizio attraverso il quale si poteva forse risalire all'identità della madre del piccino.

Elsa si alzò e si avvicinò al cadavere della donna. «Il tuo bambino sta bene», mormorò accarezzando il lenzuolo che la copriva.

Quel giorno finì di lavorare tardi, insieme a Laila e a Ezat si assicurò che tutti i feriti e i loro familiari avessero ricevuto assistenza. Consegnò con riluttanza il piccino a un membro dell'équipe ospedaliera e poi, accompagnata da Hamid, tornò a casa a riposarsi.

Il mattino successivo di buon'ora, Hamid bussò alla porta.

«Elsa, ci sono già molte persone alla clinica, gente che cerca i propri parenti. Credo sia meglio andare».

Elsa prese in fretta il velo e seguì Hamid.

La notizia dell'esplosione si era diffusa in tutto il villaggio e la gente del luogo si era recata alla clinica per accertarsi che fra i morti e i feriti non vi fossero familiari. Era stata montata una vecchia tenda da campo adibita a obitorio, dove i cadaveri erano allineati e coperti da lenzuoli.

Elsa entrò nella tenda e si fermò vicino alla donna che aveva messo al mondo il piccino. Nessuno si era presentato a reclamarne il corpo.

"Povera anima, morire così tutta sola", pensò Elsa.

Mentre usciva dalla tenda vide Johann che le correva incontro. L'uomo si sistemò gli occhiali sul naso e le prese la mano. «Grazie, Elsa. Laila ed Ezat mi hanno detto che ieri ha svolto un lavoro eccellente. Grazie ancora. Non sa quale aiuto ha dato alla gente di Bamiyan».

Elsa si sentì in imbarazzo di fronte a quel profluvio di ringraziamenti, annuì e si congedò da Johann. Mentre si allontanava in fretta da lui si trovò di fronte a Ezat di cui notò subito l'espressione torva.

«Talebani, la polizia ha dichiarato che sono stati loro a interrare la mina», disse disgustato.

Nel sentire le sue parole, Hamid sgranò gli occhi.

Elsa rabbrividì. «Ma pensavo che li avessero catturati tutti o che se ne fossero andati».

«No, non se ne sono andati. Sono ancora qui, sono soltanto in attesa».

Elsa non sapeva che dire, si voltò in direzione della folla che si era radunata all'ospedale. Molti parlavano concitatamente, altri, i più tristi, erano in paziente attesa.

Elsa chiese a Hamid di farle da interprete per poterli aiutare. Si avvicinarono a una donna minuscola che se ne stava in disparte, tutta sola, con il volto coperto dal velo.

«Scusi, cerca qualcuno? Possiamo aiutarla?», le chiese Hamid.

La voce di Hamid aveva spaventato la donna, che esitò prima di scostare il velo e di rivelare il suo volto. Era giovane, aveva il viso pulito e due luminosi occhi verdi che fissò su Elsa con determinazione.

Elsa si sentì confusa da quello sguardo. Ebbe la strana impressione di avere già incontrato la giovane, ma si disse che se ciò fosse accaduto si sarebbe ricordata di quegli occhi. La osservò mentre si portava la mano al cuore e cominciava a parlare rivolgendosi a Hamid affinché le facesse da interprete.

«Sono Parween e sto cercando la mia amica. Si chiama Mariam, può darsi che fosse sull'autobus proveniente da Mashaal. Non ne sono certa, ma potrebbe aver cercato di raggiungermi, l'avete vista, per caso?»

«Non ha altre informazioni che potrebbero aiutarci a rintracciarla? Saprebbe descriverci il suo abbigliamento o se indossava un monile?», chiese Elsa.

Parween sorrise come se stesse ricordando l'amica.

«È minuta e bellissima, ha lunghi capelli neri, occhi scuri e profondi, anche se non ho ricevuto notizia della sua partenza, in cuor mio sento che era sull'autobus proveniente da Mashaal», disse Parween rabbuiandosi.

Hamid tradusse quanto aveva detto ed Elsa ricordò il particolare delle lunghe ciocche nere della donna incinta che cadevano a terra. Trattenne il fiato mentre la sua mano trovava il vecchio rossetto che custodiva ancora in tasca. Lo estrasse lentamente e lo fece vedere a Parween, tenendolo sul palmo della mano.

«Era suo?», chiese a bassa voce.

Parween si coprì la bocca con la mano che le tremava per l'emozione.

«Sì, è di Mariam», disse. «Gliel'ho regalato io. Sapevo che l'avrei trovata qui. Dov'è? La prego, mi porti da lei. *Allah u akbar*. Sapevo che Allah avrebbe vegliato su di lei».

Elsa consegnò il rossetto a Parween con un sospiro.

«La sua amica non ce l'ha fatta. È morta ieri dopo aver dato alla luce un bambino. Mi dispiace».

Parween, confusa, arretrò di un passo.

«No, si sbaglia», disse. «Mariam non aspettava un bambino. Io so che è qui. Questo è il suo rossetto. La prego, mi porti da lei».

«Sì, la sua amica è qui, ha ragione», rispose Elsa. «Ma è morta. Ero con lei quando se n'è andata. Posso portarla da lei, ma ha riportato ferite gravissime nell'esplosione, potrebbe non riconoscerla».

La fiducia di Parween venne meno e il suo viso assunse una smorfia di dolore.

«La prego, mi porti da lei», ripeté scoppiando a piangere.

Elsa prese la giovane donna per mano e la accompagnò alla tenda dove giaceva il cadavere di Mariam. Mentre si avvicinavano all'obitorio di fortuna giunsero loro le grida di dolore di altri parenti. Arrivate in fondo alla tenda, Elsa si chinò per sollevare piano il lenzuolo che rivelò il volto insanguinato di Mariam.

Parween emise un gemito e cadde in ginocchio.

«Oh, no, no, no!», le sue urla riecheggiarono nella tenda. Parween si chinò sul corpo senza vita dell'amica, la prese fra le braccia e rimase seduta a cullare Mariam e a carezzarle il viso. «Perdonami, Mariam. Sarei dovuta venire a cercarti. Perdonami, mia cara amica». Parween strinse a sé il corpo martoriato e pianse tutte le sue lacrime.

Elsa si tenne a rispettosa distanza e aspettò fino a quando il pianto di Parween non si quietò. Poi le si avvicinò e, posandole una mano sulla spalla, le sussurrò: «Il bambino di Mariam è vivo. Vuole vederlo?»

«*Sai'est?* Un bambino? Davvero?», le chiese con voce tremante.

«*Balay, balay,* sì», rispose Elsa. Uscite dalla tenda, vennero accolte dalla luce accecante del sole e si diressero all'ospedale. La culla era stata spostata nell'atrio e dentro di essa giaceva il minuscolo neonato ancora avvolto nella coperta dalla notte precedente. Il piccino dormiva con le manine strette a pugno.

Parween prese in braccio il bambino con molta cautela.

«È un maschietto, vero?», chiese ed Elsa annuì. Parween sorrise e scrutò il piccolo attentamente, contandogli le dita dei piedi e delle mani. Si strinse al petto il figlio di Mariam e quando rivolse lo sguardo a Elsa dovette compiere uno sforzo per trattenere le lacrime e riuscire a parlare.

«Verrà con me», dichiarò Parween abbassando lo sguardo sul piccino. «Mariam è fuggita da Mashaal per metterlo al mondo. So che stava venendo qui per dare a suo figlio la possibilità di vivere».

Elsa rimase colpita dalla determinazione di Parween, era l'esatto opposto di tutto quello che lei aveva visto e sentito dire sulle donne afgane. Capì che non avrebbe potuto opporsi, e che fra il bambino e la donna si era già stabilito un legame quando il piccino, svegliandosi, si era aggrappato al velo e al vestito di Parween.

«Manderò uno dei miei familiari a prendere il corpo di Mariam. Ci occuperemo della sua sepoltura», disse mentre nuove lacrime le salivano agli occhi. Avvolse bene il bambino nella coperta poi, prima di partire, esitò un istante prima di rivolgersi a Elsa in inglese: «Grazie, grazie per aiuto che lei dato… a me».

E con quelle parole, si congedò. Si affrettò verso l'uscita con passo veloce, il velo che svolazzava dietro di lei mentre scendeva lungo la strada.

Capitolo 15

Parween arrivò a casa tenendo fra le braccia il bambino. Varcò il cancello e corse a cercare zio Abdullah, voleva che fosse il primo a ricevere la notizia.

«Zio!», gridò non appena lo scorse intento a prendersi cura del suo piccolo giardino. «Devo parlarti».

Abdullah si girò e quando vide Parween venirgli incontro le sorrise. Raddrizzandosi notò il piccino che la nipote teneva fra le braccia e i suoi occhi lucidi.

«Chi è?», domandò a Parween accarezzando il volto del neonato.

Parween gli raccontò della morte di Mariam in seguito all'esplosione dell'autobus. «Il bambino è di Mariam, ma credo che il padre sia uno dei talebani che la perseguitavano. Sono sicura che Mariam stesse scappando da suo marito e da Mashaal per proteggere il piccolo».

Abdullah sospirò e si sedette pesantemente. «Credo tu abbia ragione. Povera Mariam. Di questi tempi la sua è l'ennesima morte assurda».

Parween sentì la tristezza prendere possesso del suo cuore e consegnò il piccino a zio Abdullah, che rimase seduto a fissare il faccino del piccolo avvolto nella coperta.

«Abbiamo visto tante miserie, zio, ma questo bambino, *inshallah*, è segno che tempi migliori ci attendono».

Abdullah cullò il neonato. «Tanta innocenza, tante promesse. Forse Allah vorrà concedere a questo bambino un'esistenza libera dal dolore che è stato inflitto alla sua povera madre», e, sollevando lo sguardo su Parween, aggiunse: «Questo bambino è un dono di Allah. Devi allevarlo come se fosse tuo. Lui sarà al sicuro se la gente penserà che sia tuo».

«Sì, zio, sono d'accordo. Ti prego tienilo con te fino a quando non avrò deciso che cosa dire a mia madre».

«La verità, Parween», le suggerì lui con fermezza. «La semplice verità».

Abdullah provvide affinché due uomini del villaggio riportassero il corpo di Mariam a casa per la sepoltura. Parween e le altre donne si sarebbero comportate secondo la tradizione: avrebbero lavato il cadavere, l'avrebbero avvolto in un panno bianco e seppellito nel piccolo cimitero appena fuori le mura del complesso di abitazioni.

Nel pomeriggio era già tutto pronto, e Parween e le altre donne percorsero a piedi il breve tragitto, fino al luogo dove Mariam fu messa a riposare in pace. Una volta chiusa la bara, le donne raccolsero delle pietre con le quali contrassegnarono il luogo della sepoltura e pregarono Allah affinché vegliasse su di lei. Parween pianse un fiume di lacrime.

Avrebbe mai avuto fine quella sofferenza?

Quando il funerale si concluse, Parween si asciugò le lacrime, andò a prendere il bambino di Mariam presso lo zio Abdullah e lo portò nel cortile dove si erano radunate le altre donne in lutto. «Mariam era così graziosa, che triste fine», mormoravano.

Parween stinse il bambino a sé guardandolo negli occhi.

«Questo è stato un triste giorno, ma Allah ha mandato un dono a me e a mio marito. Oggi sono andata all'ospedale perché avevo dei dolori al basso ventre e lì ho scoperto non soltanto che aspettavo un bambino, ma che era sul punto di nascere».

Sorrise presentando il neonato alle donne. «È l'ultimo dono che Raziq mi ha fatto. Tanto prezioso quanto inatteso». Parween temeva che le donne intuissero che stava mentendo, ma queste si limitarono a emettere l'ennesimo sospiro prima di rimirare il piccino e rivolgergli paroline affettuose. «Parween, Allah non ti ha dimenticato. Ti ha dato un figlio maschio per asciugare le tue lacrime». Le donne tennero il bambino in braccio a turno, meravigliandosi della grande somiglianza con i suoi genitori.

«Guarda, ha i tuoi occhi», dichiarò un'anziana che portava occhiali dalle lenti spesse.

«Io trovo che abbia il mento di Raziq», intervenne un'altra.

Parween sorrise poiché, quando guardava il faccino del piccolo, lei vedeva soltanto la grande somiglianza con Mariam. Con il suo nasino all'insù e i profondi occhi castani, era il ritratto di sua madre.

Ciò nonostante, si sentì sollevata nel vedere che le donne avevano accettato il bambino come fosse suo. Non avrebbe avuto difficoltà a sostenere che lo aveva davvero messo al mondo lei. Le donne del villaggio erano talmente magre e andavano in giro così coperte che spesso una gravidanza rimaneva celata fino al momento del parto. A nessuno sarebbe venuto in mente di rivolgere ulteriori domande alla vedova né, men che meno, di contare i mesi trascorsi dalla morte di Raziq.

Per di più il destino voleva che la maggior parte delle donne non fosse nemmeno in grado di contare.

Rahima, tuttavia, conosceva bene sua figlia e, quando furono sole, le chiese da dove venisse quel bambino. Parween le sussurrò la verità all'orecchio.

«Mamma, è il bambino di Mariam, ma è meglio se fingo che sia mio. Lo ha dato alla luce prima di morire».

Rahima rimase prima a bocca aperta per la sorpresa, poi sorrise accarezzando i capelli di Parween. «Sei così buona. Questo bambino è un dono di Allah», disse dandole un bacio sulla guancia e baciando il piccolo sulla testolina. «Come lo chiamerai?»

«Lo chiamerò Raziq, mamma. Non trovi che gli stia bene?»

«Sì, è un bel nome», rispose Rahima.

Zahra osservava sua mamma e sua nonna alle prese con il neonato e rivolgeva a quest'ultimo occhiate diffidenti. Aveva solo tre anni ed era sempre stata l'unica bambina di casa, il centro dell'attenzione. Trotterellò vicino a Raziq e lo pizzicò fino a quando non lo sentì strillare. Parween si chinò su di lei e la redarguì. «È il tuo fratellino. Un giorno deciderà lui il tuo destino, ti troverà un marito. Dovresti essere buona con lui».

Zahra protestò mettendosi a piangere e scappando via.

Rahima scoppiò a ridere. «È tutta sua madre».

Capitolo 16

Quando finalmente arrivò la domenica, a Elsa sembrava fosse passata un'eternità dal giorno in cui aveva ricevuto l'invito a cena da parte dei soldati. Si soffermò a valutare i rossetti prima di sceglierne uno di un delicato color prugna e poco prima delle sei annunciò ad Amina che sarebbe andata a cena presso la base delle Nazioni Unite su invito di Johann. «Ti accompagno», le disse Amina.

«Non ce n'è bisogno. È qui a due passi. Non starò via molto». Avrebbe voluto confidare ad Amina la verità, ma decise di essere prudente, voleva essere certa che i soldati fossero d'accordo.

Amina esitò, ma prima che potesse insistere, Elsa uscì di casa. Si acquattò dietro l'angolo dell'abitazione e rimase in attesa. Come aveva detto il tenente Martin, la sua era l'ultima casa lungo una strada che di rado veniva percorsa, dunque non rischiava di essere vista. Nel giro di pochi minuti, sentì sopraggiungere la jeep e quando si sporse vide aprirsi la porta dalla parte del passeggero. Il tenente le fece cenno di salire a bordo ed Elsa ubbidì.

«Buongiorno, Miss Murphy», disse il soldato con voce pacata, invertendo la marcia e ripercorrendo il sentiero polveroso in senso contrario all'andata.

«Oh, la prego, mi chiami Elsa».

«Be', allora spero che tu vorrai chiamarmi Dave», rispose lui pigiando l'acceleratore e conducendo la jeep sui tracciati rocciosi e oltre un ponte malfermo che traballò al loro passaggio. Elsa guardava i conglomerati di casupole di fango, le colonne di fumo che si sollevavano dai fuochi accesi per cucinare, i bambini che strillavano e correvano attorno: l'impressione che ne ebbe fu quella di un piccolo quartiere. Presto, abbandonarono i sentieri battuti, si lasciarono le case alle spalle e arrivarono nei pressi di un fitto boschetto che appariva impenetrabile. Quando si avvicinarono, Elsa vide che fra gli alberi si apriva un passaggio abbastanza grande da lasciar passare una jeep e, tuttavia, non così ampio da essere scorto da lontano.

Elsa rimase a guardare stupita mentre Dave conduceva con destrezza la jeep attraverso lo stretto passaggio. «Pensavo che fosse una specie di foresta».

«È esattamente questo che il suo ex proprietario voleva. Un tempo questo luogo era di proprietà di un comandante hazaro e voleva che fosse nascosto e ben protetto. È così segreto che la maggior parte degli abitanti di Bamiyan non ne conosce l'esistenza».

Il passaggio si restrinse e Dave rallentò, mentre fra la fitta vegetazione apparve un cancello che si aprì con un gran clangore per richiudersi poco dopo. Passarono attraverso un'altra serie di cancelli fino a quando la jeep si fermò davanti all'entrata del quartier generale dei soldati. Arroccata in cima a una montagna, la base militare godeva di una vista strategica sulla vallata e su tutta l'area circostante. Nella luce del crepuscolo, Elsa scorse in lontananza le voragini lasciate dai Buddha.

La ragazza scese dalla jeep e aspettò che Dave recuperasse la torcia e le facesse strada. Davanti a lei sorgeva una fortezza, una costruzione di pietra simile a un castello circondata da filo spinato e torrette sulle quali erano installate mitragliatrici e razzi. Superarono un fossato, quindi passarono su una rampa sopra un profondo canale e finalmente entrarono in un rifugio illuminato dalla luce elettrica. Una grande bandiera americana li accolse nell'atrio, mentre scatole di munizioni, sacchi di sabbia e fucili erano sparpagliati ovunque sul pavimento. Elsa sentì i rumori inconfondibili di una televisione che mandava in onda il notiziario, dell'acqua corrente e di qualcosa che sfrigolava sui fornelli ed ebbe la sensazione di avere rimesso piede nel ventunesimo secolo.

Le voci dei soldati americani si sovrapponevano ed Elsa si ritrovò improvvisamente circondata da uomini in tuta mimetica. Dave fece le presentazioni mentre un uomo alto, dall'aria distinta e dai capelli brizzolati entrava nella stanza e le tendeva la mano salutandola con un marcato accento bostoniano.

«Miss Murphy, che piacere conoscerla!», disse con cordialità. «Sono il maggiore Doyle, ma mi chiamano tutti Comandante», aggiunse, invitando Elsa ad accomodarsi su una sedia.

«La prego, mi chiami Elsa».

Il Comandante ordinò a un altro soldato di portare da bere e a Elsa fu servita una Diet Coke con ghiaccio, dopodiché si spostarono in un salottino. Elsa sprofondò in una poltrona dai morbidi cuscini stringendo in mano il bicchiere il cui vetro era freddo e bagnato.

Il Comandante le disse che era venuto a sapere soltanto di recente della sua presenza lì.

«A dire la verità, mi sono alquanto lamentato con i miei informatori per la loro disattenzione. Avrei dovuto essere informato subito della presenza di un'americana in terra straniera. È nostro compito essere ben informati, mentre per tutto questo tempo – cos'è stato, più di un mese? – nessuno mi ha detto niente». Il Comandante scrollò il capo. «Qualcuno dovrà rispondere di questa negligenza».

Nonostante Elsa avesse appena conosciuto il Comandante, le sembrava già di poter dire che non avrebbe voluto essere nei panni di quel qualcuno.

«Immagino abbia saputo dell'agguato dei talebani a Pierre Dubois, ma forse si è trattato di un gruppo di banditi, chissà se riusciremo mai a saperlo. La sua morte non fa che ricordarci che questo è un paese pericoloso. Per cui è importante che io sappia sempre dove si trova, Elsa, in caso finisse in situazioni rischiose».

Il Comandante fece una pausa come per conferire maggior effetto alle sue parole.

«Pensavo che avrebbero assegnato il posto di Dubois a un altro francese», proseguì.

«Quello che è accaduto a Pierre è terribile», rispose Elsa mestamente. «Ma se i soldati non hanno notato la mia presenza qui, è una buona cosa. Significa che mi sono inserita nell'ambiente e non do troppo nell'occhio».

Il Comandante le rivolse un'occhiata torva. «Ne dubito, il soldato che mi ha riportato la notizia della sua presenza qui ha parlato di una donna con gli occhiali da sole e il rossetto, senza dubbio una straniera. Lei ha una guardia del corpo? Porta con sé un'arma?»

«No, no, niente del genere», rispose Elsa scrollando il capo.

A quelle parole il Comandante reagì con un grugnito. «Lei dovrebbe andare in giro protetta, Miss Murphy... Elsa. Lei è un'americana, un facile bersaglio da queste parti».

«Ma io sono una volontaria», rispose Elsa. «Certo, ammetto che ero nervosa quando sono arrivata», spiegò cercando di minimizzare la paura che l'aveva quasi sopraffatta dopo la notizia della morte di Pierre. «Ma sono qui per aiutare. La gente di qui l'ha capito, il che mi pone in una situazione di sicurezza».

«Oh, mio Dio!», esclamò il Comandante alzando gli occhi al cielo. «Lei si sbaglia di grosso! Qui il pericolo è sempre in agguato, soprattutto quando si ritiene di essere al sicuro. Può darsi che Bamiyan sembri un luogo tranquillo, ma ci sono rischi anche qui. Lo capisce?».

"Rischi? A Bamiyan?", pensò Elsa, ma annuì.

«Deve stare all'erta, sappia, tuttavia, che noi vigileremo. L'ho invitata qui, questa sera, per dare ai miei uomini l'occasione di conoscerla, nel caso dovessimo prelevarla d'urgenza».

«Prelevarmi? Che cosa significa?», chiese Elsa.

«Be', lei è americana e questa è una zona di guerra attiva. Naturalmente non posso dire molto di più, ma noi siamo qui per un motivo ben preciso, non siamo rimasti con le mani in mano per tutto questo tempo. Abbiamo buone ragioni per credere che ci siano gruppi attivi di talebani e uomini di Al Qaeda in quest'area ed esiste sempre la possibilità che mettano i loro occhi su di lei. Ho voluto che i miei uomini la vedessero bene da vicino, così che, se la situazione lo richiedesse, siano in grado di sottrarla in fretta al pericolo».

«È difficile pensare a Bamiyan come a una zona di guerra», rispose Elsa che, cominciando a sentire la bocca asciutta, sorseggiò la bibita.

Il Comandante aggrottò la fronte. «Se ha bisogno di comunicare con noi per qualsiasi motivo, può lasciare un messaggio al nostro incaricato. Al bazar c'è una bottega dove si vendono musicassette. La vetrina principale è tappezzata di copertine di cassette e fotografie di registratori, di solito all'intero c'è musica indiana, è facile trovarlo. Chieda di Majid, gli dica che ha un messaggio per Dave e lui provvederà a consegnarcelo».

«Lo terrò presente, anche se spero di non averne bisogno».

«Be', anche noi lo speriamo, ma dobbiamo essere pronti. E vogliamo essere sicuri che lo sia anche lei».

Concluso il discorso sulla sicurezza, l'atmosfera si fece più rilassante ed Elsa si unì ai soldati per una cena a base di spaghetti con polpette, pane croccante e fiumi di Diet Coke. I più comuni piaceri della vita non le erano mai parsi tanti straordinari come in quell'occasione.

Elsa si guardò attorno e provò una punta di delusione nel constatare che il soldato misterioso non era fra i presenti. "Forse è stato trasferito in un'altra zona", pensò mestamente prima di unirsi alla conversazione. Raccontò ai soldati delle condizioni in cui viveva lì e questi repressero delle risatine nel sentire le descrizioni della sua stanzetta costruita con il fango, della latrina e del bagno privi di acqua corrente. Nel loro rifugio loro disponevano di docce con l'acqua calda, bagni, una lavatrice, un'ampia cucina e diversi letti. Traevano beneficio dal possesso di un generatore che aveva permesso loro di creare quella piccola oasi.

Dopo cena, Elsa raggiunse i soldati che guardavano il telegiornale. Le sembrava surreale era seduta lì, davanti a una tv e circondata da soldati americani.

Quando Elsa guardò l'orologio erano quasi le dieci.

«È tardi, devo tornare a casa», disse lasciando trapelare il dispiacere e, dopo che ebbe dato la buonanotte a tutti, Dave la riaccompagnò a casa.

«A presto, Elsa», le disse accomiatandosi.

«Grazie, Dave».

Saltò giù dalla jeep e si avviò con passo veloce verso il suo alloggio. Non trovò Amina ad aspettarla e immaginò che fosse già andata a letto.

Si sentiva come Cenerentola dopo il ballo e non aveva nessuna voglia di riscaldare l'acqua per fare il bagno, così si infilò la camicia da notte e si sdraiò sul materassino con l'intenzione di leggere alla luce della lanterna, ma le girava la testa.

Pensò ai comfort di cui disponevano i soldati e alla serata piacevole che aveva trascorso, ma era contenta di essere nella sua stanzetta. Le capitava ancora di desiderare un letto più comodo e di poter fare un bagno vero, ma con il passare dei giorni si stava abituando a quel nuovo stile di vita. Mentre se ne stava lì e rifletteva su come fosse oramai avvezza alle nuove abitudini, notò uno scorpione che la puntava. Elsa afferrò il libro e colpì con forza l'animale velenoso. Spense la lanterna e si mise a dormire con un sorriso sulle labbra.

Capitolo 17

Fin dal suo arrivo, Raziq si era dimostrato un bambino buono. Con i suoi sorrisi e i suoi versetti aveva portato la gioia nella casa di zio Abdullah, e questo nonostante le rimostranze di Zahra.

Ma Raziq richiedeva cure e attenzioni e Parween si svegliava al primo accenno di pianto per nutrirlo. La capretta forniva il latte, Parween lo mescolava alla polvere che aveva trovato al bazar e, di giorno in giorno, Raziq cresceva sempre più florido, se fosse per merito del latte o della polvere Parween non avrebbe saputo dirlo.

Aveva convinto Zahra, che all'arrivo di Raziq si era rabbuiata, ad aiutarla a prendersi cura di lui. «Tesoro, tu sei la mia piccola aiutante, stai seduta vicino a lui mentre io riscaldo l'acqua per il latte in polvere».

Zahra si sedette vicino al piccolo e gli accarezzò il viso fino a quando Raziq non sorrise. «Mamma, guarda, l'ho fatto sorridere», gridò, e la scoperta del potere che aveva su quel fagottino le suscitò una risatina.

Mentre dava da mangiare al piccolo, Parween rintuzzava il fuoco del giorno prima e preparava il tè. «Zahra, aiuta la mamma. Prendi i piatti e sistemali sul tavolo», disse e sospirò nel vedere la figlioletta ubbidire prontamente ai suoi ordini.

Parween rimase a osservare Zahra con espressione triste: aveva appena tre anni, ma la sua vita era già segnata: il matrimonio, dei figli, le faccende di casa.

Un ciclo che si sarebbe sempre rinnovato.

Sebbene Rahima non fosse più giovane, aveva ripreso il lavoro presso la sartoria una o due volte alla settimana e, inoltre, aiutava Parween ad accudire i bambini e con le faccende domestiche. Dopo l'arrivo del piccolo Raziq, la vita aveva preso a scorrere tranquilla per la famigliola, fino al giorno in cui Parween non si soffermò a osservare lo zio Abdullah, il rispettato patriarca, colui che proteggeva la famiglia. Vivevano in una terra dove spesso gli uomini non superavano i quarant'anni di vita, e, con i suoi cinquantacinque anni, Abdullah era ormai vecchio. Inutile negare che la guerra, i talebani e le tragedie familiari avevano prosciugato le sue inesauribili energie. Tuttavia le sofferenze non ne avevano mutato la natura di uomo buono e gentile.

Restava il fatto che, oberato da tante responsabilità, lo zio aveva trascurato la salute. Da tempo soffriva di una tosse persistente ma, in famiglia non vi avevano dato peso fino al mattino in cui Parween non lo vide sputare sangue.

«Zio, che cos'hai?», gli chiese indicando il grumo di sangue. «Stai male? Che cosa ti senti?», osò domandargli provando una stretta allo stomaco al solo pensiero che potesse essere gravemente malato.

«Sto bene, tesoro. È da anni che tossisco così. Non preoccuparti per me, non è niente».

«Zio, tu sei malato. Devi andare all'ospedale. Ti prego, verrò io con te». Ma Abdullah era riluttante e, soltanto dopo una lunga opera di persuasione da parte di Parween, accettò di farsi visitare all'ospedale il giorno dopo.

Fu concordato che Rahima sarebbe rimasta a casa con i bambini e, quella sera, Parween le diede istruzioni. «Mamma, al latte di capra devi aggiungere il latte in polvere e acqua calda. A Raziq piace prendersela comoda quando mangia e di solito lascio che Zahra mi aiuti». Prese fiato come se fosse sul punto di aggiungere altro, ma Rahima la interruppe.

«Parween ho tirato su quatto figli. Posso farcela».

Il mattino seguente, Parween e Abdullah percorsero il breve

tratto di strada che conduceva all'ospedale dove si unirono a centinaia di altri pazienti in attesa di essere visitati. Molti gridavano nella speranza di farsi notare e di essere scelti fra gli altri in fila.

Sgomento di fronte al putiferio sollevato dai pazienti per farsi visitare, zio Abdullah si rivolse a Parween. «C'è troppa gente che aspetta. Torneremo un'altra volta», e fece per andarsene.

Ma Parween sapeva fin troppo bene che se avesse lasciato l'ospedale non sarebbe più tornato. «Zio Abdullah, ti prego, non andare via. Vado a cercare aiuto, ma tu rimani qui».

In quel momento, Parween vide l'infermiera che aveva aiutato Mariam a varcare i cancelli e affrettarsi verso l'ospedale. Parween le corse incontro e le si rivolse con gentilezza parlando il suo inglese migliore. «Miss, scusi, miss, grazie per Mariam, per il suo aiuto. Si ricorda di me, sono l'amica di Mariam?».

Elsa sorrise a Parween e le diede la mano.

«*Salam alaikum chotor asti? Khoob asti? Jona jurast?*»

«La prego, miss, parli inglisi. Mi servirà», disse Parween con un sorriso.

«Ti prego chiamami Elsa. Come sta il bambino? Te la cavi? Posso fare qualcosa per te?»

«Sono venuta qui con mio zio, un uomo molto buono», rispose Parween scegliendo con cura le parole. «È malato, quando tossisce sputa sangue, ma ci sono troppe persone che aspettano e ho paura che non riescano a visitarlo». Parween proseguì descrivendo lo stato di debolezza in cui versava zio Abdullah e i grumi di sangue nell'espettorato. Elsa annuì, cogliendo il problema.

«Portalo qui, per favore», le disse indicando l'entrata del pronto soccorso. «Lo visiterò io».

Quando finalmente Parween riuscì a convincere zio Abdullah a farsi visitare, la sua figura un tempo imponente apparve sulla soglia del pronto soccorso. Elsa lo invitò a entrare e a sedersi.

Una volta scambiate le presentazioni, Parween si offrì di fare da interprete. Attraverso le domande di Elsa, Parween venne a sapere che lo zio soffriva di tubercolosi da molti anni e che era anche stato curato, ma poi aveva fatto ritorno a Bamiyan e, lì, le cure non erano disponibili. Tuttavia, poiché lui si sentiva bene, non aveva mai più pensato alla malattia fino a quel momento.

Elsa estrasse lo stetoscopio e auscultò con attenzione il cuore e i polmoni di Abdullah. Quando ebbe finito di visitarlo, sospirò appoggiandosi allo schienale della sedia.

«Senza una lastra, che qui non siamo in grado di fare, non posso esserne certa, ma i sintomi di tuo zio, la tosse, il sangue, la debolezza, sono i classici sintomi della tubercolosi. È probabile che non sia mai guarito, e dal momento che qui a Bamiyan non disponiamo delle cure adatte, sarebbe meglio andare a cercare i farmaci a Kabul. Temo comunque che la malattia, progredendo, abbia compromesso i polmoni. Mi dispiace di non poterti dare notizie migliori».

Parween sentì le forze abbandonarla.

«Dunque è grave? Sicura?»

«Be', potrei esserne sicura soltanto facendogli i raggi, ma i sintomi e la sua storia clinica mi suggeriscono che la situazione potrebbe essere già adesso molto grave».

Elsa fece una pausa vedendo il terrore dipinto sul volto di Parween.

«Mi dispiace dover essere così diretta, ma tuo zio è molto malato. So che hai sofferto per la perdita della tua amica e non voglio vederti perdere anche lui. Ha davvero bisogno di cure».

Parween chiuse gli occhi e, dopo essersi fatta coraggio, si rivolse ad Abdullah riferendogli che era ancora affetto da tubercolosi e che la malattia era progredita. Nel ricevere la notizia lui sembrò farsi un po' più piccolo, ma si riebbe subito e rispose a Parween parlando animatamente. «Dice che non può lasciarci per andare a Kabul», riferì Parween a Elsa. «Ma ti ringrazia per l'aiuto e vorrebbe invitarti a cena a casa nostra».

Elsa ebbe un attimo di esitazione. «Tuo zio ha capito che la malattia non farà altro che peggiorare se non verrà curata?».

Parween si rivolse di nuovo ad Abdullah e quindi a Elsa. «Dice che Allah si è sempre preso cura di lui e, *inshallah*, veglierà su di lui anche questa volta. Vuole sapere quando verrai a cena da noi».

Elsa sorrise. «Mi piacerebbe venire, ma non so dove abitate».

«Non ti preoccupare», rispose Parween. «Verrò a prenderti la prossima settimana e, nel frattempo, parlerò a mio zio. Forse riuscirò a convincerlo ad andare a Kabul».

Parween e Abdullah si congedarono profondendosi in ringraziamenti e rinnovando l'invito a cena.

Nonostante i numerosi impegni, nel corso della settimana che seguì Elsa si ritrovò spesso a pensare a Parween e a suo zio e a sperare che si fosse deciso a recarsi a Kabul per ricevere le cure di cui necessitava. Sperava, inoltre, che si ricordassero dell'invito che le avevano rivolto, ma considerati i tanti problemi che li affliggevano, non ci contava.

Quando ne parlò con Hamid lo vide assumere un'aria dubbiosa. «Non aspettarti che vengano a prenderti. Durante il regime dei talebani era proibito prendere il tè con gli stranieri e, nonostante non detengano più il potere, le vecchie abitudini sono dure a morire. La gente teme i talebani, li teme ancora di più dopo l'esplosione dell'autobus, e molti sono sospettosi anche nei confronti delle abitudini degli stranieri come te, Elsa. Ricorda, qui siamo a Bamiyan, non a Kabul».

Nonostante condividesse il pensiero di Hamid, Elsa si sentì delusa. Voleva conoscere la gente del posto, ma forse Hamid aveva ragione; la gente del luogo non era pronta ad accoglierla.

Tuttavia una settimana dopo, Parween, rispettando la parola data, si presentò all'ospedale per informare Elsa che la cena era fissata per quella sera stessa, finito il suo turno di lavoro all'ospedale. Quando Parween se ne andò, Elsa corse a cercare Hamid.

«È venuta, Hamid. Mi ha invitato a cena, stasera. Potresti andare ad avvertire Amina che rientrerò tardi?».

Superato il momento di sorpresa, Hamid sorrise. «Sono contento per te, Elsa. Trascorri una buona serata. Informerò io Amina, ci vediamo domani».

Elsa finì il lavoro all'ospedale e raggiunse Parween che era rimasta ad aspettarla appena fuori dal cancello. «Eccomi qua», disse e, insieme, si avviarono lungo la strada polverosa che conduceva alla casa di Parween.

Nonostante accogliesse molte persone, il complesso abitativo di zio Abdullah era piccolo. Simile all'alloggio di Elsa, era nascosto da un muro di cinta ed era composto da una serie di minuscole stanze che si affacciavano sul cortile. Ogni famiglia viveva in una piccola stanza e godeva dell'uso comune del cortile, del pozzo e della latrina. Elsa notò che questi due ultimi elementi erano rischiosamente vicini l'uno all'altra. Si ripromise di non bere l'acqua mentre entrava nell'abitazione di zio Abdullah e veniva accolta da numerosi vicini e parenti che la salutarono stringendole la mano e inchinandosi.

Una tovaglia di plastica rosso fuoco era stata sistemata sul pavimento, sopra il tappeto, e a Elsa ricordò quella che sua madre teneva sul tavolo della cucina.

Parween si occupò delle presentazioni.

«Questa è la moglie di zio Abdullah, Noorem». Una donna minuscola sorrise timidamente a Elsa e sparì per tornare subito dopo con i piatti e scortata da un'altra donna.

«Questa è mia madre, Rahima», disse Parween dando di gomito a Rahima che rivolse a Elsa un ampio sorriso prendendole le mani.

«Well-kum», disse Rahima stentatamente.

«Si è esercitata tutto il giorno», disse Parween ridendo e invitando Elsa a sedersi su un materassino che fungeva da divanetto.

Zio Abdullah entrò nella stanza e salutò Elsa chinando il capo. «*Salam alaikum chotor asti?*».

Elsa ricambiò il sorriso e il saluto. Zio Abdullah sussurrò qualcosa all'orecchio di Parween la quale si rivolse a Elsa.

«Dice che è molto felice che tu sei venuta a condividere la cena con noi».

«Ti prego, digli che io sono felice di essere qui. È la prima volta che vengo invitata da una famiglia di Bamiyan», rispose

Elsa e, quando Parween tradusse le sue parole, zio Abdullah sorrise.

Si sedettero attorno alla tovaglia rossa e Rahima e Noorem portarono piatti ricolmi di cibo che disposero davanti a Elsa.

«Ti prego, serviti pure», disse Parween indicando il cibo.

Elsa intinse il pane e le dita nelle ciotole di riso, carne di capra, fagioli e yogurt. Gli ospiti di Elsa erano intenti a guardarla e la conversazione era ridotta ai minimi termini. Lei mangiò di buon gusto servendosi con le mani fino a quando, finalmente, riuscì a finire l'abbondante porzione.

«*Bas*, sono sazia», disse cercando di allontanare il piatto, ma zio Abdullah glielo impedì.

«No, no, devi mangiare di più», tradusse Parween.

Elsa accontentò il capofamiglia, mangiò ancora un po' quindi dichiarò nuovamente che era sazia, ma Abdullah non si diede per vinto e insisté perché mangiasse ancora.

«Devi mangiare», la incoraggiò Parween. «È maleducazione rifiutare il cibo».

Elsa prese bocconi sempre più piccoli fino a quando non ne poté più, si scostò dal piatto e si mise una mano sullo stomaco per enfatizzare le sue parole. «*Bas*, sono davvero sazia», ripeté con la bocca ancora piena di riso.

I suoi ospiti scoppiarono a ridere. «Mangia come un uccellino», osservò zio Abdullah.

Elsa provò ad affrontare il discorso della malattia di zio Abdullah, ma questi non ne volle sapere.

«*Inshallah*, guarirò», disse.

«È testardo come un mulo. *Inshallah*, cambierà idea», intervenne Parween.

Inshallah, se Dio vuole. Tutti lì si affidavano alla volontà divina il che faceva uscire di senno Elsa. Dio vuole che ciascuno di noi si aiuti da sé, avrebbe voluto gridare loro, ma non aveva senso. Credevano che ogni evento avesse luogo per volere di Dio e che fosse inutile ragionare diversamente. Decise di non provare a convincere Abdullah, dopotutto era una decisione che doveva prendere da solo.

Mentre, soddisfatti della cena, erano seduti comodi, Parween si avvicinò a Elsa e indicando le sue labbra disse: «Il tuo rossetto è bellissimo. Dall'America?».

Elsa sorrise e ricordò il piccolo stick che era servito a identificare Mariam. Si chiese se Parween nutrisse la stessa passione per i rossetti che nutriva lei fin da bambina. Si mise una mano in tasca e ne estrasse uno stick nuovo e luccicante e lo consegnò a Parween.

«Provalo». Parween lo accettò e, tutta eccitata, se lo passo sulle labbra che assunsero un delicato color prugna. Si alzò e prese Elsa per mano, con trasporto, e la condusse nella sua piccola camera, dove prese lo specchio e si rimirò.

«Ohh, è bellissimo», esclamò rigirando nella mano lo stick nuovo di zecca.

«Puoi tenerlo», le disse sorridendo e stringendole la mano.

«No, no», rispose Parween ma Elsa insisté e alla fine la convinse a riporre il rossetto nella tasca. «Grazie, è da quando mi sono sposata che non metto il rossetto», disse e, per la prima volta da quando si erano conosciute, Elsa vide nascere sul suo viso un sorriso di autentica gioia.

Rahima apparve sulla soglia con i due bambini di Parween. La piccina si nascose dapprima dietro la nonna, ma poi entrò nella stanza trotterellando sulle gambette paffute mentre Parween prendeva in braccio il bambino di Mariam.

«Questa è la mia primogenita, Zahra», disse invitando la piccola ad avvicinarsi. Con perfetto tempismo, Zahra cominciò a ridere e finì a terra come un sacco di patate.

Parween porse il bambino a Elsa, scoprendogli il viso. «E questo è mio figlio Raziq, gli ho dato il nome di suo padre», disse con un sorriso schivo.

«Oh, questo è...», Elsa esitò temendo che altri potessero sentirla.

Parween annuì. «Sì, è mio figlio».

«Posso prenderlo in braccio?», chiese e Parween le consegnò il fagottino avvolto in vecchi veli e scampoli di stoffa. Elsa coccolò il piccino sussurrandogli parole dolci.

«Dunque sei sposata?», le chiese.
«Lo sono stata per quasi sette anni. Mio marito, Raziq, era un brav'uomo, un eroe», rispose Parween e fece una pausa prima di aggiungere: «È stato ucciso dai talebani». Le si riempirono gli occhi di lacrime, ma Parween le asciugò prontamente con il velo e si diede un contegno.
«È stato Raziq ha insegnarmi a parlare inglisi e a leggere e scrivere. Mi manca tanto, ma mi ha insegnato tante cose e vivrà per sempre nei suoi figli e forse anche in altri bambini. Un giorno mi piacerebbe insegnare ai bambini di Bamiyan».
Fece una pausa e indicò una pila di libri in un angolo. «Quelli sono miei. Li ho presi per poter imparare di più».
«Sai se le Nazioni Unite hanno intenzione di aprire delle scuole in Afghanistan?», chiese Elsa posando lo sguardo sui libri.
«Girano voci, ma niente di più. La gente ha ancora troppa paura dei talebani per costruire una scuola qui».
Elsa abbassò lo sguardo sul piccino che dormiva fra le sue braccia. «È così bello. Si stenta a credere come sia venuto al mondo», fece una pausa quindi chiese a Parween: «Dunque, la ragazza… Mariam… era tua amica».
Parween sospirò e gli occhi le divennero di nuovo lucidi. «Mariam era come una sorella per me. Era una persona unica al mondo. Siamo cresciute insieme a Bamiyan e sognavamo di sposarci un giorno e di abitare l'una vicino all'altra, ma non è andata così».
Elsa si avvicinò a Parween. «Se non te la senti di parlarmi di lei, non importa».
«No, voglio raccontarti la sua storia, perché se tu la racconterai ad altri sarà come se non fosse morta. Mariam vivrà per sempre nel cuore di coloro che parleranno di lei».
E così Parween condivise con Elsa la triste storia della breve vita di Mariam.
«Non ero sicura che Mariam sarebbe tornata a casa. Non avevo più avuto sue notizie, ma speravo che si fosse messa in viaggio e ogni giorno andavo a controllare se scendeva dall'autobus che arrivava da Mashaal».

«Oh, Parween, non ho parole. Mi dispiace tanto. Tu e la tua amica avete sofferto così tanto».

Parween sospirò poi, d'un tratto, parve illuminarsi.

«Ma dimmi di te, della tua vita in America. Hai un marito?».

Elsa scoppiò a ridere. «No, nessun marito, ancora. *Inshallah*, forse un giorno. Non ho più nemmeno una vera famiglia», e raccontò a Parween di Diana e di Margaret. Era da anni che non parlava di Diana e, nel condividere i ricordi con un'altra persona, le parve di liberarsi dei suoi fantasmi.

«Diana era una bambina bellissima e fragile, troppo fragile per questo mondo, come disse una volta mia madre», spiegò a Parween respingendo le lacrime. «Mia mamma ha lavorato ogni giorno della sua vita. Era una donna altruista, sulla quale si poteva sempre contare, ma è come se non l'avessi mai conosciuta veramente. Lavorava troppo, era sempre fuori casa».

«Da quanto mi dici doveva essere molto buona, potrebbe essere la sorella di mia madre», osservò Parween. «Credo che Allah ci abbia voluto unire come due sorelle».

Elsa sorrise. Rimasero a chiacchierare a lungo dopo la cena, entrambe riluttanti a interrompere le inattese confidenze reciproche che si scambiarono nell'intimità della piccola casa di fango.

All'imbrunire Parween si offrì di riaccompagnare Elsa a casa. Giunte nei pressi dell'abitazione si spinsero ancora fino a un brullo pezzo di terra. «Ecco, questo è il luogo in cui i talebani hanno giustiziato gli abitanti del villaggio e dove li hanno seppelliti», disse Parween indicando la pista d'atterraggio delle Nazioni Unite. «È qui che il mio caro Raziq è stato seppellito insieme a tanti altri», Parween abbassò lo sguardo e rimase in silenzio, immersa nei ricordi.

«Quando i vostri soldati sono scesi dal cielo è proprio qui che sono atterrati», disse Parween ricordando la scena con un sorriso. «Con i paracadute bianchi che si gonfiavano sopra le loro teste, eravamo sicuri che fossero angeli mandati da Allah», sorrise guardando il cielo. «Alcuni lo credono ancora».

Capitolo 18

Alcuni giorni dopo, mentre Elsa riordinava le scorte di medicinali all'ospedale, alcune jeep con a bordo vigorosi soldati della Forze Speciali si fermarono davanti all'ospedale. Gli uomini scesero dai veicoli e con un passo reso ancor più deciso dagli stivaloni che indossavano varcarono i cancelli dell'ospedale e chiesero gentilmente di parlare con Elsa. Un'infermiera afgana andò a chiamarla e le indicò i soldati.

Elsa corse fuori chiedendosi che cosa fosse successo, ma quando vide il tenente Martin – Dave – notò che stava sorridendo.

«L'altra sera non ha incontrato una persona che vorrei conoscesse», disse togliendosi il cappello mentre le andava incontro. «Pare l'abbia vista attraversare i campi e da allora ha sperato di conoscerla. Siamo stati rimproverati aspramente per averla invitata a cena mentre lui si trovava a Bagram», disse Dave sorridendo e spostandosi di lato. Fu allora che un altro soldato, il suo soldato misterioso, le apparve davanti lasciandola senza fiato.

«Questo brutto ceffo è Mike, il tenente Michael Young, il nostro tattico», Mike rivolse a Elsa un sorriso imbarazzato.

«Come le ha già detto il tenente Martin volevo conoscerla», disse Mike. Anche lui veniva dal Sud e aveva lo stesso accento cantilenato dei suoi compagni. I suoi luminosi occhi azzurri erano ancora più belli visti da vicino ed Elsa si ritrovò impietrita dal suo sguardo.

Mike era alto e aveva i capelli scuri arruffati, scompigliati dal vento. Esibiva un accenno di barba ispida, indossava pantaloni mimetici e una t-shirt marrone. Aveva la pistola infilata nella fondina, calzava un paio di stivali polverosi per il recente viaggio e manifestava una disinvolta sicurezza di sé che affascinava Elsa al punto che avrebbe potuto rimanere a fissarlo per ore.

All'improvviso si rese conto che era proprio quello che stava facendo e mentre distoglieva lo sguardo si accorse che anche lui la stava fissando.

Quando Elsa riuscì a riprendersi, gli tese la mano e balbettò: «So-sono Elsa Murphy. È un piacere conoscerla», disse, così nervosa che non riusciva a credere di essere riuscita a proferire parola.

«Mi dispiace di non essere stato presente alla cena», disse Mike, ansioso di riempire l'imbarazzato silenzio e consapevole dello sguardo incuriosito degli altri soldati. «Non voglio disturbarla, adesso, so che ha molto da fare, ma che ne direbbe se ci vedessimo più tardi, stasera?»

Elsa rimase sbigottita dall'invito. La voce del soldato era così inaspettatamente gentile che, per un attimo, si sentì sopraffatta dall'emozione.

«A dire il vero, ho già preso un permesso la settimana scorsa, non credo che potrò farlo di nuovo, non così presto, almeno. Alla gente di qui sembrerebbe strano». E in effetti lo era, pensò Elsa. Probabilmente dentro si stavano già chiedendo perché ci mettesse tanto a rientrare. Doveva tornare al lavoro.

«Ha ragione, capisco», rispose lui con voce velata di delusione. «Allora, ci sentiamo in settimana, va bene?»

«Va bene», rispose Elsa e, dopo un attimo di esitazione, gli tese la mano accorgendosi di avere i palmi sudati e il cuore in tumulto.

«È un piacere averla conosciuta, Miss Murphy», disse Mike sorridendo prima di congedarsi.

«La prego, mi chiami Elsa», disse lei con voce che dichiarava l'emozione più di quanto avrebbe voluto.

«Va bene, Elsa, tu chiamami Mike», le disse salutando con un cenno mentre saliva a bordo della jeep che subito si allontanò. Elsa rimase immobile avvolta dalla nuvola di polvere sollevata dalla jeep, ma non se ne accorse. Si asciugò le mani umide sul vestito, tirò un sospiro di soddisfazione, e rientrò.

Un'ora più tardi, il cuore le batteva ancora forte.

Diversi giorni dopo, mentre Elsa varcava i cancelli dell'ospedale, sentì qualcuno chiamarla.

Quando si voltò e si trovò di fronte Mike Young, fu lì lì per svenire dalla sorpresa. Lui le si avvicinò, lievemente imbarazzato.

«Dave e io ci chiedevamo se ti andrebbe di venire a cena da noi, stasera», le domandò. «Dave pensava di preparare il pollo fritto».

Elsa arrossì provando un palpito al cuore.

«Oh, mi piacerebbe», cercando di ostentare disinvoltura. «Aspetto che mi veniate a prendere al solito posto?»

«Non so dove sia il solito posto, ma chiederò a Dave, ci vediamo alle sei», rispose Mike con un gran sorriso.

«Perfetto!», disse lei. Quando Mike se ne fu andato, Elsa sospirò e si rimise al lavoro, ma dovette fare uno sforzo per ritrovare la concentrazione. Fortunatamente il carico di lavoro non era eccessivo e la fine del suo turno arrivò in fretta. Corse a casa a farsi un bagno, nonostante fossero passati soltanto tre giorni dall'ultima volta che si era lavata. Non era mai stata così pulita da quando era arrivata a Bamiyan.

Mentre si aggirava per la piccola casa, vide Amina alle prese con i preparativi per la cena.

«Amina, scusa, ma io ceno fuori stasera», vinta da un senso di colpa e dal desiderio di condividere la sua emozione, decise di metterla al corrente dell'invito rivoltole dai soldati. Non voleva agire di nuovo di nascosto.

Nonostante avesse dedicato molto tempo alla preparazione della cena, Amina accolse la notizia con un sorriso di gioia.

«È bello?», chiese. Amina e Elsa avevano imparato a comunicare in una lingua che era un miscuglio di dari e inglese e quando non riuscivano a comprendersi ricorrevano al linguaggio dei gesti.

«*Balay*, è il ragazzo più bello che io abbia mai visto».

Amina annuì in segno di approvazione e aiutò Elsa a scaldare l'acqua per il bagno e a scegliere un vestito pulito. Una volta lavata e vestita, Elsa si diede un tocco di lucidalabbra rosa e sorrise alla propria immagine riflessa nello specchio.

«Non aspettarmi alzata», disse mentre apriva il pesante cancello e correva all'angolo stabilito per l'incontro.

Nel giro di pochi minuti, apparve la jeep. La portiera si aprì, lei salì a bordo e subito il veicolo si rimise in marcia.

«Non sai quanto sono felice di cenare con te questa sera», esordì Mike mentre Elsa notava con piacere che indossava un'uniforme pulita e stirata. «Ti ho vista il mese scorso e ho capito subito che non eri di qui», proseguì.

«Oh, no, è stato il rossetto a tradirmi?», rispose lei scoppiando a ridere.

«Be', sai, quello e gli occhiali da sole. E quando ti ho sentito parlare, ho avuto la conferma che eri americana», disse nel modo di esprimersi piacevolmente spigliato del Sud. Percorsero a gran velocità l'oramai consueto tragitto passando sopra il ponte traballante per poi infilarsi nello stretto passaggio fra gli alberi. Quando la jeep si fermò, Mike saltò giù, corse ad aprirle la portiera e l'aiutò a scendere. Tenendola per mano la condusse nel rifugio dove Elsa sentì della musica e colse nell'aria il profumo del cibo.

Dave uscì dalla cucina asciugandosi le mani in uno strofinaccio infilato nella cintura. Baciò Elsa sulla guancia e annunciò che avrebbe servito la cena non appena fossero pronti.

«Non cenerò con voi», disse. «Ho diverse lettere da leggere e devo anche scriverne una importante».

«Scrivere una lettera?», chiese Elsa.

«Sì, a mia moglie, Lisa. Siamo collegati via satellite qui, ma mia moglie non va matta per internet. Le piace ricevere lettere e foto per posta, qualcosa da poter tenere in mano, toccare. Faccio un sacco di fotografie e cerco di scriverle almeno una volta alla settimana».

«È davvero un pensiero carino...», osservò Elsa.

«Dave farebbe *qualsiasi* cosa per sua moglie», scherzò Mike.

«Se penso che non voleva nemmeno farlo venire qui… ho dovuto prometterle che mi sarei preso personalmente cura di lui e lo avrei fatto tornare a casa sano e salvo».

«Be', Mike non sa ancora che cosa significhi essere follemente innamorati. È ancora uno scapolone».

Godendosi l'imbarazzo che il suo malizioso commento aveva creato, Dave sorrise e si sbarazzò dello strofinaccio che aveva in vita. «Buon appetito. Ci si vede», e con quelle parole scomparve in una delle stanze.

Seguì un imbarazzato silenzio. "Oh, mio Dio, sono così nervosa. Non ho molta esperienza con questo genere di appuntamenti. Mike, invece, è così disinvolto, sicuramente è più navigato".

Elsa fece un respiro profondo e si decise a parlare. «Dunque questa casa ben nascosta non è una vera e propria base militare?», chiese.

«Direi di no», rispose Mike con un sorriso mentre si dirigevano in cucina. «Le Forze Speciali si muovono diversamente rispetto all'esercito. Questa non è una caserma, è come una normale casa, dove si condividono le stanze e ci si occupa a turno della cucina e delle pulizie. Viviamo insieme, un po' come una famiglia e stasera molti dei membri di questa famiglia sono fuori, dunque siamo soli». Mike fece una pausa mentre la fissava in attesa di una qualche reazione da parte sua.

Elsa si mise a ridere, il che l'aiutò a rilassarsi, e cambiò argomento.

«Tu e Dave vi conoscete da molto?»

«Sì, da qualche anno. Ci siamo conosciuti fra le riserve e poi a settembre ci siamo arruolati di nuovo entrambi. Abbiamo sentito che dovevamo fare qualcosa dopo l'11 settembre. Mi capisci, vero?»

«Sì, certo. Mi sono offerta come volontaria a New York dopo l'11 settembre. Ho chiamato il numero che diffondeva la televisione, ma non ho avuto risposta. Anch'io sentivo il bisogno di fare qualcosa».

«L'hai visto? Sto parlando di Ground Zero».

«Soltanto in televisione, e mi è bastato».

«Dave e io siamo stati a New York prima di venire qui. Volevamo capire per cosa combattevamo». Mike distolse lo sguardo per un attimo, quindi riprese il suo discorso. «Attraverso la televisione non puoi avere la dimensione esatta della tragedia. Migliaia di vittime, sepolte per sempre sotto le macerie. È stato terribile vedere tutto da vicino, toccare con mano l'immenso orrore di quella giornata». Mike rabbrividì e per cacciare i ricordi radunò le stoviglie e si mise ad apparecchiare la tavola.

«Dovresti andare a New York, Elsa, per vedere con i tuoi occhi prima che costruiscano un altro grattacielo per far dimenticare alla gente che cosa è successo in quel luogo».

Elsa annuì.

Mike si voltò e invitò Elsa ad accomodarsi mentre lui estraeva dal forno la cena che Dave aveva preparato con tanta cura.

«Ma ora mangiamo, dai», disse con un sorriso.

Elsa gli sorrise a sua volta e si servì di un pezzo di pollo che cominciò a mangiare leccandosi le dita. Entrambi erano affamati e si gustarono il delizioso cibo.

«Da quanto tempo sei qui a Bamiyan?», chiese Elsa.

«Dunque, vediamo, siamo arrivati in Afghanistan verso la fine di settembre, ma prima eravamo al Nord. Abbiamo assistito ad aspri combattimenti lassù, poi quando la situazione si è calmata ci hanno mandato qui. Non ti dico, il giorno in cui siamo arrivati, la folla si è radunata per le strade ad accoglierci con grida di gioia. Non ce lo aspettavamo, ci ha fatto davvero piacere». Mike fece una pausa per finire di masticare. «Dave ha fatto un sacco di fotografie quel giorno, da mostrare al nostro ritorno a casa. Da allora non ha più smesso di scattare foto. Prima o poi la macchina fotografica si consumerà».

Elsa rise. «Almeno lui ne ha portata una. Io non ci ho nemmeno pensato».

«Adesso raccontami un po' di te», disse Mike verso la fine della cena. «So che sei un'infermiera, ma niente di più».

«Comincia tu», rispose Elsa imbarazzata all'idea di parlare di sé.

«Va bene, sono il primo di quattro figli maschi. Sono cresciuto nel North Carolina, in una cittadina di nome Chatham dove mio padre lavorava come conducente d'autobus e mia madre badava a noi». Mike fece una pausa, smarrito nei ricordi di un lontano passato.

«Mia madre è morta di cancro quando avevo nove anni. Immagino sia stata dura per mio padre, ma non l'ha mai dato a vedere. Comunque ha tirato su me e i miei fratelli da solo. È una brava persona, quando eravamo bambini si prestava persino a fare il coach per le nostre squadrette della Little League. Era convinto che avrei avuto un futuro nel baseball. In effetti, ero un bravo giocatore, ma c'erano troppi ragazzini al mio stesso livello e quando non mi venne assegnata la borsa di studio né fui convocato da squadre minori, capii che dovevo trovare un'altra strada.

Mike si alzò per sparecchiare ed Elsa fece per aiutarlo.

«No, stasera sei mia ospite», le disse. «Inoltre, come primogenito in una famiglia di soli maschi, se c'è una cosa che ho imparato a fare bene è pulire, dunque, rimani comoda».

Elsa tornò a sedersi. «Dunque qual è stata l'altra strada?», chiese.

«Be', volevo iscrivermi al college. Avevo in mente di diventare ingegnere, volevo progettare strade e ponti, ma mio padre non poteva permettersi la retta. Un conducente d'autobus non guadagna tanto. Comunque, mi sono arruolato per due anni e alla fine di quel periodo ho approfittato del programma di sovvenzione agli studi per frequentare il college. Mi sono laureato in ingegneria e quando ho ricevuto un'offerta di lavoro troppo allettante per rifiutarla mi sono trasferito a Dallas».

Quand'ebbe finito di riordinare, Mike si sedette di nuovo vicino a lei.

«Non ho molte occasioni per tornare nel North Carolina. Mio padre vive ancora laggiù, fa ancora il conducente d'autobus e tira a campare. Mio fratello Adam, il più piccolo, vive ancora con lui, ma John si è trasferito in Florida e Matt studia a New York».

«Sei fortunato ad avere una famiglia così numerosa».

«Sì, hai ragione. Ma dimmi di te. Che cosa ti ha spinto a venire qui? Volevi salvare il mondo?», le chiese guardandola negli occhi.

«Già, qualcosa del genere», rispose Elsa pensando alla rivista che aveva tenuto nel cassetto per così tanto tempo. «Un giorno ho visto le fotografie del genocidio nel Ruanda su una rivista illustrata, mi hanno colpito profondamente e ho deciso che prima o poi avrei fatto qualcosa per aiutare il prossimo», spiegò.

Mike ebbe un sussulto. «Me la ricordo. Credo di avere visto le stesse foto di cui parli, bambini e famiglie intere sterminate lungo le strade e nei campi. Ricordo di averle trovate raccapriccianti». Scrollò il capo e proseguì: «All'epoca frequentavo il college, pensavo che ci sarebbe voluto un esercito di soldati per proteggere quella gente, un aiuto che a quei tempi io non potevo dar loro, ma tu... tu hai pensato a un modo concreto di aiutarli davvero».

Si sporse verso di lei e all'improvviso Elsa sentì che la timidezza l'abbandonava e così, prima che potesse accorgersene, cominciò a raccontare a Mike della sua vita, di Diana e Margaret e persino di suo fratello e di sua sorella.

«Loro vivono ancora a Boston, almeno credo», disse concludendo il suo racconto. «Ma Tommy ha problemi con l'alcol e Janice è tossicodipendente, per cui non saprei dirti se sono ancora vivi».

«Oh, mio Dio! Deve essere dura», commentò Mike con una smorfia.

Elsa annuì. Non riusciva a credere di essersi confidata a tal punto con lui. Pensò che doveva essere stato quel luogo, e l'intensità che la vita assumeva lì, a darle il coraggio. Se si fosse trovata in patria non avrebbe mai rivelato tanto di sé: "I panni sporchi si lavano in casa propria", avrebbe detto sua madre. Ma lì, dove si trovava in quel momento, non si trattava di panni sporchi, si trattava del suo passato, una parte di lei.

Mike le si avvicinò e le scostò una ciocca di capelli dal viso, il suo tocco fu come un alito di brezza estiva. La vicinanza dei loro corpi la emozionò al punto che il cuore prese a batterle più forte.

«Mi fa piacere che tu abbia voluto confidarti con me», le disse Mike guardandosi le mani. «Tu mi piaci, Elsa, spero non ti dispiaccia se sono sincero».

«No, anche tu mi piaci», rispose arrossendo.

Mike la strinse a sé e la baciò sulle labbra tenendola fra le braccia.

Elsa sospirò mentre sentiva su di sé il calore del corpo di lui e si accoccolava contro il suo petto sussurrando: «Sono così felice di averti incontrato, Mike».

Si strinse a lui respirando l'odore di pulito che emanava: anche lui aveva fatto il bagno e Elsa immaginò che fossero le persone più pulite di tutta Bamiyan.

In quel momento sentì avvicinarsi dei passi pesanti e subito guardò l'orologio.

«Oh, mio Dio, sono quasi le dieci, devo andare».

Mike la baciò una seconda volta e poiché voleva evitarle l'imbarazzo di incontrare gli altri soldati, la fece uscire da una porta secondaria e la riaccompagnò a casa.

«Ci vediamo presto, Elsa», le sussurrò all'orecchio dopo essersi fermato fuori dal cancello di casa sua e averle preso le mani fra le sue.

Si baciarono ancora, poi Elsa scese dalla jeep e oltrepassò il cancello aprendolo piano. Una volta in casa, si preparò per andare a letto, ma prima di addormentarsi, ripensò alla serata appena trascorsa infinite volte.

Capitolo 19

"Mike Young, persino il suo nome è perfetto", pensò Elsa mentre era ancora a letto il mattino seguente. Era perdutamente innamorata e non poteva farci niente. Si chiese se Amina provasse gli stessi sentimenti per Sidiq. Nonostante questi avesse espresso la sua intenzione di parlare con il fratello di Amina, Elsa non aveva più avuto notizie a tal riguardo. Si ripromise di chiedere a Hamid se ne sapesse qualcosa.

Elsa aveva deciso di fare proprie le usanze di Bamiyan e di concedersi il venerdì libero per cui si attardò a letto prima di alzarsi e di andare a bere il caffè sul tetto.

Quella stessa mattina Parween venne spinta giù dal letto dal pianto insistente del piccolo Raziq. Il neonato era mattiniero e strillava a pieni polmoni per comunicare che aveva fame. Poiché Raziq aveva preso l'abitudine di dormire vicino a lei sul materassino, Parween lo avvicinò a sé e cercò di calmarlo sussurrandogli paroline all'orecchio e dandogli un bacio sulla morbida guancia. Raziq allungò la manina, le afferrò una ciocca di capelli e gliela tirò.

«Fai il bravo, Raziq», disse Parween alzandosi, poi prese il bambino in braccio e uscì per andare a procurarsi il latte di capra.

Rahima, che era già fuori e stava accendendo il fuoco, tese a Parween un recipiente di latte per il piccolo. Parween si sedette a terra e offrì il latte a Raziq che lo ingurgitò tutto prima di scivolare di nuovo in quel sonno profondo che soltanto i bambini conoscono. Parween sorrise e sperò che arrivasse presto il giorno in cui si sarebbe potuta godere con i suoi bambini picnic e passeggiate, come un tempo faceva con il suo amato marito.

«La tua amica Elsa è una straniera qui, sono certa che le piacerebbe trascorrere una giornata con te», disse a un certo punto Rahima come interpretando i desideri di sua figlia.

Parween avvolse il bambino nelle coperte e lo adagiò nel cesto. «Elsa è molto impegnata. L'ospedale è sempre affollato».

«Ma di certo oggi è chiuso. E se Elsa lavora tanto come dici tu, le piacerà fare qualcosa di diverso dal lavoro».

«Hai ragione. Potrei portarla alle grotte dei Buddha. È da tempo che non ci vado...», la voce le si incrinò mentre abbassava lo sguardo sul piccolo, immerso nel sonno. Tante cose erano cambiate da quando non c'era più il suo amato Raziq.

Rahima si schiarì la voce e disse: «Mi occuperò io dei bambini. Avanti, vai!», e le assestò una piccola spinta per incoraggiarla a fare come diceva.

Amina chiamò Elsa la quale era seduta sul tetto a bere il caffè.

«Elsa, ci sono visite». Elsa scese dal tetto servendosi della vecchia scala e fu lieta di trovare Parween ad aspettarla. Baciò l'amica sulla guancia e si salutarono alla maniera afgana.

Parween le sorrise. «Se oggi non devi andare a lavorare, vorrei invitarti a venire con me a vedere le grotte dei Buddha. Si trovano sopra le voragini dove un tempo sorgevano i Buddha che vegliavano su Bamiyan». Elsa colse una nota di tristezza nella voce dell'amica mentre parlava delle antiche statue. Aveva visto le grotte dalla strada lungo il tragitto che portava all'ospedale, le profonde voragini sulla parete della montagna che un tempo aveva ospitato i venerati Buddha.

«Ahh, Elsa, devi andare. La vista da lassù è unica», si intromise Amina.

Elsa si lasciò incuriosire.

«Mi piacerebbe venire», rispose. Poi chiese ad Amina se volesse andare con loro, ma la giovane declinò l'invito.

«Andrò a trovare mio fratello. È da tempo che non lo vedo».

Elsa si mise una mano in tasca e ne estrasse un rossetto che porse a Parween.

«Oh, no, non oggi. Non posso metterlo in pubblico, potremmo incontrare degli uomini. Solo fra le mura di casa».

«Nemmeno un po'? ».

Parween scrollò il capo. «No, no. Qui possiamo mettere il rossetto soltanto in occasioni speciali o di nascosto, in casa. Ma tu puoi metterlo, per te è una cosa normale come è normale per noi indossare il velo».

Elsa sorrise imbarazzata. «Be', vorrà dire che lo metterò io per entrambe», dichiarò passandosi il rossetto rosso ciliegia sulle labbra.

Elsa e Parween salutarono Amina e si avviarono lungo la strada polverosa che conduceva alle montagne dei Buddha. Giunte a destinazione, Elsa sollevò lo sguardo verso le magnifiche grotte. Prima di partire per l'Afghanistan, Elsa aveva trascorso ore su internet a cercare informazioni su Bamiyan e aveva visto sul computer le immagini dei grandi Buddha.

«Sai, mi sembra quasi di vederli ancora lì», disse Elsa guardando in alto.

Parween annuì poiché anche a lei sembrava di vedere ancora gli immensi Buddha che le avevano dato il benvenuto il giorno in cui era arrivata a Bamiyan. Sospirò al ricordo e affrettò il passo.

«Seguimi», disse rivolgendosi a Elsa e insieme cominciarono ad arrampicarsi lungo la parete della montagna. Elsa faticava a trovare punti d'appoggio, le ruvide rocce le procuravano ferite alle mani mentre si inerpicava cercando di tenere il passo di Parween. Mentre la seguiva con passo lento scorse le grotte profonde che erano state scavate nella roccia ed erano rimaste intatte, con le loro aperture segrete, a dispetto della devastante esplosione che aveva ridotto in polvere le magnifiche statue.

Si inerpicarono fra le fenditure e gli anfratti della montagna e, dopo aver salito i gradini di una scala stretta e sabbiosa, entrarono in una delle minuscole stanze che un tempo si aprivano di fianco a uno dei due Buddha.

Elsa si mise al centro della stanza polverosa e, quando i suoi occhi si furono abituati all'oscurità, vide le volute colorate e gli elaborati disegni che decoravano le pareti. Benché sbiaditi, i delicati azzurri e i rossi un tempo squillanti ravvivavano le rocce color sabbia. Allungò la mano per toccare la pareti dipinte ma poi si trattenne, quel luogo era una specie di museo, ancora più prezioso data la sua ubicazione e il fatto di essersi preservato intatto a dispetto delle intemperie e delle devastanti esplosioni.

Parween rimase in silenzio a fissare quel capolavoro. «Vedi, i talebani non sono riusciti a distruggere tutto», disse.

Dopo un po' uscirono dalla stanza che custodiva quegli inattesi tesori e rimasero a guardare l'inaridita campagna incorniciata dalle dolci vallate e dalle vette della catena montuosa dell'Hindu Kush.

«Non trovi che sia bellissimo?», sussurrò Parween.

Elsa trattenne il fiato. La campagna, seppur bellissima, recava i segni di decenni di guerra.

«Che mi dici di quelli?», chiese Elsa indicando una fila di tank bruciati, frammenti di granate e vecchi lanciarazzi disseminati lungo il paesaggio.

Parween rimase a riflettere per un lungo istante. «Sono lì a ricordarci che la guerra è finita. Se Iddio lo vorrà sarà finita per sempre».

Elsa annuì. «*Inshallah*», disse Elsa mentre scrutava l'orizzonte in cerca del rifugio dei soldati, ma ovunque fosse, era certamente ben nascosto alla vista.

«Vieni», la voce di Parween interruppe i pensieri di Elsa che seguì l'amica riprendendo l'arrampicata. Strinse gli occhi per difendersi dalla luce del sole e vide che molte di quelle grotte erano abitate. C'era chi si arrampicava portando secchi d'acqua e cibo per poi sparire negli anfratti rocciosi di quella specie di complesso abitativo dell'età della pietra.

«Molta gente vive in queste grotte», le spiegò Parween. «Centinaia, forse migliaia di persone vennero a rifugiarsi qui quando i talebani attaccarono i villaggi. Coloro che non hanno più una casa vivono ancora qui».

Parween le spiegò che il governo aveva annunciato di recente che era vietato vivere nelle grotte e chiunque fosse stato sorpreso a infrangere la legge sarebbe stato punito con il carcere o peggio.

«Ma a questa gente non interessa quel che dice il governo. Quando gli ufficiali vengono a Bamiyan loro spariscono, diventano invisibili. Soltanto un'ispezione accurata potrebbe rivelare che le grotte sono ancora abitate », disse ridendo. «Gli uomini del governo non si prenderanno mai la briga di arrampicarsi quassù per ispezionare le grotte. Sono uomini di pasta frolla e l'arrampicata è dura».

«Potrei dare un'occhiata dentro una di queste grotte? Solo per vedere come sono fatte», chiese Elsa affascinata da quel modo quasi preistorico di vivere.

Parween si guardò attorno in cerca di un'amica che viveva lassù con la sua figlioletta.

«Si chiama Bas-Bibi. Viveva oltre Garganatu con il marito e i figli, in un villaggio povero. La gente lì non rispettava le regole dei talebani, ognuno si comportava come credeva. Le donne non si coprivano il volto né celavano i capelli sotto il velo. Sfidavano i talebani contravvenendo a tutte le loro regole e così, lo scorso inverno, sono stati puniti».

Parween fece una pausa mentre il suo volto assumeva un'espressione triste. Tirò un sospiro e proseguì: «Proprio come fecero a Bamiyan, i talebani decisero di annientare ogni forma di resistenza e di instillare il terrore nell'animo di quella gente: invasero il villaggio, appiccarono il fuoco alle case, incendiarono i raccolti e uccisero il bestiame. Gli abitanti del villaggio temevano di venire uccisi come erano state uccise le loro capre e così molti, fra i quali anche Bas-Bibi, suo marito e le loro due figlie, si rifugiarono sulle montagne portandosi appresso soltanto i vestiti. Trovarono così il modo di sottrarsi ai talebani, ma non quello di sfuggire al gelo e alla neve. L'unica cosa che potevano fare era stringersi gli uni agli altri in cerca di un po' di calore dentro una piccola grotta. Un mattino, Bas-Bibi si svegliò e scoprì che suo marito e la bambina piccola, di quattro anni, giacevano morti vicino a lei. Il gelo li aveva uccisi». Parween abbassò lo sguardo e rimase in silenzio.

«Bas-Bibi e sua figlia li seppellirono sotto la neve e tornarono a Garganatu dove rimasero fino a quando non trovarono il modo di raggiungere Bamiyan. E ora vivono qui», disse Parween voltandosi a guardare le grotte.

Si arrampicarono ancora più in alto in cerca di Bas-Bibi e finalmente Parween scorse l'amica.

«*Salam alaikum chotor asti, Bas-Bibi. Chetore asti? Khoob asti? Jona jurast?*».

Una donna sorridente si affacciò da un'apertura nella montagna e invitò Parween ed Elsa dentro la piccola grotta. Nonostante l'espressione di gioia sul suo viso, Bas-Bibi sembrava più vecchia di quanto non lo fosse. Il volto sudicio, coperto della fuliggine che avvolgeva la grotta, era solcato dalle rughe profonde lasciate da tanta angoscia e sofferenza. Ciocche di capelli bisunti le fuoriuscivano da sotto il velo e gli abiti frusti che indossava avevano da tempo perso il loro colore. Bas-Bibi e Parween si salutarono scambiandosi baci e sorrisi e, quando le effusioni terminarono, Parween si girò e presentò Elsa all'amica.

«Elsa è americana», disse Parween con orgoglio. «Fa l'infermiera, aiuta i malati all'ospedale di Bamiyan».

Bas-Bibi sorrise di nuovo, baciò Elsa sulle guance e rivolse lo sguardo al cielo chiedendo ad Allah di benedirla. Elsa, confusa dalle attenzioni che le venivano rivolte, si limitò a sorridere di rimando.

«Questa è Sabia», disse Parween mentre un'esile bambina dal viso coperto di polvere si inchinava davanti a lei. «Credo che abbia più o meno otto anni, ormai».

Elsa sorrise e il viso sudicio di Sabia s'illuminò.

Bas-Bibi insistette affinché Parween ed Elsa si fermassero per il tè e mandò Sabia a prendere l'acqua dal vicino torrente. Mentre le tre donne aspettavano che la bambina tornasse, Elsa si guardò attorno. La caverna era grande più o meno come la sua stanza e, nonostante non disponesse di un cortile né di un pozzo o una latrina, era comunque molto accogliente.

«È carino qui, vero?», disse rivolgendosi a Parween e lasciando trapelare la sua sorpresa.

«Sì, sì, Bas-Bibi l'ha resa molto accogliente», rispose Parween e spiegò a Elsa che la sua amica aveva ricevuto l'essenziale dalle Nazioni Unite: materassini, coperte e gli utensili da cucina che erano appesi alle pareti. Un telo di plastica copriva il pavimento sporco e uno più grande era steso sulla soglia della grotta. Un piccolo angolo cottura era stato allestito proprio vicino all'entrata. Si trattava di un'abitazione dove tutto era ridotto ai minimi termini, proprio come nell'era preistorica, ma per molti versi era accogliente almeno quanto l'abitazione di Parween.

Sabia riapparve con l'acqua e Bas-Bibi accese un focherello vicino all'apertura della grotta, ma il fumo anziché uscire riempiva la grotta facendo bruciare gli occhi a Elsa e depositando sulle donne una coltre di fuliggine. "Ecco perché le loro facce sono sempre nere", pensò Elsa.

Bas-Bibi collocò il pentolino sul fuoco poi, quando il tè fu pronto, lo versò in robuste tazze d'alluminio. Le donne si sedettero a gambe incrociate sul pavimento della caverna ricoperto dal telo di plastica a sorseggiare il tè e a chiacchierare.

Finito il tè, si salutarono. Elsa si premurò di offrire a Bas-Bibi e alla figlia il proprio aiuto qualora in futuro ne avessero avuto bisogno. Mentre scendevano dalla montagna, Elsa, che doveva compiere grandi sforzi per non rischiare di mettere i piedi in fallo, si chiese come facesse Sabia con le sue esili gambe a salire e scendere ogni giorno dalla montagna su quel terreno accidentato.

«Parween, dicevo davvero quando mi sono offerta di aiutare Bas-Bibi», disse rivolta all'amica.

«Lo so», rispose Parween con un sorriso.

Capitolo 20

Un mattino, non molto tempo dopo la visita alle grotte in compagnia di Elsa, Parween era seduta con un gruppo di amiche in riva al torrente presso il quale le donne facevano il bucato. Avevano appena steso i panni ad asciugare e si erano radunate attorno alle rocce appuntite a scambiarsi pettegolezzi. Parween aveva lasciato i bambini a casa con Rahima e ora si stava godendo la compagnia delle altre donne.

«*Salam alaikum chotor asti*», disse rivolgendosi ad alta voce alle vecchie amiche.

Soraya, una giovane donna che viveva in una zona a nord delle grotte la salutò e andò a sedersi vicino a lei. Parween l'accolse dandole un bacio sulla guancia.

«Sono felice di vederti, Soraya. Era da un po' che non ci si incontrava».

«Parween, mi è dispiaciuto tanto sentire di Mariam. So che per te era come una sorella e mi ha rattristato il pensiero della tua sofferenza».

«Grazie, sì, mi manca il suo sorriso, soprattutto quando veniva qui al torrente», rispose Parween accarezzando l'amica.

«Ho sentito che Allah ti ha fatto dono di un figlio. Spero che ti porti pace e prosperità».

«Devi venire presto a conoscerlo, è un bambino bellissimo», disse Parween pensando al piccolo Raziq.

«Verrò, Parween. Ma oggi non sono venuta qui a fare il bucato, sono venuta per parlarti di una faccenda privata», le confidò in un sussurro.

«Di che si tratta?», chiese Parween sporgendosi verso l'amica.

«Potremmo andare a parlare laggiù, vicino all'albero di albicocche? Non voglio che ci sentano le altre».

«Ma certo, Soraya», disse Parween alzandosi e spostandosi all'ombra dell'albicocco.

Soraya fece un respiro profondo e cominciò.

«Si tratta di mia cugina, Meena, è una bambina e ha bisogno di aiuto. La mia famiglia mi ha chiesto di parlarne con te. Se c'è qualcuno che può aiutarci, quella sei tu».

«Sai che se posso fare qualcosa...».

«Meena ha soltanto otto anni. È l'unica femmina, la più piccola di cinque figli. La sua famiglia vive a ovest di Herat, in uno di quei piccoli villaggi, hai presente?». Soraya parlava a bassa voce e, dopo essersi guardata attorno per essere sicura che nessuno stesse ascoltando, proseguì.

«Il fratello maggiore di Meena è un ragazzo stupido di sedici anni e si è unito a un gruppo di vandali; vanno in giro a razziare i villaggi vicini, distruggendo ogni cosa al loro passaggio. Ha commesso l'errore di andare a rubare nella casa di Noor Mohammed, uno degli uomini di Rashid-Najaf, il potente e temutissimo signore della guerra che detta legge nella zona oltre Herat. Di certo ne avrai sentito parlare».

Parween annuì, tutti avevano sentito parlare di Rashid-Najaf. Correva voce che fosse un uomo crudele e spietato, che spadroneggiava in quella regione del paese, rubando nelle case e depredando la gente, senza paura di venire punito poiché in quella parte dell'Afghanistan era lui a rappresentare la legge.

«Noor Mohammed si sente importante, data la sua vicinanza a Rashid, e ha considerato la rapina come un attacco non soltanto alla sua casa ma anche alla sua reputazione. Ha ordinato alla famiglia di Meena di versargli una somma di denaro quale risarcimento, ma la famiglia di mio zio è poverissima. Noor Mohammed non vuole sentir ragione. Ha chiesto che la famiglia consegni nelle sue mani il figlio, per somministrargli la giusta punizione, o la figlia più piccola, Meena, come forma di pagamento. Il fratello maggiore di Meena è un vigliacco e ha scongiurato la famiglia di salvargli la vita. Fra le lacrime ha detto che

Noor Mohammed lo ucciderebbe se lo consegnassero a lui. Ha promesso di diventare un bravo figliolo, se lo proteggeranno».

Parween sapeva che, nonostante la legge lo proibisse, era pratica comune fra le famiglie povere offrire le loro figlie per saldare i debiti, e dunque capì come Soraya si accingeva a concludere il suo racconto.

«Mio zio è un pover'uomo e ha ceduto con riluttanza sua figlia a Noor Mohammed per saldare il debito contratto dal figlio. Si è illuso che Meena sarebbe stata al sicuro, ma non ne è più così sicuro».

Mentre ascoltava le parole di Soraya, l'espressione di Parween si fece ancora più seria.

«Mio zio non è cattivo, ma è disperato e ha paura di mettersi contro la famiglia. Il giorno in cui ha dovuto cedere Meena, è tornato a casa di corsa a pregare Allah che Noor la trattasse bene», disse Soraya schiarendosi la voce. «È difficile per me confidarti questa triste storia», e prima di proseguire chiuse gli occhi per un lungo istante.

«Noor Mohammed non è stato buono con Meena. In quella casa la piccola ha subìto maltrattamenti di ogni tipo, l'hanno persino torturata infliggendole bruciature e lasciandola senza cibo per giorni. Quando decidevano di darle da mangiare le mettevano nel piatto avanzi di cibo a malapena commestibile. Pare che le donne della famiglia si divertissero a strapparle intere ciocche di capelli per il solo gusto di sentirla gridare di dolore. L'unica a farle compagnia era una capretta che veniva trattata meglio di lei».

Parween si sentì un nodo alla gola e deglutì per respingerlo.

«Dopo avere sentito per settimane e settimane le grida disperate di Meena, i vicini di Noor Mohammed hanno finalmente avuto il coraggio di agire. Quando la famiglia è uscita di casa per andare come tutte le settimane alla moschea e poi al bazar, gli uomini delle case vicine si sono introdotti nell'abitazione di Noor e hanno tratto in salvo Meena. L'hanno trovata incatenata insieme alla capretta e quando ha visto gli uomini si è fatta piccola piccola. Non si è nemmeno resa conto che erano andati a salvarla».

Mentre parlava gli occhi di Soraya si riempirono di lacrime. «Gli uomini avevano deciso di portarla subito via dal villaggio, convinti che Noor sarebbe andato su tutte le furie nello scoprire che Meena era stata salvata. Tuttavia, nonostante si fossero prestati ad aiutarla, nessuno di loro voleva essere identificato come il suo salvatore, temendo le ritorsioni di Noor. Così Meena è stata portata prima a casa di mio nonno, dove l'abbiamo tenuta nascosta mentre le donne le curavano le ferite. Ma, vedi, lei è ancora una bambina...», la voce di Soraya si incrinò e calde lacrime le solcarono il viso.

Parween le si avvicinò e le mise una mano sulla spalla. «So che è dura, ma devi finire di raccontarmi questa vicenda».

Soraya mandò giù le lacrime. «Rashid, il signore della guerra, è venuto a sapere della crudeltà di Noor ed è montato su tutte le furie. Ha ordinato ai suoi uomini che Noor venisse bastonato e cacciato di casa. Ora, pare che sia Noor, sia Rashid siano in cerca di Meena, Noor nell'intento di farla tacere per sempre, Rashid per salvarla, o almeno così si dice. Mio nonno ha deciso di portarla qui da noi, ed è per questo che oggi sono venuta qui. Meena si trova a Bamiyan, ma abbiamo bisogno del tuo aiuto. Bas-Bibi mi ha detto che sei amica dell'infermiera americana e che questa le ha offerto il suo aiuto qualora ce ne fosse bisogno. La mia famiglia spera che tu e la tua amica possiate aiutare Meena».

Quando Soraya ebbe finito di raccontare la sua storia, Parween si appoggiò alla roccia e sospirò profondamente. Poi prese le mani di Soraya nelle sue e disse: «Puoi contare sul mio aiuto e anche su quello di Elsa, credo. Le racconterò tutto oggi stesso e insieme decideremo come agire. Verrò a casa tua dopo averle parlato».

Le parole appena sussurrate da Parween non lasciarono trapelare la tempesta di emozioni che il racconto aveva scatenato dentro di lei e quando si alzò per raccogliere i panni dai rami degli alberi si accorse che le tremavano le mani. Prese i vestiti dagli alberi, li piegò e li ripose nel cesto. Tornò a casa per depositare il bucato e, ancora tremante, ripartì alla volta dell'ospedale.

Quando Elsa scorse la sua amica dalla finestra dell'ospedale, uscì subito ad accoglierla.

«*Salam alaikum*, Parween. È bello vederti». Mentre si avvicinava, tuttavia, si accorse che l'amica era preoccupata. «*Che taklif*? Che cosa è successo?».

Parween chiese a Elsa di sedersi mentre le raccontava la storia di Meena, per gran parte del tempo tenne gli occhi fissi a terra come se questo l'aiutasse a controllare le emozioni. Quando ebbe finito, si voltò verso l'amica.

«Mi sono ricordata di quando hai offerto il tuo aiuto a Bas-Bibi e allora ho promesso che avresti fatto qualcosa per Meena. Puoi? Vuoi?».

Elsa era rimasta colpita dalla storia che Parween aveva condiviso con lei. Fece un sospiro e un attimo dopo le parole le uscirono di bocca come un fiume in piena.

«Farò il possibile per aiutarla. Potrà stare a casa mia. Nessuno sospetterà che tengo nascosta una bambina. Amina e io ci prenderemo cura di lei. Che sai dirmi delle ferite? Avrà bisogno di cure mediche. Mi procurerò i medicinali necessari».

Elsa fece una pausa e Parween riempì subito il silenzio.

«Non devi dire a nessuno della bambina. *Famidi*? Se vogliamo che lei rimanga al sicuro, se tutti noi vogliamo essere al sicuro, questa storia dovrà rimanere un segreto fra di noi».

«Posso venire con te?»

«No, no», rispose Parween. «Sarà meno rischioso se la porterò di nascosto a casa tua, da sola. La trasferirò in groppa al mio asino», poi toccando la mano di Elsa aggiunse: «*Besiar tashakur*, grazie di cuore, mia cara amica».

Elsa e Parween presero direzioni opposte. Elsa si recò nel magazzino dell'ospedale e raccolse in fretta vitamine, integratori alimentari, antibiotici e bende e li ficcò dentro una borsa capiente. Si imbatté in Laila e le disse che stava andando a casa a mettersi in pari con la parte burocratica del lavoro. Subito dopo incontrò Hamid al quale rifilò la stessa bugia. Detestava mentire, ma per il bene della bambina era meglio non raccontare a nessuno la verità.

Uscì dall'ospedale e attraversò i campi da sola, arrivando a casa nel giro di pochi minuti. Informò Amina dell'imminente arrivo della bimba e, con sua enorme sorpresa, la mite donna accolse di buon grado i piani di Elsa. Insieme prepararono in fretta la camera per Meena.

Elsa e Amina aspettarono tutto il pomeriggio prima di sentire bussare alla porta. Finalmente Parween e Soraya erano arrivate e con gesti veloci scaricarono il fagotto dalla groppa del mulo e corsero in casa. Dopo essersi chiuse la porta alle spalle, Parween fece le presentazioni e scoprì la piccola Meena.

Elsa rimase a guardare mentre Soraya prendeva in braccio quella bambina spettinata, con due occhi da cerbiatto e un'espressione corrucciata sul musetto smunto.

Elsa le si avvicinò e la guardò da vicino. Sul piccolo corpo notò ferite e bruciature, alcune in via di guarigione altre purulente. Sul cuoio capelluto radi ciuffi di capelli ispidi lasciavano intravedere croste e ferite maleodoranti e piene di pus.

Elsa trattenne un conato. "Com'è possibile ridurre in questo stato una bambina?", si chiese tirando un sospiro e cercando di sorridere alla piccina mentre la visitava.

D'un tratto Meena emise un grido acuto che squarciò il silenzio e fece sussultare Elsa.

«*Tars na dori*, non avere paura, piccolina», mormorò Elsa con voce incerta mentre Parween traduceva le sue parole cercando di rassicurare Meena. «Sei al sicuro qui», disse provando a prendere in braccio la bambina, ma la piccola si ritrasse e riprese a gridare in segno di protesta.

«Scusa, piccolina, *tars na dori*».

Soraya si fece avanti e spiegò a Meena che Elsa era un'infermiera e si sarebbe presa cura di lei fino a quando non fosse guarita.

«*Famidi*, hai capito?», le chiese parlando a bassa voce.

«*Balay*», sussurrò Meena, con gli occhi sgranati fissi su Elsa, con una voce che lasciava trapelare la paura.

Elsa lavò la bambina con mani tremanti, le membra erano talmente fragili che temeva potessero spezzarsi solo a sfiorarle.

Una volta curate le ferite, estrasse da una boccetta tre pastiglie di vitamine e una di antibiotico. Amina si avvicinò con un bicchiere di tè al latte ben zuccherato e la bambina prese le medicine bevendo avidamente il contenuto del bicchiere.

«Immagino sia esausta. Sarebbe bene farla riposare», disse Elsa rivolgendosi a Parween e a Soraya e fece loro strada nella stanza che lei e Amina avevano preparato per Meena. Soraya coprì Meena con una morbida coperta e si sdraiò vicino a lei, cantandole una ninna nanna mentre le altre osservavano ferme sulla soglia della camera.

Nel giro di breve la bambina si addormentò e le quattro donne uscirono piano dalla stanza e andarono a sedersi nel cortile per fare il punto della situazione.

Parween, riflettendo ad alta voce, si chiese come avrebbe fatto a sopportare il dolore se fosse successo qualcosa di brutto a Zahra o al piccolo Raziq.

«Se Meena fosse mia figlia, morirei di dolore», disse rivolgendo lo sguardo alla stanza dove la bambina stava dormendo.

Elsa mandò giù il nodo che sentiva in gola. «Credo di non avere mai visto in vita mia una bambina più triste né di avere mai sentito una storia tanto tragica. Accadono spesso cose del genere, qui?»

«Accadevano più spesso in passato», rispose Parween. «Ma data la situazione in cui versa il paese, immagino che torneranno ad essere frequenti, a meno che non ci si ribelli».

Le altre donne mormorarono con approvazione.

«La famiglia di Meena sa che è stata salvata?», chiese Parween mestamente.

«Sì», rispose Soraya con un sospiro. «Suo padre è affranto, ma sollevato di saperla viva. Un giorno, *inshallah*, potranno ricongiungersi. Nel frattempo, voglio ringraziare tutte voi, grazie, grazie ancora per il vostro aiuto. La mia famiglia vi sarà per sempre grata».

Soraya proseguì informandole dell'esistenza di un'altra cugina che viveva a Kabul, sposata e senza figli, che avrebbe volentieri ospitato Meena e avrebbe finto fosse figlia sua.

«Nonostante sia disposta a prenderla in casa con sé, il viaggio in autobus fino a Kabul è troppo lungo per una bambina nelle condizioni di Meena».

«E se chiedessimo aiuto ai soldati?», intervenne Elsa pensando a Mike.

«No, è meglio che i soldati non sappiano», rispose Soraya. «Potrebbero non essere in grado di aiutarci, ed è meglio non ficchino il naso in questa vicenda. Dopotutto sono stranieri e non capirebbero».

«Ma...», cominciò Elsa, ma Parween le prese la mano e la interruppe.

«Soraya intende dire che i soldati sono uomini, per quanto buoni rimangono pur sempre degli uomini. Dobbiamo arrangiarci da sole, fra noi donne».

Elsa abbozzò un sorriso. «Be', le Nazioni Unite si servono di una piccola pista d'atterraggio non lontano da qui dalla quale partono frequenti voli per Kabul. Quando Meena sarà guarita, quello potrebbe essere il modo più sicuro e veloce di farla viaggiare. Conosco Johann, il responsabile delle Nazioni Unite, potrei chiedergli se sia possibile trovare un posto per Meena su un aereo diretto a Kabul. Sono sicura che sarebbe disposto ad aiutarci, se gli spiegassimo la situazione».

«Ma non devi assolutamente dirgli che si tratta della bambina che il signore della guerra sta cercando. È meglio che nessuno lo sappia», intervenne Soraya con foga.

Elsa annuì. «Manterrò il segreto. Tu, Soraya, saresti disposta ad accompagnare Meena?»

«Sì, certo. Resterò al suo fianco fino a quando non sarà al sicuro. Anzi, potrei fermarmi qualche giorno qui anch'io?»

«Sarebbe bello avere un'altra donna per casa», disse Amina con un sorriso. «Io sono quasi sempre sola».

Le quattro donne condivisero il tè fino a quando Parween non si alzò. «Ora devo tornare a casa, mia madre si starà chiedendo che fine ho fatto».

Soraya si alzò e abbracciò l'amica. «*Tashakur*, cara Parween, *tashakur.* Salutami tanto tua mamma».

Elsa diede la buonanotte e si ritirò in camera sua, chiedendosi che cos'altro potesse fare per aiutare Meena.

Il mattino successivo Elsa si svegliò di buon'ora e uscì di casa prima che Meena avesse aperto gli occhi. Disse ad Amina che era meglio che la bambina non vedesse troppe facce nuove attorno a sé, inoltre, voleva incontrare Hamid prima che questi raggiungesse il portone di casa.

Aveva deciso di dirgli che aveva ospiti e, poiché erano tutte donne, sarebbe stato meglio se non fosse entrato in casa durante la loro permanenza. Sapeva che Hamid non avrebbe fatto domande e le sembrò persino contento.

«Ah, Elsa, ospiti! Bene, bene!».

Parween giunse a casa di Elsa di buon mattino. «Come sta Meena?», chiese subito.

«Non mangia, non parla», rispose Amina scrollando il capo con espressione triste.

«È al sicuro, e per quanto non abbia mangiato granché, ha comunque messo in bocca qualcosa. *Inshallah*, domani le cose andranno meglio», intervenne Soraya con un sorriso.

Tuttavia nemmeno Soraya sembrava riuscire nell'intento di convincere Meena che ora non aveva più nulla da temere. Per tutto il giorno la bambina non fece altro che nascondersi dietro di lei, di tanto in tanto faceva capolino per lanciare occhiate a Parween e ad Amina, ma per il resto era come se non ci fosse, non la si sentiva fiatare.

Nel tardo pomeriggio Parween si congedò.

«Ci vediamo domani, Meena. A presto».

Ma Meena rimase in silenzio.

Quando Elsa tornò a casa, si sedettero tutte in cucina per la cena. Meena giocherellò soltanto con il cibo che aveva nel piatto, ma sorbì tre bicchieri colmi fino all'orlo di tè zuccherato. Elsa ne fu sollevata.

«Quantomeno ha mandato giù qualcosa».

Quella notte, gli occhi di Meena si riempirono di lacrime quando Elsa le pulì le ferite e le cambiò le bende, ma persino il suo pianto era silenzioso.

«Mi dispiace farti male, ma devo disinfettarti le ferite», le disse Elsa cercando di sorridere nella speranza di confortare Meena.

«Ci vorrà del tempo», osservò Elsa per rassicurare tanto se stessa quanto le altre donne. «È rimasta segregata per settimane, è stata liberata da pochi giorni. Dobbiamo concederle tempo affinché impari a fidarsi di noi».

Ma i giorni passavano e Meena non faceva progressi. Mangiava a stento e non parlava mentre Amina, preoccupata, si tormentava il sesto dito.

«Morirà di fame, vero?»

«No, non ti preoccupare. Prima o poi mangerà. Dobbiamo avere pazienza, darle tempo».

Finché un giorno Meena mangiò un boccone di pane caldo e un po' di riso, rifiutando il resto. Cominciò persino a rispondere quando le si rivolgeva una domanda, benché si limitasse a sussurrare un *balay* o un *nay* e niente di più. Continuava tuttavia a tenere la testa bassa e a stare vicino a Soraya.

Quando Parween arrivava, Meena si nascondeva fra le pieghe della gonna di Soraya.

«Credo che abbia bisogno di avere attorno dei bambini. Potrei provare a portare i miei figli e a vedere se funziona». Corse a casa e tornò tenendo in braccio Raziq e con Zahra al seguito.

Zahra irruppe nella casa e fece il giro delle stanze e del cortile come se dovesse trasferirsi lì. Quando vide Meena le corse incontro e cominciò a parlarle come se fossero grandi amiche. Le sfiorò la benda che proteggeva le ferite al cuoio capelluto e le chiese con la sua vocina: «*Dard mekora*, ti fa male?». Meena rispose annuendo.

«Ohh!», esclamò Zahra prendendo Meena per mano e conducendola fuori. Le donne rimasero a guardare mentre Zahra invitava Meena a giocare e prendeva una manciata di polvere per poi lasciarla scorrere fra le dita paffute.

«Questo è riso, guarda», disse con una risatina e Meena le rispose sorridendo.

Le donne non stavano più nella pelle dalla gioia, ma rimasero in silenzio per paura di rovinare tutto.

Meena si sedette e rimase a guardare Zahra che giocava con la terra. Non si unì a lei, ma nemmeno corse a nascondersi sotto le gonne di Soraya.

All'ora di pranzo le due bambine si sedettero vicine. Meena mangiò un piatto intero di riso con del pane e finalmente Amina si rilassò. Dopo pranzo tornarono a giocare nel cortile, fino a quando Meena non cedette al sonno e si abbandonò nella polvere.

Il giorno dopo, Elsa aveva appena cominciato il suo lavoro all'ospedale rinfrancata dai progressi di Meena, quando Laila venne a informarla che due sconosciuti si erano presentati lì in cerca di una bambina. Elsa vide il terrore negli occhi di Laila mentre le descriveva i due uomini.

«Sono armati, Elsa, e hanno chiesto del responsabile dell'ospedale. Ezat si è arrabbiato perché l'hanno interrotto mentre visitava e li ha trattati male. Hanno detto che stavano cercando una bambina che è stata rapita, una bambina piccola», riferì Laila facendo un gesto con la mano per indicarle l'altezza della bambina. «Sono venuti qui perché pare la bambina sia ferita, potrebbe avere bisogno di cure mediche. Ma Ezat ha detto loro di andarsene, che non ci sono bambine qui. Tu ne sai qualcosa?»

«No, non ho visto nessuno», rispose Elsa cercando di non tradirsi. «Se ne sono andati?»

«Credo di sì, ma con gente come quella non si può mai dire», rispose Laila accigliata.

Elsa avrebbe voluto correre a casa per dare l'allarme, ma così facendo avrebbe destato dei sospetti. Si sforzò dunque di rimanere al suo posto, di comportarsi come se nulla fosse, ma le tremavano le mani mentre curava un anziano la cui pelle era piagata da fistole purulente e si confuse nel dispensare pastiglie per la tosse a una giovane donna.

Si sentiva un nodo allo stomaco e continuava a guardarsi in

giro temendo di veder comparire i due strani uomini da un momento all'altro. Nonostante tutto tacesse, Elsa non poteva fare a meno di preoccuparsi. Si erano forse nascosti da qualche parte e tenevano d'occhio l'ospedale? Sospettavano che fosse lei a tenere nascosta la bambina? Quando la giornata lavorativa finì, Elsa corse a prendere le sue cose e si precipitò a casa.

Nel varcare la soglia notò che la casa era immersa nel silenzio, allora cercò subito le donne e le trovò sedute nel cortile a sorseggiare il tè.

«C'è un problema», annunciò a bassa voce. «Sono venuti due uomini all'ospedale, cercavano una bambina rapita».

La notizia raggelò il sangue ad Amina e Soraya.

Amina posò la tazza. «Chi erano? Li avevi mai visti?», chiese.

«No, ma Ezat ritiene che se ne siano andati. Ha detto loro che la bambina non era lì».

Le donne rivolsero lo sguardo verso Meena che stava riposando.

Elsa sospirò, incerta sul da farsi. «Credete che dovrei parlarne a Hamid? Potrei chiedergli di fermarsi qui, la presenza di un uomo potrebbe esserci utile».

«No, no», intervenne Parween con foga. «Non dobbiamo parlarne a nessuno. Non possiamo correre rischi».

Soraya si morse il labbro. «Dovremo trasferirci prima del previsto», disse. «Prima porteremo Meena a Kabul e megliò sarà».

Le donne annuirono convenendo con lei.

«Parlerò con Johann domani mattina», annunciò Elsa.

Quella sera, Meena diede la mano a Elsa mentre si dirigevano al bagno per la pulizia delle ferite e il cambio delle bende. Rimase immobile mentre Elsa le disinfettava le ferite che sembravano già in via di guarigione.

Elsa si chiese se fosse la sua immaginazione o se una nuova luce illuminasse davvero gli occhi di Meena e un leggero colorito ravvivasse le sue guance mentre rideva. Non si sbagliava, la bambina cominciava a stare meglio.

Ma quel pensierò non bastò a placare le paure. Quella notte rimase sveglia a lungo, con i muscoli tesi e i sensi allerta per ogni minimo rumore che potesse costituire un segnale di pericolo.

Ma attorno regnava il silenzio ed Elsa venne colta dal sonno. Poco dopo fu svegliata dal richiamo mattutino alla preghiera che infranse il silenzio suscitandole un brivido momentaneo lungo la schiena.

Quando Elsa bussò alla porta dell'ufficio delle Nazioni Unite, Johann la invitò a entrare.

«Buongiorno, Elsa, che bella sorpresa!», disse Johann sistemandosi gli occhiali sul naso.

«Devo chiederle un piacere, Johann», esordì Elsa sperando che lui non notasse il tremore nella sua voce.

«Prego, si accomodi», le disse lui invitandola nel suo piccolo ufficio e indicandole una sedia vicino alla scrivania.

Dopo aver preso fiato, Elsa raccontò a Johann la storia della bambina rapita che aveva bisogno di ricevere cure a Kabul.

«Spero di non darle l'impressione di approfittare della sua gentilezza chiedendole se sia possibile trovarle posto sul prossimo volo per Kabul. Naturalmente verrà accompagnata dalla cugina e, una volta atterrati a Kabul, le Nazioni Unite non avranno più alcuna responsabilità nei suoi confronti», dichiarò Elsa torcendosi le mani in attesa di una risposta.

«Ma certo, mia cara, immagino che possiamo darle una mano. C'è un volo che partirà fra due giorni. Pensa che possa andar bene?», rispose Johann con il suo marcato accento britannico.

Elsa si sentì enormemente sollevata. «Certo che sì!». Si alzò e, tendendo la mano a Johann, disse: «Grazie, grazie infinite, lei è sempre così gentile».

Elsa si congedò e corse a casa a dare la notizia.

Quando venne a sapere che avrebbe dovuto affrontare un altro trasferimento, Meena cominciò a piangere.

«Voglio stare qui. Non voglio andare via», disse fra i singhiozzi, gettandosi a terra e rannicchiandosi su se stessa.

«Meena, devi andare, è per il tuo bene», le disse Soraya in

tono di supplica. «Tua cugina ti aspetta. È da tanto tempo che vuole conoscerti. Tu non vuoi renderla triste, vero?», disse toccando la spalla alla bambina che tuttavia si ritrasse.

«Non mi interessa se è triste. Non voglio andare!», Meena piangeva, inconsolabile. A turno le donne provarono a persuaderla, ma le loro parole furono vane.

Elsa sorrise di fronte a tanta determinazione. Quando era arrivata a casa sua, una settimana prima, era una povera bambina scarmigliata e intimorita, ora non sembrava più così indifesa. Elsa avrebbe desiderato tenerla con sé, ma era meglio che Meena partisse per Kabul. Era quella l'unica soluzione possibile se non si voleva che lei e le altre corressero rischi.

Le donne continuarono nella loro opera di persuasione, nessuna di loro voleva forzare Meena, ne aveva già passate tante, ma il volo sarebbe partito da lì a due giorni e Soraya dovette dimostrarsi ferma.

«Adesso basta capricci. Partirai per Kabul, hai capito?», a quel punto Meena abbassò il capo e annuì mentre le lacrime le rigavano il viso. «Tesoro, devi partire e io verrò con te, va bene?», disse assumendo un tono dolce. Meena si gettò allora fra le sue braccia e pianse fino a quando non fu vinta dal sonno.

Il giorno previsto per la partenza, Johann fece pervenire a Elsa un messaggio con il quale la informava che il piccolo aereo era arrivato e le stava aspettando. Elsa, Amina e Parween accompagnarono Soraya e Meena a piedi fino alla pista di decollo. Pochi erano coloro che in Afghanistan avevano viaggiato in aereo, ma tutti avevano visto gli aerei volare sopra le loro teste e persino Meena era contenta di salire a bordo e solcare i cieli, il che quietò le sue proteste.

Lei e Soraya si scambiarono baci e abbracci con Elsa, Parween e Amina che rimasero a guardarle salire a bordo. Meena si voltò e rivolse loro un ultimo tenero sorriso e le salutò con un cenno della mano prima di venire inghiottita dalla pancia dell'aereo.

Elsa sentì le lacrime salirle agli occhi mentre mandava un bacio alla bambina. Le tre donne rimasero a guardare l'areo rollare sulla pista polverosa prima di prendere il volo e quindi sparire oltre le montagne.

Elsa tirò un profondo sospiro di sollievo. «Ora è salva. Ce l'abbiamo fatta!».

Parween si voltò verso di lei. «Grazie a te, mia cara amica», e le diede un bacio sulle guance sorridendo.

«Comincio a credere davvero che tu sia una di noi».

Elsa ricambiò il sorriso. «Una di voi, ma con il rossetto», disse indicando le labbra rosse.

Capitolo 21

La primavera giunse senza preavviso a Bamiyan. Dall'oggi al domani, le giornate diventarono più lunghe, il sole più brillante e l'aria più tiepida. Elsa ripiegò le coperte e ripose i maglioni, pronta per il cambio di stagione.

Probabilmente anche Mike sentiva l'arrivo della primavera e un pomeriggio si presentò senza preavviso all'ospedale per invitare Elsa a fare un picnic.

Non appena lo vide Elsa ebbe un tuffo al cuore.

«Un picnic? Non ho mai fatto un picnic», disse con un filo di voce.

«Davvero? Allora devi provare l'esperienza. Domani è venerdì e immagino che sarai libera», le disse strizzandole l'occhio.

«Che cosa posso portare?»

«Soltanto te stessa, Elsa. Preparerò dei panini e ci godremo un vero picnic vecchio stile».

Elsa rispose con un sorriso mentre le guance le si imporporavano.

Il mattino successivo, Elsa si svegliò presto e si concesse il lungo rito del bagno. Amina la guardò con un sorriso divertito mentre le scaldava l'acqua.

«Vedi soldato?», le chiese.

Elsa annuì. "Ogni cosa accade a tempo debito", pensò. Se avesse conosciuto Mike un anno prima, non sarebbe stata pronta. All'epoca era ancora troppo timida, troppo insicura. Ma lì, in Afghanistan tutto era cambiato, e i nodi dell'insicurezza che l'avevano tenuta avvinta così a lungo avevano finalmente cominciato a sciogliersi. Elsa sorrise mentre si stendeva sulle labbra un secondo velo di lucidalabbra rosso ciliegia.

Era la tarda mattinata quando Mike arrivò a bordo della sua jeep e insieme partirono per la gita programmata. «Dove andiamo?», chiese, sistemandosi il velo e la cintura di sicurezza.

«In un luogo molto carino a una decina di minuti da qui. Me lo ha fatto conoscere Ramatullah, il nostro interprete. C'è tutto il necessario: alberi da frutta, fiori selvatici, e un torrente che scorre lì vicino. Aspetta e vedrai», le disse sorridendole. L'entusiasmo nella sua voce fece battere il cuore di Elsa ancora più forte.

Mike attraversò il villaggio, proseguì oltre l'ultimo gruppo di casupole e imboccò una strada sterrata che correva lungo un vivace torrente. Guidò attraverso boschetti d'alberi verdeggianti e campi di fiori del cui profumo Elsa si riempì i polmoni.

"La primavera è arrivata", pensò.

Mike fermò la jeep in una radura vicino al torrente. «Eccoci arrivati. Questa fa le veci del cesto da picnic», annunciò prendendo dal sedile posteriore una piccola borsa da viaggio e una coperta.

Scesero dalla jeep e stesero la coperta vicino al torrente.

«Bel posticino vero?»

«Oh, Mike, è bellissimo, è un piccolo pezzo di paradiso».

Si sedettero sulla coperta e Mike offrì a Elsa una Diet Coke.

«Non avrei mai immaginato di fare un picnic in Afghanistan», disse sorridendo. «Ma, nonostante il regolamento, non ho intenzione di togliermi questa», disse indicando la pistola nella fondina. «Meglio essere prudenti, dobbiamo ricordarci che questo è un paese pericoloso».

Fece una pausa e sollevò lo sguardo verso il cielo limpido. «Ma ora godiamoci questa bellissima giornata di primavera».

Elsa si coprì gli occhi per proteggersi dal sole. «C'è pace in questo posto. È difficile credere che tante tragedie abbiano avuto luogo proprio qui».

«Già. È difficile pensare che si possa vivere così, senza elettricità, senza acqua corrente né scuole né giocattoli per i bambini, con il nemico fuori dalla porta di casa», osservò scrollando il capo mestamente. «Questo popolo ha dovuto affrontare momenti molto duri».

Elsa lo guardò aggrottando la fronte. «Sì, se si guarda la situazione da lontano sembra che la gente da queste parti conduca una vita misera, ma poi vieni qui e ti rendi conto che non è poi così terribile».

«Io sono venuto qui come soldato», disse Mike. «Credevo che avrei trascorso le mie giornate impegnato in feroci combattimenti, e, invece, anche se i combattimenti ci sono stati, alcuni proprio qui a Bamiyan, la gente che aveva visto l'inferno ci ha accolto bene. Magari non proprio tutti, ma la maggior parte. Ricordo che un vecchio ci fermò per consegnarci una mappa che indicava i punti dove erano state interrate le mine. Bada bene, il male è sempre in agguato, ma indubbiamente c'è anche del buono in questo paese».

Elsa annuì. «Io sono venuta qui pensando che avrei salvato la vita a persone disperate, ma la verità è che è stata la gente di qui a salvare me. Mi hanno accettata come se fossi una di loro. Ho visto situazioni davvero tragiche», fece una pausa ricordando l'esplosione dell'autobus. «Ma è stata la gente di questo paese a insegnarmi a reagire. E poi ho conosciuto Parween», disse con un ampio sorriso. «È diventata una mia cara amica, e pensare che lei è afgana».

«Ha perso il marito per mano dei talebani, vero?»

«Sì, il marito e la sua migliore amica. Odia i talebani di un odio che non mi sarei mai aspettata di cogliere in una donna, almeno non qui».

«La gente di Bamiyan non sta dalla parte dei talebani, è gente che ne ha passate tante. Immagino sia per questo motivo che ci hanno accolto bene. Credo che per quanto soffrire sia ingiusto, siano proprio le sofferenze a insegnare agli uomini a trovare la forza di reagire. Nel bene e nel male il dolore ha un senso».

Mike si strofinò il mento guardando Elsa negli occhi. «Sai, perdere mia madre ha avuto un grosso peso nella mia vita. Mi ha insegnato ad attribuire più importanza alle cose e alle persone...», s'interruppe mentre il suo volto assumeva un'espressione malinconica.

Elsa annuì. «Io ero piccola quando è morto mio padre, ho pochi ricordi di lui. Mia mamma era la mia famiglia. Ha sempre lavorato sodo per tutti, i miei fratelli erano due lavativi senza speranza. Quando mi sono diplomata infermiera, pensavo che finalmente la nostra vita sarebbe cambiata in meglio», Elsa fece una pausa, «fino a quando... mia madre è morta nel sonno, l'ho trovata nel suo letto con un'espressione serena, un'espressione che non le avevo mai visto prima».

Le salirono le lacrime agli occhi e distolse lo sguardo, imbarazzata.

Mike le mise la mano sotto il mento e la costrinse a guardarlo negli occhi. «Non so se è successo anche a te, ma quando mia mamma è morta mi sono sentito perso. Mi ci è voluto molto tempo per vincere la tristezza. So che cosa provi, Elsa. So che cosa significa essere soli, ricordalo».

«Lo ricorderò», disse Elsa sentendosi meno triste.

Mike le fece scivolare le dita fra le sue. «Sembra che il destino abbia voluto farci incontrare».

«E se Aide du Monde mi avesse mandato altrove? Non ti avrei mai incontrato. A dire il vero, i responsabili mi avevano ordinato di non *fraternizzare* con i soldati».

Mike la baciò delicatamente e tracciò con la punta del dito il contorno delle sue labbra schiuse in un sorriso.

Elsa si sentì sopraffatta dalla gioia al punto che le mancava il fiato. Avrebbe desiderato fermare il tempo, fare in modo che quel giorno durasse per sempre.

«Che ne dici di mettere sotto i denti qualcosa?», le chiese Mike. «Ho portato burro d'arachidi e marmellata. Mi sarebbe piaciuto offrirti insalata di pollo, ma questo è quello che passa il convento».

«Burro d'arachidi e marmellata è un ottimo cambiamento rispetto al solito riso con fagioli», disse mentre Mike le porgeva un panino.

Ma ben presto Elsa dovette ricredersi, il burro d'arachidi era colloso e le si appiccicava ai denti e al palato e rinunciò a mangiare.

«Sono a posto così», disse bevendo una sorsata di Diet Coke.

«Già, anch'io», rispose Mike, tirandola a sé e stringendola in un abbraccio.

Si baciarono e fu un bacio lento e pieno di passione che lasciò Elsa senza fiato. Sentì un brivido percorrerla dalla testa ai piedi mentre si liberava dei sandali di plastica.

«Immagino che Aide du Monde considererebbe tutto questo *fraternizzare*, vero?», gli chiese sorridendo imbarazzata.

«Credo proprio di sì», rispose Mike scoppiando a ridere e stringendola a sé.

Lo sentì sospirare e si rannicchiò contro il suo petto.

"È il suo cuore o il mio che batte così forte?", si chiese.

Mike le posò una mano sulla gamba e il piacere intenso che quel gesto le procurò le fece provare una sensazione di calore. Stentava a credere che tutto quello stesse accadendo proprio a lei. Quell'uomo che le faceva battere il cuore forte e tremare le mani era attratto da lei. Avrebbe voluto chiedergli di darle un pizzicotto per accertarsi che fosse tutto vero.

«Sai, Elsa, il giorno in cui ti ho incontrata è stato un colpo di fulmine. Non posso credere di essere venuto qui per combattere una guerra e di avere incontrato te».

«Anche per me è stato così. Ero così agitata che temevo di svenire da un momento all'altro», disse sorridendo al ricordo. «Avevo i palmi delle mani sudati e il cuore che mi batteva a cento all'ora. Mio Dio, ero un disastro».

Mike scoppiò a ridere. «Eri bellissima. Ed erano i *miei* palmi a essere sudati, il *mio* cuore a battere a cento all'ora, pensavo addirittura che mi sarebbe schizzato fuori dal petto. Sapessi quanto mi hanno preso in giro gli altri».

La baciò sulla fronte. «Però ne è valsa la pena».

Fu in quel preciso istante che, con la coda dell'occhio, Mike colse un movimento fra gli alberi. Si alzò lentamente, portando la mano alla pistola.

«*Sssh*, ferma dove sei», sussurrò a Elsa.

Lei rimase a guardarlo mentre Mike scrutava fra gli alberi e controllava i dintorni estraendo la pistola. Sembrava stesse trattendo il fiato mentre tendeva l'orecchio, senza riuscire a cogliere alcun rumore.

Elsa si lasciò sopraffare dalla paura mentre Mike perlustrava la zona. "Aveva ragione, questo è davvero un posto pericoloso", pensò.

D'un tratto con una cacofonia di belati una capra sbucò da dietro gli alberi per fuggire subito dopo e andare a mettersi al riparo da qualche parte nella boscaglia.

Mike rimase vigile, guardandosi attorno cauto, ma tutto taceva e persino le api avevano smesso di ronzare. Dopo alcuni minuti di attenta osservazione, puntò la pistola in aria e sparò un colpo. Rimase ancora in ascolto, silenzio. Tirò un sospiro di sollievo e ripose la pistola nella fondina. «Porca miseria, mi dispiace, Elsa. Dobbiamo tornare, corriamo un rischio troppo grosso qui, senza copertura. Ci sono pericoli ovunque, potrebbero persino esserci dei talebani nascosti fra gli alberi», disse indicando la fitta vegetazione.

Elsa si strinse nelle spalle e annuì.

Mike si accovacciò vicino a lei e la strinse fra le sue braccia. «Quella maledetta capra mi ha ricordato che bisogna stare sempre all'erta. Sono un soldato, prima di qualsiasi altra cosa. Forse non avrei dovuto organizzare questo picnic. Non so che cosa avessi in mente», poi sorrise e aggiunse: «Be', non è del tutto vero. So bene che cosa avevo in mente».

La strinse a sé ed Elsa si sentì al sicuro. Un guizzo di gioia spazzò via anche l'ultimo briciolo di paura fino a quando un crepitio non ruppe il silenzio. Elsa rivolse un'occhiata interrogativa a Mike.

«È la mia radio», mormorò lui estraendola dalla borsa. «Base, qui Bravo Due. Passo». Una voce, disturbata da un'interferenza, riempì il silenzio e Mike rimase all'ascolto.

«Roger», disse parlando nel ricevitore. «Ora rientriamo».

Si rivolse a Elsa e le passò le dita fra i capelli. «Era Dave, dobbiamo tornare».

Raccolsero in fretta le loro cose e le caricarono sulla jeep, pronti per tornare a Bamiyan.

Mike prese Elsa per mano. «Ci sarà una prossima volta», disse sorridendo. «Ma sarà meglio scegliere un posticino a Bamiyan».

Quando Mike sorrideva gli brillavano gli occhi ed Elsa, che non riusciva a distogliere lo sguardo dal suo viso, gli fece una carezza.

«Mike...», sussurrò mentre si abbandonava contro di lui e lo baciava sulla bocca. «La prossima volta niente burro d'arachidi, però».

Capitolo 22

Nei giorni successivi alla gita, Elsa continuò a sperare in un'altra visita da parte di Mike mentre il tempo trascorreva veloce fra i numerosi impegni all'ospedale. Quando lui passò a dirle che si sarebbe dovuto spostare in un villaggio vicino per qualche giorno, Elsa ebbe paura. Mike era prima di tutto un soldato, esposto a pericoli reali che nulla avevano a che vedere con una capretta in fuga. Non riusciva a sopportare l'idea che potesse accadergli qualcosa. Pensò che forse sarebbe stato meglio se si fosse tirata indietro, se per il momento si fossero limitati a essere buoni amici.

«È una missione sicura?»

«Farò il possibile perché lo sia, perché quanto è vero Iddio ho voglia di rivederti presto. Voglio riprendere il discorso da dove lo abbiamo interrotto», le rispose lui facendole l'occhiolino e la delusione di Elsa, insieme alla sua intenzione di non lasciarsi coinvolgere troppo, svanirono.

«Perché quando tornate, tu e Dave non venite a cena da me? Venerdì sera? Voglio farti conoscere Parween e anche Hamid e Amina. È la prima volta che invito qualcuno».

«Con piacere, a venerdì allora».

Elsa, incapace di nascondere alla sua nuova amica la gioia che provava, corse a casa di Parween per condividere la notizia ed estenderle l'invito a cena.

«I soldati sono venuti di nuovo all'ospedale!», annunciò a Parween con foga. «Sono tutti così simpatici e ce n'è uno…», ma a quel punto s'interruppe non sapendo come descrivere Mike. Raccontò a Parween della cena e del picnic insieme a lui.

«Hai le guance rosse come papaveri!», disse Parween la cui voce lasciava trapelare la sua gioia. «È merito di questo soldato?».

Elsa si portò le mani al viso.

«Credo di sì», ammise. «Vorrei che tu lo conoscessi e lo giudicassi da te».

Parween scoppiò a ridere. «Forse è lui l'uomo che sposerai. La tua famiglia organizzerà il matrimonio?»

«Mio Dio, ci siamo appena conosciuti!», protestò Elsa. «E in America non funziona così. Ci sposiamo quando ci innamoriamo. *Famidi*? Amore?».

Parween annuì. «So che cos'è l'amore. Amavo Raziq e avrei comunque scelto di sposarlo se non fosse stata la mia famiglia a sceglierlo per me».

«Mi dispiace, Parween», disse Elsa posando una mano sulla spalla dell'amica. «Ti deve mancare tantissimo».

«Sì, mi manca. Penso a lui ogni giorno, penso a quanto gli sarebbe piaciuto stare con i bambini. Lo avresti trovato simpatico, Elsa, e lui avrebbe trovato simpatica te».

Elsa abbracciò Parween mentre Zahra entrava nella stanza.

«*Che'ast*, mamma?», chiese la piccola.

Elsa e Parween accolsero la bambina con uno scoppio di risa poi Elsa si fece seria.

«Devo chiederti un parere. Ho intenzione di vedere ancora Mike, ma credi che sia bene? Che cosa penserà la gente vedendomi in compagnia di un soldato?»

«Credo che sia tutto a posto», rispose Parween. «La gente ti conosce, sa che vieni dall'Amrika, così come i soldati, capisce che le vostre tradizioni sono diverse dalle nostre. Non c'è problema se li frequenti e ti fai vedero con loro. Persino mio zio ha parlato con i soldati».

«Davvero? Ed è andato tutto bene?»

«Sì, Elsa. La gente di Bamiyan considera i soldati come dei liberatori. Non devi preoccuparti così».

«Ma lui è prima di tutto un soldato, ci ha tenuto a sottolinearlo. Ho paura che non sia la situazione giusta per lasciarsi coinvolgere».

«Quando succede significa che è il momento giusto», disse Parween. «Non ti preoccupare».
Ed Elsa decise di accettare il consiglio dell'amica.

Qualche giorno dopo, Parween rivelò a Elsa la sua intenzione di recarsi a Mashaal con l'autobus.

«So che sono passati quasi tre mesi dal giorno dell'esplosione dell'autobus, ma devo andare ad accertarmi che il maledetto marito di Mariam non abbia intenzione di venire qui a reclamare il bambino. Se è venuto a sapere che Mariam ha dato alla luce un maschio, potrei passare dei guai. Voglio essere pronta».

«Ma come farai ad andare a Mashaal da sola?», chiese Elsa. Sebbene ormai le donne potessero muoversi da sole all'interno del villaggio, non era ancora permesso loro di viaggiare per lunghe distanze a bordo di un autobus e da sole.

«Viaggerò come ha fatto Mariam, mi vestirò da uomo. Nessuno mi riconoscerà. Non preoccuparti, non mi succederà niente», affermò Parween.

«Quando hai intenzione di partire?»

«Mi sono già organizzata. Partirò domani, mia madre guarderà i bambini, è meglio viaggiare di venerdì dal momento che molta gente si sposta e sarà più facile passare inosservata».

Ma Elsa non era convinta. «Johann mi ha detto che oltre Bamiyan ci si può imbattere in bande di talebani», riferì all'amica. Elsa si era chiesta se l'informazione ricevuta da Johann avesse una qualche relazione con i recenti pattugliamenti di Mike e degli altri soldati.

«No, no», rispose Parween. «Non ci sono pericoli a Mashaal».

«Allora, dal momento che ho la giornata libera posso venire con te?», chiese Elsa. «Indosserò il burqa che ho comprato a Peshawar e nessuno baderà a me. Penseranno che sono tua madre o tua sorella. Sarà un'occasione per vedere un'altra parte del Paese e tu avrai compagnia. Che ne dici?».

Parween sorrise, felice della proposta.

«A domani», disse. «Sono contenta che tu venga con me».

Elsa guardò l'orologio. «A che ora ci dobbiamo incontrare?».

Parween le fece vedere il polso nudo. «Non ho orologio. Fatti trovare qui al sorgere del sole. Prenderemo l'autobus al bazar e saremo a Mashaal prima di mezzogiorno. Non devo trattenermi a lungo, torneremo a Bamiyan nel tardo pomeriggio».

Elsa era emozionata alla prospettiva del viaggio. Era la prima volta che usciva da Bamiyan. Nonostante avesse pensato a Pierre e alle raccomandazioni del Comandante e di Johann, aveva concluso che non c'erano rischi poiché avrebbe viaggiato di giorno e coperta dal burqa. Soltanto Parween sapeva che sotto quel burqa si nascondeva un'americana.

Pensò di lasciare un messaggio a Mike, ma vi rinunciò dato che probabilmente non l'avrebbe ricevuto prima del loro rientro. Lo aspettava a cena insieme a Dave per quella sera, gli avrebbe raccontato del viaggio in quell'occasione.

Elsa si svegliò presto, bevve in fretta una tazza di tè, e informò Amina che sarebbe andata a Mashaal con Parween e che sarebbe tornata con il buio.

Frugò nella valigia e ne estrasse il burqa, chiedendosi che cosa avrebbe provato indossandolo. La incuriosiva quell'indumento misterioso, ma quando lo indossò scoprì che era proprio come essere prigioniera sotto una tenda. Dovette sistemarsi bene la pesante copertura sulla testa, era stretta e le tirava i capelli. Attraverso la reticella all'altezza degli occhi poteva vedere soltanto davanti a sé mentre la visione laterale le era preclusa.

Trovò difficile tenere nascoste le sue pallide mani sotto le pieghe della voluminosa veste, come aveva visto fare alle donne afgane. Concluse che si trattava di un indumento scomodo e, indossandolo, si ritrovò a camminare lentamente e in modo impacciato.

Il travestimento adottato da Parween, il comodo *shalwar kamiz*, il camicione afgano che tutti gli uomini e i ragazzini indossavano, le permetteva di muoversi con maggior agio. I pantaloni abbondanti e la camicia larga nascondevano i tratti della sua femminilità. Parween si era raccolta i capelli in cima alla testa e aveva indossato lo zucchetto da preghiera sopra il quale aveva avvolto il turbante, nascondendo così le ciocche di capelli ribelli. Elsa era stupita: l'amica era riuscita a trasformarsi in un perfetto ragazzo, proprio come Mariam. Soltanto un'attenta ispezione avrebbe svelato la verità, ma non si aspettavano controlli di quel genere.

«Tieni la testa bassa e parla il meno possibile, come una brava donna afgana, e non correremo rischi», le disse Parween mentre si infilava un coltellino nella tasca della camicia. Elsa le rivolse un'occhiata interrogativa.

«Per farmi coraggio», rispose Parween in un sussurro.

Camminarono fino al centro del villaggio e acquistarono due biglietti. Salirono sull'autobus ed Elsa tenne la testa china mentre avanzavano fra la folla verso i sedili sul retro, come avevano visto fare agli uomini.

Dai loro posti godevano di una buona visuale sui movimenti altrui. Nel giro di pochi minuti tutti i sedili vennero occupati e l'autobus pullulava di gente che trasportava scatole, borse e polli e persino una capra affamata che non cessava di belare. L'autobus si mise in moto dopo una serie di scoppiettii e brevi ruggiti accompagnati da nere nuvole di fumo. L'aria all'interno era pesante fra il lezzo di animali rognosi e il tanfo emanato da viaggiatori che non si lavavano da giorni ed Elsa, assediata da quell'afrore, si fece piccola nel suo sedile messa a disagio dalla vicinanza con così tante persone, ma al contempo sollevata per la protezione del burqa.

La strada che conduceva a Mashaal era un percorso polveroso e accidentato che aveva conosciuto tempi migliori, ma, avendo subìto l'oltraggio delle mine ed essendo disseminato di carri armati bruciati, era diventato alquanto insidioso. Con la testa girata verso il finestrino coperto di sporcizia Elsa osservava il conducente guidare l'autobus pericolosamente vicino al terreno minato segnalato ai margini della strada. Erano passati soltanto tre mesi dal giorno in cui l'autobus era saltato in aria e cercò di cacciare via il ricordo delle lamine contorte e dei sopravvissuti insanguinati.

«Mio Dio!», mormorò Elsa. Parween si voltò e capì che cosa aveva suscitato la preoccupazione di Elsa.

«*Inshallah*, arriveremo salve».

Elsa scrollò il capo e desiderò, ancora una volta, che gli afgani non fossero un popolo che in ogni circostanza affidava la propria vita a Dio.

Elsa e Parween si disposero ad affrontare lo scomodo viaggio attraverso villaggi tutti uguali e campi riarsi. Di tanto in tanto, passavano vicino a un fazzoletto di terra coltivata dalla quale facevano capolino spighe di grano e file di patate.

Erano in viaggio da circa un'ora quando all'improvviso l'autobus si fermò e il conducente annunciò che la strada davanti a loro era bloccata. Un grande albero si era schiantato a terra e diversi carri insieme a un altro autobus erano fermi mentre i conducenti e i passeggeri discutevano il da farsi. Avevano già cercato, senza riuscirci, di rimuovere l'enorme tronco. Anche i passeggeri dell'autobus su cui viaggiavano le due donne scesero alla spicciolata, molti si sedettero lungo la strada per far passare il tempo pregando o chiacchierando.

Parween ed Elsa si allontanarono per andare a sedersi sotto gli alberi.

In capo a un'ora vennero raggiunti da un camion delle Nazioni Unite che trasportava un carico di rifornimenti. L'autista corpulento e il suo smilzo assistente scesero dal veicolo per valutare la situazione e studiare l'ostacolo, alla fine decisero di provare a rimuovere il tronco con il loro camion. Fecero cenno agli altri veicoli di lasciare libero il passaggio, salirono a bordo, avviarono il motore e avanzarono con il camion fino a pochi centimetri dal tronco.

Il guidatore arretrò leggermente e poi schiacciò l'acceleratore mentre ingranava la marcia. Il veicolo fece un balzo in avanti spostando il tronco come se si fosse trattato di un ramoscello.

L'uomo alla guida suonò il clacson mentre riprendeva la marcia lungo la strada. I passeggeri che avevano assistito all'operazione esultarono mentre correvano a riprendere i loro posti a bordo dei veicoli per proseguire il viaggio. Elsa e Parween s'affrettarono a raggiungero l'autobus per Mashaal e, una volta a bordo, reclamarono i loro posti.

In meno di un'ora l'autobus affrontò arrancando un'impervia salita per poi percorrere un'altra strada tortuosa costeggiata da casupole diroccate e camion abbandonati. Bambini vestiti di stracci correvano fra le macerie. La gente del villaggio era impegnata a ricostruire le abitazioni colmando i buchi e le fessure con fango e fili di paglia essiccata. Al passaggio dell'autobus, molti di loro smisero di lavorare e si voltarono a guardare.

Il veicolo affrontò una curva e si inserì fra due file di casupole di fango per fermarsi infine sotto un albero imponente. Erano arrivati a Mashaal. Il guidatore, spossato, tirò la leva che apriva le porte e si alzò per annunciare che avrebbe fatto ritorno a Bamiyan da lì a due ore.

Sembrava che tutti i passeggeri avessero una gran fretta di scendere. Elsa e Parween rimasero sedute ad aspettare che tutti abbandonassero l'autobus, prima di alzarsi e uscire all'aperto.

Mashaal era un altro villaggio hazara, più piccolo di Bamiyan, e le donne lì giravano più scoperte che altrove. Elsa si sistemò il cappuccio del burqa per poter vedere meglio attraverso l'apertura e controllò che i capelli non fuoriuscissero da sotto il velo nonostante avesse notato che molte donne lì indossavano veli e sciarpe che lasciavano intravedere ciocche di capelli. Agghindate con pesanti gioielli di peltro, le donne di Mashaal non manifestavano il tipico atteggiamento sottomesso delle donne afgane. Nonostante il caldo indossavano abiti pesanti e multicolore, ricamati con perline dai colori vivaci e specchietti, e passeggiavano per le vie quasi impettite, aggraziate nelle loro gonne ondeggianti.

Molte di loro reggevano in equilibrio sulla testa sacchi pesanti o tenevano in braccio i loro bambini. Un gruppetto di donne, intento a spronare un mulo per farlo camminare, si fermò a guardare Elsa e Parween.

«Parween, quelle donne, ci stanno guardando», disse Elsa con un cenno del capo nella loro direzione.

«Siamo straniere qui. Ecco perché ci guardano», spiegò Parween mentre si avvicinavano al gruppetto. «*Salam alaikum chotor asti? Khoob asti? Jona jurast?*», disse a gran voce e le donne risposero sorridendo e ricambiando il saluto. «Mia sorella è stata male, ha perso la voce», le donne annuirono comprensive e sorrisero a Elsa.

«Il mio nome è Walid, e mia sorella si chiama Samyah», disse Parween. «Siamo qui in cerca di nostra cugina. È venuta a Mashaal anni fa per sposare un uomo anziano. Da allora non abbiamo più avuto notizie di lei».

«Ahh, e chi sarebbe? Come si chiama vostra cugina?»

«Si chiama Mariam, è di Bamiyan». Parween non riuscì a nascondere una nota di tristezza nella sua voce. Le donne abbassarono il capo all'unisono e confabularono a bassa voce prima di rispondere.

«Ahh», mormorarono tutte insieme e la più anziana di loro – una donnina con la pelle avvizzita e gli occhi dolci – si fece avanti per parlare.

«Non sappiamo dove sia Mariam adesso», disse. «Ha avuto vita difficile qui, prima con quel vecchio caprone di suo marito e le sue mogli e poi con i talebani», le altre donne scrollarono il capo convenendo con lei.

«Era una ragazza buona finita in sposa a un uomo miserabile», disse una di loro.

«Ma nessuno l'ha aiutata?», chiese Parween.

Le donne si guardarono in giro per accertarsi che nessuno stesse origliando, quindi spiegarono che avevano aiutato Mariam quando i talebani si erano sbarazzati di lei. «L'hanno gettata sulla strada e se ne sono andati via in sella ai loro cavalli. I talebani sono bestie e per loro Mariam valeva meno di niente, non era degna nemmeno di essere uccisa, figuriamoci di un briciolo di compassione».

«I talebani, che Allah possa farli crepare!», disse la donna più anziana storcendo il naso e sputando per terra.

Parween sorrise. Ecco finalmente un'anima gemella.

«Il vecchio Omar-Saeed, il marito che l'ha ceduta ai talebani per salvarsi il flaccido sedere, si è rifiutato di riprenderla con sé», disse l'anziana. «Nel frattempo si era preso un'altra moglie e non voleva avere più niente a che fare con Mariam. Ma le sue due prime mogli, disgustate dal comportamento di quel caprone e colte dai rimorsi per aver sempre maltrattato Mariam, l'hanno salvata dalla strada e l'hanno portata a casa di mia sorella. Il marito di quest'ultima era via per lavoro a Yakawlang e noi l'abbiamo tenuta nascosta lì per alcuni giorni».

La donna fece una pausa e distolse lo sguardo.

«Era ridotta male. L'avevano picchiata e le avevano inflitto bruciature, quelle bestie», sputò di nuovo per dare maggior enfasi alle sue parole, «se l'erano spassata con lei. Noi le abbiamo lavato le ferite e le abbiamo curato le piaghe. Prima che il marito di mia sorella tornasse a casa, l'abbiamo portata lassù», disse indicando le piccole grotte che si aprivano nell'aspra parete rocciosa sopra le loro teste.

Gli occhi di Parween si riempirono di lacrime. Avrebbe voluto tapparsi le orecchie per non sentire più la storia delle sofferenze di Mariam, si coprì il volto con le mani e cominciò a piangere sommessamente.

Elsa strinse l'amica in un abbraccio consolatorio.

«*Shh*, non piangere», le sussurrò.

La strana coppia suscitò l'attenzione del gruppetto di donne che scrutarono i due forestieri venuti da Bamiyan. Parween si accorse dei loro sguardi interrogativi e si scostò turbante e zucchetto quanto bastava per dimostrare che era una donna. Poi tornò a coprirsi il capo in fretta.

Le donne stupite rimasero a fissarla per alcuni istanti e, quando la verità fu chiara, sorrisero e baciarono Parween sulle guance.

«Mariam era una mia carissima amica», disse segretamente. «Sono venuta fin qui in cerca di notizie sue o del marito».

Le donne scrollarono il capo, tristi.

«È scomparsa», disse la più giovane. «Un giorno sono andata a portarle l'acqua e il pane e ho trovato i suoi vestiti sparsi in giro per la grotta, lei non c'era più. Non abbiamo più avuto sue notizie. Temiamo che sia morta. Voi non sapete niente?».

Prima di rispondere Parween voleva essere certa che Omar-

Saeed non fosse più interessato a Mariam. «Che mi dite di suo marito? L'ha mai cercata?».

La donna anziana finalmente sorrise, un sorriso sdentato tutto gengive, e rispose: «Ci ha pensato Allah. Un razzo americano è caduto sulla sua casa e lo ha ucciso. È diventato la polvere che calpestiamo sotto i piedi».

Parween sollevata alla notizia, scoppiò a piangere.

«Mariam... è morta», disse fra le lacrime e proseguì raccontando alle donne del ritorno di Mariam a Bamiyan e della sua morte nell'esplosione dell'autobus. Non disse che Mariam aveva dato alla luce un bambino. Era meglio per il piccolo che quello rimanesse un segreto.

Le donne emisero un sospiro colmo di tristezza.

«Meglio così, sarebbe stato difficile vivere dopo quanto ha subìto per mano dei talebani. Ora è con Allah, povera Mariam», disse l'anziana. «Venite a prendere il tè con noi nella grotta dove viveva Mariam. Potrete vedere con i vostri occhi dove ha trascorso i suoi ultimi giorni».

Parween annuì e il gruppo di donne affrontò la salita fra le aspre rocce. L'anziana faceva strada alle altre arrampicandosi con l'energia di un ragazzo e, di tanto in tanto, si girava per incoraggiare le donne più giovani ad affrettarsi.

«Su, veloci», diceva. «Non vogliamo che qualche ficcanaso scopra la nostra grotta».

Il gruppetto si inerpicò fino a quando raggiunse un'apertura fra le rocce. Elsa e Parween entrarono nella grotta e rimasero senza fiato per lo stupore. L'entrata angusta, e nascosta alla vista, celava una stanza ben fornita, con il pavimento coperto da tappeti sui quali erano gettati cuscini, materassini e abiti. La donna anziana tese le braccia e diede loro il benvenuto.

«*Besheneen*, sedetevi, amiche mie, ora preparerò il tè». Sfregò un fiammifero vicino a una piccola fascina dando vita a un focherello. Mentre l'acqua bolliva in un pentolino, l'anziana consegnò a Parween degli abiti.

«Questi appartenevano a Mariam. Sono gli abiti che abbiamo trovato qui quando abbiamo scoperto che se n'era andata», disse.

Parween prese gli abiti e se li strinse al petto e colse il lievissimo sentore, un tempo così familiare, della sua amica Mariam. Nascose il volto nei vestiti e si lasciò sopraffare dai ricordi.

La donna anziana si chinò su di lei e, con dolcezza, le disse: «Non essere triste. Durante gli ultimi giorni trascorsi in questa grotta, Mariam era felice. Adesso sappiamo perché: aveva programmato la fuga da questo luogo, il suo ritorno a casa. Quei piani la facevano sorridere e le davano gioia. Spero che questo pensiero ti dia pace».

Parween si abbandonò singhiozzando all'abbraccio confortante dell'anziana che le accarezzava la schiena.

Quando non ebbe più lacrime, Parween si ricompose e prese la mano della donna.

«Grazie a tutte voi per avere aiutato Mariam», disse asciugandosi gli occhi con la manica.

«Lei è Elsa, un'infermiera venuta dall'Amrika per aiutare la nostra gente. È mia amica e anche vostra», disse Parween posando una mano sulla spalla di Elsa che si sollevò il burqa suscitando lo stupore delle altre donne.

«Amrika!», esclamarono all'unisono. «Che Allah ti benedica per la tua bontà».

Elsa rimase seduta tranquilla mentre le donne le prendevano le mani e la baciavano sulle guance.

Parween giocherellava nervosamente con un lembo del turbante.

«Raccontatemi della vita di Mariam prima dell'arrivo dei talebani».

«Non è stata sempre una brutta vita», disse la donna anziana. «Mariam lavorava sodo, ma trascorreva anche del tempo al torrente dove noi donne andiamo a lavare i panni, veniva anche quando non doveva fare il bucato e raccontava storie divertenti che ci facevano ridere. Ci raccontava della sua amica d'infanzia che sapeva contare e faceva a pugni con i ragazzi e un giorno fece cadere uno di loro a gambe all'aria dentro il torrente di Bamiyan dove le donne facevano il bucato!».

Parween scoppiò a ridere.

«Mi ero dimenticata di questo episodio. Ahh, se lo meritava proprio. Lo rifarei ancora!».

Le donne sorrisero. «Mariam era una brava ragazza. Persino le prime mogli di Omar-Saeed cominciarono a capirlo dopo un po'. Appena prima che arrivassero i talebani, la situazione in casa di Omar-Saeed stava cominciando a migliorare per lei».

La donna più giovane, con le guance rosse per via della vicinanza al falò, intervenne.

«Mariam era così gentile con me. Non ho mai sopportato l'acqua gelida del torrente quando faccio il bucato e lei mi aiutava sempre. Non si lamentava mai, non mi diceva mai di arrangiarmi, come facevano le altre», e rivolgendo un'occhiata all'anziana ribadì: «Mariam era molto gentile».

«Sì, lo era», convenne Parween. «Pensa che nemmeno Mariam sopportava l'acqua gelida del torrente e il dovervi immergere le mani. Credo che nutrisse simpatia per te».

Il rossore divampò sulle guance della giovane donna che distolse lo sguardo.

Parween sentì le preoccupazioni abbandonarla ora che si trovava lì nella piccola grotta con le donne ad ascoltare i loro racconti. Infine Elsa guardò l'orologio e annunciò che dovevano andare.

«L'autobus partirà fra poco».

La donna anziana legò con uno spago gli abiti di Mariam e passò il fagotto a Parween che se lo strinse al petto.

«*Besiar tashakur.* Che Allah misericordioso benedica te e la tua bontà».

Elsa indossò di nuovo il burqa e lei e Parween affrontarono la discesa lungo la parete rocciosa mentre venivano investite da un inatteso colpo di vento accompagnato dal fruscìo degli alberi circostanti. Parween esitò, un improvviso sussulto di paura la colse dopo gli istanti di gioia vissuti nella grotta. Si guardò attorno, davanti a lei Elsa si era fermata e si stava sistemando il burqa. Parween si mise la mano in tasca in cerca del coltellino che aveva portato con sé. Sollevata nel sentirlo ancora lì, riprese il cammino e invitò Elsa ad allungare il passo sentendosi a disagio fino quando non raggiunsero l'autobus.

Una volta a bordo, trovarono posto e Parween tirò un sospiro di sollievo.

Elsa, che era stata pressoché ridotta al silenzio dagli eventi della giornata, le prese la mano. «Grazie per avermi lasciato venire qui e avermi dato la possibilità di condividere questa giornata con te. Avrei voluto conoscerla, sai», disse mentre gli occhi le si riempirono di lacrime.

«Oh, Elsa, tu saresti piaciuta a Mariam», disse Parween dimenticando tutte le sue paure. «E avrebbe adorato il tuo rossetto». Parween rivolse lo sguardo a Mashaal mentre l'autobus abbandonava il villaggio. «Non avrei mai immaginato di trovare un'altra amica come lei». Fece una pausa e guardò Elsa. «Fino a quando non ho conosciuto te. Grazie per essere venuta con me oggi».

Calde lacrime rigarono il volto di Elsa, celate dal burqa. «Grazie a te, Parween», disse stringendo la mano dell'amica.

Parween si sedette comoda e si rilassò. Il suo bambino era al sicuro.

Quando arrivò a Bamiyan, Elsa, ancora avvolta nel burqa, si recò all'ospedale dove sperava di riuscire a mettersi in pari con le scartoffie a lungo trascurate prima che facesse buio. Mentre si avvicinava all'entrata, scorse la jeep di Mike. Dave era seduto a bordo, con il fucile in grembo, ma di Mike non c'era traccia. Dave aveva un'aria cupa ed Elsa si diresse verso di lui, dimenticando che non poteva riconoscerla dato che era nascosta sotto il burqa.

Esitò un istante prima di sollevare la veste.

«Dave, sono io, Elsa».

Dave la guardò stupefatto.

«Elsa! Dov'eri? Mike era preoccupatissimo!», le disse mentre prendeva la radio e annunciava: «Mike, soggetto rintracciato».

La radio gracchiò mentre giungeva la risposta di Mike.

«Sei sicuro? Arrivo subito».

Un attimo dopo, Elsa sentì alle sue spalle la voce dal tono interrogativo di Mike.

«Che diavolo...».

Elsa si girò e Mike tirò un sospiro di sollievo nonostante la sua voce fosse ancora incrinata.

«Mio Dio, mi hai fatto prendere uno spavento. Dov'eri finita? Va be', lasciamo perdere, stai bene?»

«Sì, sto bene. Sono andata a Mashaal con Parween. La conoscerai stasera a cena. Comunque, lei doveva andare lì per risolvere una questione di famiglia e io l'ho accompagnata».

«Sei andata a Mashaal?».

Elsa annuì, sorridendo.

«Siamo in una zona di guerra, Elsa. C'è un motivo se giriamo armati. Non puoi andare dove vuoi tu come se fossi in patria. Mio Dio, non capisci che questo è un luogo pericoloso?».

Elsa arretrò di un passo, sorpresa dalla rabbia di Mike.

«Ma come vedi ho indossato il burqa. Nessuno poteva accorgersi che non ero una donna afgana e comunque ho passato una bellissima giornata. Ho conosciuto delle donne straordinarie e... insomma è stato un giorno indimenticabile», dichiarò fissandolo con aria interrogativa.

«Ma non devi mai dimenticare, nemmeno per un solo istante, dove ci troviamo. Non siamo qui per giocare a travestirci».

«So bene dove ci troviamo, Mike. Io non sono armata, ho soltanto il mio stetoscopio, ma so bene che qui si corrono dei rischi».

L'espressione di Mike si fece meno dura.

«Ma non capisci quanto sarebbe stato facile per chiunque intuire che sotto quel burqa non si nascondeva una donna afgana e rapirti? Ti rendi conto con quanta facilità avresti potuto essere rapita e uccisa? Non sapevo nemmeno che fossi partita fino a quando non sono andato a casa tua e Amina ha tentato di spiegarmi. Ti abbiamo cercato per tutto il giorno».

«Devi avere fiducia in me, so badare a me stessa. Non ho nessuna intenzione di mettermi nei guai. Credimi».

Mike le accarezzò la guancia. «In questo paese ogni situazione è a rischio. È un paese pericoloso ed ero preoccupato per te. Promettimi che non lo farai più».

La rabbia che era esplosa per un attimo dentro di lei l'abbandonò. «Promesso, se però tu manterrai la promessa di venire a cena da me questa sera. Ti farò conoscere i miei cari amici afgani. È brava gente».

Un sorriso increspò le labbra di Mike. «Non mi perderei l'invito nemmeno per tutto l'oro del mondo, ma porterò la mia pistola».

"Oh, mio Dio, Mike non dimentica mai di essere un soldato prima di tutto, ma io gli farò conoscere il mio Afghanistan", pensò Elsa.

Era una serata calda e cenarono nel cortile seduti per terra a gambe incrociate. Mangiarono con le mani condividendo ciotole di riso e kebab. Il pane era caldo e lo intinsero nello yogurt aspro preparato da Amina per i suoi ospiti speciali.

Elsa aveva pensato di invitare anche Sidiq, ma Hamid glielo aveva sconsigliato. «Aspetta, Elsa. Sidiq vuole parlare con il fratello di Amina. È meglio che non si frequentino fino a quel momento. Suo fratello potrebbe non capire».

La cena fu un successo, la conversazione ferveva fra gli invitati. Hamid fu felice di conoscere i soldati americani, in particolare Mike.

«Mi piacerebbe diventare un ingegnere come te. È difficile il corso di studi?»

«No, Hamid non è troppo difficile. All'inizio devi impegnarti, ma poi diventa sempre più facile, più interessante e persino divertente. Penso che ti piacerebbe. Potrei aiutarti con gli studi, almeno fino a quando mi fermerò qui».

Mentre Elsa guardava Mike, provò per lui un sentimento d'affetto così forte che arrossì. In quel momento lui la guardò e le fece l'occhiolino, ed Elsa sentì le guance diventarle di fuoco.

Dave raccontava storie del suo Texas, parlò di sua moglie Lisa e dei loro due figli piccoli al punto che lui temeva non lo avrebbero riconosciuto quando fosse tornato a casa. Ogni volta che parlava dei figli la sua voce, solitamente animata, si incrinava un po'.

«Mia moglie fa l'infermiera, come Elsa, spero che prima o poi possiate conoscerla. Mio Dio, quanto mi mancano lei e i bambini». Dave aveva nostalgia di casa e gli altri lo invitarono a confidarsi.

«Be', la mia vita mi piace, ma non credo che se mi mettessi a raccontarvi che cosa faccio lo trovereste interessante».

«Ma Mike dice che sei un detective, raccontaci», lo incoraggiò Elsa.

«Be', a dire il vero qualche storiella divertente ce l'ho. Una volta beccai un ladro soltanto perché dopo aver svaligiato una casa decise di fermarsi a cena», disse ridendo al ricordo. «Quel tipo scassinò la porta, entrò in casa e rubò tutti i gioielli e i soldi che trovò in giro, poi, invece di darsela a gambe, si fermò a mangiare un piatto di biscotti ancora tiepidi che si trovavano sul tavolo della cucina! Un vicino lo vide e ci chiamò. Lo beccammo mentre era ancora seduto al tavolo a gustarsi i biscotti. E pensare che l'avrebbe fatta franca, se non fosse stato così goloso!».

Elsa guardò Mike, che aveva un'espressione pensierosa.

«Mi piacerebbe avere qualcosa di interessante da raccontare, ma non è così. In patria sono un ingegnere, se per me è eccitante assistere alla costruzione di un ponte o di una strada, soprattutto quelli che progetto io, non si tratta certo di un'attività emozionante come quella del detective».

Mike fece una pausa e guardò Elsa negli occhi.

«Ma conoscere Elsa e vedere quanto fa per il prossimo mi ha indotto a pensare che forse, quando avrò archiviato questa esperienza come soldato, potrei rimanere a costruire strade qui. Potrei persino lavorare al fianco di Elsa, un giorno».

Gli occhi di Mike rimasero fissi su di lei e sul viso di Elsa si dipinse un ampio sorriso. Non era soltanto la prospettiva di lavorare al fianco di Mike che la rendeva felice, ma soprattutto l'idea che un giorno potesse "archiviare l'esperienza di soldato". Per un istante si sentirono come se fossero soli.

Parween le diede di gomito ed Elsa, con il sorriso ancora stampato in volto, si riprese e cambiò argomento.

«Parween ha due bambini, persino più piccoli dei tuoi, Dave. Un bambino e una bambina».

«Hai delle fotografie?», le chiese Dave mentre estraeva dalla tasca della camicia una foto sgualcita. La consegnò a Parween che fece scorrere le dita su di essa.

«È bellissima. Mi piacerebbe averne una di mio marito e dei miei figli da portare sempre con me».

«Ehi, ma io ho portato la mia macchina fotografica, cioè, non l'ho qui, ma al rifugio», disse Mike. «La presterò a Elsa che potrà scattare tutte le foto che vuoi».

Parween sorrise emozionata. «*Tashakur*, Mike, *tashakur*».

Il sole era tramontato da un pezzo quando Amina si alzò, annunciando la fine della serata. Elsa si alzò a sua volta e accompagnò Dave e Mike alla porta. Dave le diede un bacio sulla guancia.

«Buonanotte, tesoro, è stata un gran serata», le disse avviandosi verso la jeep, concedendo a Mike e a Elsa un raro momento di intimità.

Mike prese la mani di Elsa e le accarezzò mentre le dava un bacio sulla bocca. «Mi dispiace di essermi comportato come un idiota questo pomeriggio, ma mi hai fatto prendere un gran spavento. Spero di poter trascorrere con te ancora tanto tempo, ma affinché questo accada tu devi essere prudente. Non devi mai dimenticare che siamo in Afghanistan. Promettimi che hai chiuso con i viaggi a sorpresa».

Elsa annuì. "Niente discussioni, stasera", pensò. «Te lo prometto», disse e lo baciò di nuovo.

Mike salì a bordo della jeep ed Elsa guardò Dave che faceva un'inversione a U nella stradina per dirigersi verso il rifugio.

Si appoggiò al portone fino a quando la jeep non venne inghiottita dal buio della notte. Incrociò le braccia sul petto e si chiese che cosa avrebbe risposto Parween a un uomo che le avesse raccomandato di non intraprendere un viaggio.

PARTE QUARTA

Scelte

Capitolo 23

Un pomeriggio, il trambusto fuori dall'ospedale costrinse Elsa a interrompere il lavoro e a dare un'occhiata fuori per comprenderne l'origine. Una voce concitata attirò la sua attenzione: si trattava di Mike.

«Chiamate Elsa!», gridava mentre correva verso il portone dell'ospedale. "Oh, mio Dio, che cosa è successo?", si chiese lei notando la divisa impolverata e sporca di sangue e il fagotto che Mike reggeva fra le braccia.

Elsa gli corse incontro con il cuore in gola, fu soltanto quando lo raggiunse che si accorse che il fagotto era un bambino in lacrime e sanguinante.

«Prendilo, Elsa. Aiutalo, gli abbiamo sparato».

Elsa prese in braccio il bambino e rivolse a Mike un'occhiata interrogativa. «Che cosa è successo? Sei ferito anche tu?»

«No, soltanto lui. Si trovava sulla linea del fuoco. Ti spiegherò più tardi, adesso aiutalo, ti prego».

Elsa notò l'espressione preoccupata di Mike e stringendo a sé il bambino, che non cessava di piangere, si precipitò nella sala del pronto soccorso e gridò agli assistenti di andare a chiamare Ezat. Questi apparve non appena Elsa ebbe adagiato il bambino su una barella.

«Gli hanno sparato», disse mentre tagliava i vestiti del bambino per cercare la ferita.

«Com'è accaduto?», chiese Ezat scrollando il capo.

«Sono stati i soldati, non so nient'altro. Aiutiamolo, forza».

Elsa si procurò l'occorrente per una flebo e tenne fermo il braccio del bambino mentre gli inseriva l'ago nella vena.

Il bambino prese a strillare più forte mentre Ezat esplorava la ferita procuratagli dalla pallottola.

«*Tars na dori*, non avere paura», disse Elsa accarezzandogli la fronte.

Ma ad avere paura era lei. Si chiese se fosse stato Mike a spargli.

Il ragazzino prese la mano di Elsa e gliela strinse, mentre Ezat continuava a esaminargli la gamba.

Finalmente Ezat sollevò lo sguardo e sorrise. «Ha soltanto una ferita a una gamba. Sembra che il proiettile lo abbia trapassato. Possiamo ricucirlo e rimandarlo a casa nel giro di un'ora».

Le parole di Ezat liberarono Elsa da un peso enorme. Si voltò e prese il vassoio con l'occorrente per suturare la ferita.

In quel momento Hamid entrò trafelato nella sala. «Che cosa è successo?»

«Una ferita d'arma da fuoco», disse Ezat indicando la gamba del bambino.

«Si è ferito da solo, eh? Che ti serva da lezione», commentò Hamid rivolgendo al ragazzino un'occhiata torva.

«No, è stato ferito accidentalmente dai soldati», lo informò Elsa.

«È stato Mike, è per questo che è qui?», chiese Hamid guardandola.

«Non lo so, non so che cosa sia successo», rispose lei.

«Vai Elsa, ci penso io a ricucire la ferita. Vai a dire al tuo soldato che il bambino guarirà presto. Deve essere preoccupato se è rimasto qui», disse Ezat.

Elsa annuì e corse da Mike. Lo vide vicino all'entrata dell'ospedale intento a parlare nel ricevitore della radio, una mano sulla fondina, dove custodiva la pistola, e la giubba sporca di sangue. Quando vide Elsa riagganciò e si voltò verso di lei.

«Il bambino sta bene?», le chiese con voce incrinata dall'emozione.

«È soltanto una piccola ferita», lo rassicurò Elsa. «E tu? Dimmi, che cosa è successo?»

«Una sparatoria verso nord. Il bambino è corso dritto nella

linea del fuoco. Mio Dio, quando l'ho visto cadere a terra, ho perso la testa. Sono corso a prenderlo e immagino che il Comandante mi farà una lavata di capo per questo».

«Ma non sei ferito, vero?», gli chiese Elsa toccandogli il braccio.

«No, sto bene, ma non mi era mai successo di sparare a un bambino. Voglio dire, sono stato addestrato per sparare al nemico, ma non punterei mai la pistola contro un bambino...», disse scrollando il capo.

«Il bambino sta bene, probabilmente gli hai salvato la vita».

«Credo di sì, è soltanto che... be', io so perché mi trovo qui, per combattere contro il nemico. Ma a volte il nostro è un compito davvero difficile. Accidenti, Elsa, sparerei al tuo amico Hamid se sapessi che è un nemico, ma a un bambino, è terribile...».

Elsa si sentì gelare il sangue nelle vene. Non poteva credere alle proprie orecchie. «Come? Spareresti a Hamid?»

«Sto parlando ipoteticamente, ma se fossi certo che è contro di noi, di sicuro lo farei».

«Vuoi dire che non esiteresti?», gli chiese stringendo i pugni che teneva sui fianchi.

«Elsa, sono un soldato. Non posso permettermi di esitare».

Elsa s'irrigidì, il cuore le balzò in gola. «Ma forse dovresti».

Mike scrollò il capo con espressione grave. «Elsa, non capisci».

Lei distolse lo sguardo.

Mike l'afferrò per la spalla per un istante prima di girarsi e di salire a bordo della jeep. «Il padre del ragazzino sarà qui a momenti. Il Comandante non ha voluto che lo accompagnassi qui a bordo della jeep, ma comunque arriverà presto. Ora faremo rapporto, dopo, Dave e io partiremo per un pattugliamento, staremo via per alcuni giorni».

Fece una pausa come se si aspettasse una parola da parte di Elsa, ma lei rimase in silenzio. L'unico rumore era il rombo della jeep in partenza.

Elsa si voltò e lo guardò allontanarsi. «Stai attento», sussurrò.

Per tutto il giorno Elsa non riuscì più a guardare Hamid negli occhi. Era come un fratello per lei e Mike le aveva detto che non avrebbe esitato a ucciderlo. Ora si sentiva come se, in qualche modo, lo avesse tradito.

Quando l'ospedale chiuse, ritornò verso casa al fianco di Hamid, in silenzio.

«Perché sei così silenziosa? È per via della sparatoria?», le chiese lui.

«Già», rispose lei allungando il passo. Non vedeva l'ora di arrivare a casa e di rimanere sola.

Una volta a casa, rimuginò sull'accaduto senza proferire parola fino a quando Amina si decise a chiederle: «*Che'ast?*».

Elsa rispose scrollando il capo. Non avrebbe mai immaginato che Mike potesse essere capace di pronunciare parole simili. Dove avrebbe trovato il coraggio di dire ai suoi amici che Mike non avrebbe esitato a uccidere Hamid? "Mio Dio, probabilmente sarebbe capace di uccidere tutti loro", pensò.

Si rinchiuse in se stessa per giorni, non faceva che pensare alle parole di Mike nel vano tentativo di comprenderle. Una profonda delusione si radicò in lei, e dal momento che lui non si faceva vedere, quel sentimento cresceva e prendeva forza. Elsa cercò di distrarsi spazzando i pavimenti, riordinando i libri nel suo studio e redigendo relazioni la cui data di consegna era passata da tempo, ma nulla serviva a distogliere i suoi pensieri da Mike. All'ospedale, lavorava in silenzio. Persino Ezat le chiese se stesse bene. «Sono soltanto stanca», gli aveva risposto non volendo rivelare a nessuno le parole di Mike.

Dov'era lui in quel momento? Di certo doveva essere tornato. Non sentiva il bisogno di darle una spiegazione, di parlarle? L'assenza di Mike non faceva che aumentare la sofferenza di Elsa, la sua convinzione che non era l'uomo che lei si era illusa fosse.

Dopo interminabili giorni e notti trascorsi in solitaria tristezza, le sembrò di non riuscire più a reggere la situazione. Doveva confidarsi con qualcuno. Così a una settimana dall'ultima volta che aveva visto Mike, Elsa si recò a casa di Parween. Quando raccontò all'amica l'accaduto, lei rimase in silenzio e sospirò.

«Da allora non l'ho più visto e forse la mia decisione l'ho già presa, ma vorrei sapere dov'è, vorrei sapere che ne pensa di noi due. Dato che sarebbe capace di uccidere Hamid, potrebbe uccidere anche me?».

Parween scrollò il capo. «Che sciocchezze stai dicendo, Elsa! Le tue parole sono assurde. Mike è un soldato. Io lo capisco, e dovresti capirlo anche tu. Se Hamid fosse un talebano e minacciasse la mia famiglia, anch'io sarei capace di ucciderlo!».

«Non è vero!».

«Invece sì. Tu sei fortunata, Elsa, non hai conosciuto la guerra e la miseria».

«Come no! Parween, io provengo da un quartiere molto povero di Boston. So bene che qui la situazione è peggiore, ma anche a casa mia ci sono contesti difficili».

Parween sgranò gli occhi. «Ci sono sparatorie?»

«A volte».

«E tu hai perso persone alle quali volevi bene nella guerra che c'è nella tua patria?»

«Be', in un certo senso sì, ho perso mia sorella e mio fratello. È una guerra diversa, ma porta comunque con sé molta pena».

«Mi vuoi dire che nonostante la guerra la gente mangia, vive in case riscaldate e i bambini vanno a scuola?», scrollò il capo e proseguì. «Continuo a pensare che tu non sappia che cosa sia una guerra, una vera guerra. Se tu lo sapessi, capiresti le parole di Mike. Lui sta cercando di salvarci, di salvare tutti noi, è per questo che va in giro armato. Io lo apprezzo. Perché non puoi fare altrettanto?»

«Le cose non sono sempre semplici come tu le fai apparire», disse Elsa con un sospiro mentre rifletteva sulle parole di Parween.

«E io ti dico che le cose non sono sempre difficili come le fai apparire tu, Elsa. Tu sei come un albero, forte sì, ma dalla corteccia dura. Se una persona non la pensa esattamente come te, tu la allontani. Dovresti considerare la situazione dal punto di vista di Mike. Ha disubbidito al suo superiore per portare il bambino ferito all'ospedale. E tu ti permetti di condannarlo?».

Parween scrollò il capo. «*Na famidad*, non capisco».

Elsa sentì gli occhi riempirsi di lacrime. Forse Parween aveva ragione quando diceva che lei era troppo dura e intransigente. Lo era stata con suo fratello e sua sorella quando avevano smarrito la retta via e lei non glielo aveva perdonato. Avrebbe dovuto essere più comprensiva e invece aveva allontanato tutti da sé, Mike compreso.

Il tono di voce di Parween si ammorbidì. «Quando vedrai Mike – e presto lo vedrai – chiedigli se *salverebbe* Hamid. Questa è l'unica verità che devi conoscere».

Capitolo 24

Erano trascorse quasi due settimane dall'ultima volta che aveva visto Mike ed Elsa cominciava a chiedersi se lo avrebbe mai rivisto. "Se soltanto non fosse un soldato!", pensò con tristezza. "Se soltanto...", Elsa lasciò in sospeso il suo pensiero poiché, se Mike non fosse stato un soldato, non lo avrebbe mai conosciuto e se non fosse stato un soldato ora non avrebbe sentito la sua mancanza, non avrebbe pregato affinché non gli accadesse nulla di male. Ora doveva chiedersi soltanto se lo avrebbe mai rivisto. Elsa accelerò il passo mentre procedeva lungo la strada deserta.

Nonostante avesse promesso a Mike di non correre rischi, c'erano ancora occasioni in cui Elsa raggiungeva l'ospedale o la casa di Parween da sola. Capiva l'apprensione di lui – quantomeno a parole – ma era comunque convinta che non fosse giustificata. Dopotutto, si trovavano a Bamiyan e lì, non c'era la guerra. Quello era un villaggio abitato da persone cordiali che la riconoscevano e, spesso, al suo passaggio, la chiamavano o la salutavano con un cenno.

Aveva acquisito maggior sicurezza riguardo all'incarico di infermiera e amministratrice affidatole dall'ADM, talvolta sbrigava gli aspetti burocratici al mattino presto per poi potersi dedicare ai suoi pazienti durante il resto della giornata. Ma ogni fine mese le pratiche aumentavano poiché giungevano da Parigi dispacci da leggere e richieste di relazioni dettagliate. In quei giorni, mandava avanti Hamid mentre lei riusciva a liberarsi soltanto nel primo pomeriggio e così si ritrovava a percorrere da sola la strada semideserta che conduceva all'ospedale.

Quel pomeriggio fra i vari messaggi ne aveva ricevuto uno con il quale veniva informata che le Nazioni Unite avrebbero inviato, da Kabul, un chirurgo specializzato in ortopedia. Johann aveva chiesto a Elsa di stilare una lista dei pazienti che necessitavano un intervento e lungo il cammino ripassava mentalmente l'elenco che aveva già cominciato a compilare.

Quantomeno, il nuovo arrivo le aveva dato qualcosa a cui pensare oltre a Mike. Doveva confrontarsi con Laila ed Ezat in merito alla lista. Elsa aveva già pensato a una ventina di pazienti, molti di loro avevano riportato gravissime ferite agli arti dopo essere rimasti vittime delle mine, altri erano affetti da fratture alle ossa che non erano mai state curate. Tuttavia, il primo pensiero di Elsa era andato ad Amina, sperava che il chirurgo potesse fare qualcosa per lei. Elsa sapeva che la giovane donna sarebbe stata felice di sottoporsi a un intervento per eliminare la sua anomalia.

Era immersa nei propri pensieri quando un camion sconquassato e rumoroso la sorpassò. Lei si fermò per lasciare che la polvere sollevata dal veicolo si depositasse e vide il camion rallentare mentre il motore si spegneva con una sorta di rantolo. Il veicolo trasportava un carico di uomini rozzi che la osservavano dal pianale. Se avesse indossato gli abiti tradizionali e il velo avrebbero potuto prenderla per una qualsiasi donna afgana, invece indossava come sempre gli occhiali da sole e sfoggiava un vistoso rossetto.

Non ci si poteva sbagliare: era una straniera.

Molti degli uomini si alzarono in piedi e cominciarono a dileggiarla. Uno di loro saltò giù dal camion e si mise in mezzo alla strada.

Elsa si coprì il capo con la sciarpa e rimase immobile, non sapendo bene che cosa fare. L'aria era pesante e l'unico rumore attorno a lei era il battito del cuore che le rimbombava nelle orecchie. Aveva l'affanno e la bocca asciutta.

Un secondo uomo scese dal camion e si unì all'altro in mezzo alla strada.

Elsa fu percorsa da un brivido. Erano troppo vicini, se si fosse messa a correre l'avrebbero presa in un batter d'occhio. Non era armata e non aveva con sé nulla da poter scagliare contro di loro. Se avesse gridato, nessuno l'avrebbe sentita. Era sola.

I secondi fluivano come fossero ore quando l'improvviso raglio di un mulo infranse il silenzio.

«Elsa, aspetta!».

L'inatteso suono della voce di Parween sollevò il manto di terrore che la opprimeva ed Elsa poté finalmente tirare un sospiro di sollievo mentre voltava le spalle al camion.

Da casa sua Parween aveva visto il camion passare. Gli uomini indossavano i turbanti neri dei talebani e poiché la loro vista l'aveva messa in allarme era corsa a vedere dove fossero diretti. Quando in lontananza aveva visto Elsa, aveva affrettato il passo per raggiungerla.

Parween si mise subito al fianco dell'amica e, nel vedere quella feccia ridere sguaiatamente, si tolse il velo dal viso per sputare nella loro direzione con tutto il disprezzo di cui era capace. «*Burro! Go!*», gridò sbeffeggiandoli.

Poi guidò Elsa per un sentiero secondario che, insinuandosi fra gli alberi e i campi d'irrigazione, offrì loro una via di fuga. Mentre si allontanavano, sentirono il rumore del camion che si metteva in moto con una serie di scoppiettii riprendendo la marcia.

«Oh, Parween, grazie a Dio sei arrivata. Ho avuto tanta paura. Chi erano?»

«Talebani», disse Parween con disgusto, manifestando tutto il suo odio.

«Ma tu, non hai avuto paura?», chiese Elsa.

«Sono stufa di avere paura», rispose Parween con una veemenza che Elsa non conosceva.

«Erano i talebani che sono stati rilasciati di recente?»

«Forse... probabilmente sì», disse Parween con un sospiro. «Non avrebbero dovuto farli uscire di prigione. Porteranno soltanto guai».

«Ma perché sono ancora qui a Bamiyan? I soldati li vedranno».

«I soldati non possono essere ovunque. E i talebani sono stupidi. Se ne fregano».

Ritrovata la calma, Parween spiò fra gli alberi per accertarsi che il camion e gli uomini si fossero allontanati davvero. La strada, deserta, era immersa nel silenzio.

Elsa ebbe bisogno di alcuni minuti per riprendersi, poi si girò verso Parween. «Mike aveva ragione e avevi ragione anche tu. I talebani sono ovunque. Bamiyan sta cambiando», disse rabbrividendo.

«Ma per il momento se ne sono andati», osservò Parween. «Hai visto che razza di codardi sono! Hanno tagliato la corda davanti a una donna che gridava contro di loro!», Parween rise ed Elsa, finalmente sollevata, poté rivolgere nuovamente i suoi pensieri alla giornata che l'attendeva all'ospedale.

Elsa e Laila stilarono insieme la lista dei pazienti in attesa di un intervento.

«Non vogliamo sentire anche il parere di Ezat?», chiese Elsa.

«A Ezat andrà bene la lista che stileremo io e te. Ha fiducia in noi».

Elsa sorrise e riprese a ragionare sull'elenco.

La lista dei possibili candidati era interminabile e le due donne decisero di scegliere solo coloro che avevano perso un arto in seguito all'esplosione di una mina. I pazienti affetti da altri problemi, compresi i bambini nati con malformazioni, avrebbero dovuto aspettare.

«Laila… vorrei inserire anche Amina nella lista. Che ne pensi?», chiese Elsa.

Laila valutò la proposta. «Potremmo inserirla e lasciare decidere al chirurgo».

Due giorni più tardi, il chirurgo arrivò all'ospedale. «Vi presento il dottor Hans Deiter», disse Johann. Il medico, un ometto con ciuffi di peli grigi che gli spuntavano dal naso, si rivolse a Elsa la quale gli tese la mano per dargli il benvenuto.

«La prego, mi porti subito i pazienti», disse Deiter bruscamente. «Non ho intenzione di fermarmi a Bamiyan più dello stretto necessario».

«Perché?», chiese Elsa ritirando la mano.

«Non c'è elettricità né acqua corrente. Qui sono fermi all'età della pietra!», osservò con una smorfia. «Non so come possa resistere in un luogo come questo, ma comunque non mi interessa», disse girando sui tacchi e allontanandosi.

Elsa vide sopraggiungere Laila e le andò incontro.

«Laila, è arrivato il chirurgo. L'hai già incontrato?». Laila scrollò il capo. «È un tipo alquanto burbero, ma forse è soltanto stanco del viaggio. Sei pronta per domani?».

Laila distolse lo sguardo ed Elsa capì che era sorto un problema.

«Ezat non vuole che sia presente anch'io quando c'è il chirurgo. Non vede di buon occhio la mia vicinanza a uno straniero. È nervoso e mi ha proibito di partecipare agli interventi», disse quasi scusandosi.

«Oh, Laila, vuoi che gli parli io?»

«No, Elsa. Ezat non mi vuole fra i piedi. È inutile provare a convincerlo. È come se temesse che io possa dimenticarmi che sono una donna afgana».

Elsa fece per replicare, ma Laila la precedette.

«Non importa, lui la pensa così. Ti prego, non averne a male. Ci sarà comunque lui ad aiutarvi».

Elsa sospirò. "Ezat non è poi così diverso da Mike", pensò. "Anche lui sospettoso nei confronti delle persone e delle usanze che non conosce". E lei non poteva certo fargli cambiare idea su due piedi. «Mi mancherai domani. Chiederò a Parween di venire a fare da interprete alle donne. Non sono sicura che il mio dari sia all'altezza del nostro ospite».

Il mattino seguente, Elsa organizzò il pronto soccorso come una sala visite per il chirurgo, che arrivò e si appollaiò pieno di sé sullo sgabello.

Elsa accompagnò dentro la sala il primo paziente, un giovane il cui braccio sinistro era stato spappolato da una mina di terra.

Hamid tradusse le domande di Deiter al paziente che se ne stava nervoso davanti al chirurgo mentre questo gli visitava il braccio deforme.

«Sarà il primo della lista, Elsa», dichiarò il chirurgo dopo averlo visitato.

Elsa chiese a Hamid di far entrare il secondo paziente, un ragazzo che aveva perso la gamba destra su una mina. Fu Ezat, che era appena arrivato, ad accompagnare il paziente.

Ezat mormorò qualcosa e fece un cenno del capo a Deiter che si rivolse a Elsa con un'occhiata interrogativa.

«Le presento il dottor Ezat. Nonostante parli un po' l'inglese, Hamid farà da interprete per presentarle i pazienti maschi».

Ogni volta che Ezat apriva bocca, le sue parole erano talmente flebili che Elsa stentava a comprenderle, ma fortunatamente Hamid non aveva problemi a fare da interprete. Il ragazzino stava in piedi e piangeva in silenzio mentre Deiter gli palpava il moncherino piagato. Finita la visita, il chirurgo confermò il nome del ragazzo sulla lista e fece un cenno affinché gli sottoponessero un altro caso. Prima che la giornata finisse, aveva visitato nove pazienti e per tutti aveva confermato l'intervento.

«Miss Murphy, dottor Ezat, avete svolto un ottimo lavoro. Sono tutti ottimi candidati», dichiarò Deiter quindi li salutò. Ad attenderlo c'era un lussuoso SUV che lo riportò alla base delle Nazioni Unite dove avrebbe trascorso la notte. Ezat rimase a guardare il veicolo che si allontanava a gran velocità poi guardò Elsa e le sorrise.

Elsa ricambiò il sorriso cercando di celare la propria sorpresa.

Sollevata nel vedere che erano già a metà della lista, Elsa non vedeva l'ora che arrivasse l'indomani quando fra i candidati ci sarebbe stata anche Amina. Quando disse ad Amina che l'aveva inserita nella lista per una visita, la giovane donna cominciò a piangere.

Non riusciva ad arrestare le lacrime e non cessava di ringraziare e benedire Elsa, la quale si sentì in dovere di essere cauta.

«Amina, può darsi che il chirurgo decida che il tuo non è un caso urgente, ma è bene provare, sei d'accordo?». Fra i singhiozzi e le lacrime, Amina prese le mani di Elsa e gliele baciò.

Il mattino dopo, un'Amina felice accompagnò Elsa all'ospedale e si unì a un gruppetto di quattro pazienti già in attesa.

Deiter arrivò e si sistemò sullo sgabello. «Ne sceglierò soltanto altri tre, Elsa». Ezat non era ancora arrivato, ma il chirurgo non aveva intenzione di aspettare. «Puoi mandarmi il primo paziente».

I successivi pazienti entrarono uno alla volta. Deiter aggiunse soltanto uno di loro alla lista. L'ultimo paziente era a suo dire troppo anziano per affrontare un intervento e così l'uomo, che doveva essere sulla quarantina, fu mandato a casa senza nemmeno essere visitato.

Ezat arrivò tardi e un lampo di rabbia apparve nei suoi occhi quando Hamid lo informò che il chirurgo si era rifiutato di visitare l'anziano. Senza proferire parola, fece dietrofront e se ne andò.

Amina fu l'ultima a essere visitata ed Elsa, sapendo che per la giovane c'era ancora una chance di essere inserita nella lista, cercò di contenere il proprio entusiasmo mentre l'accompagnava da Deiter. Amina era così nervosa da tremare come una foglia ed Elsa dovette darle una piccola spinta per farla entrare nella stanza.

Parween entrò con loro e disse: «Questa donna è nata con sei dita della mano destra. È una malformazione molto grave per la gente di qui, tanto da rovinarle la vita».

Amina guardò Deiter con aria supplichevole mentre gli tendeva la mano affetta dalla malformazione. Il chirurgo la invitò ad avvicinarsi per esaminare la mano senza doversi alzare dallo sgabello. Palpeggiò il sesto dito di Amina e si alzò con un'espressione disgustata.

«Elsa, perché mi fa perdere tempo con sciocchezze come questa? Un dito in più non merita la nostra presenza qui a Kabul. Che idiozia! Questa è la mia lista», disse Deiter gettando il foglio a Elsa e uscendo dalla sala.

Lo stupore di Elsa si trasformò subito in rabbia. Mentre Amina scoppiava a piangere, Elsa rincorreva il chirurgo.

«Aspetti!», gridò sventolando il foglio e, quando lo raggiunse, dovette combattere con l'imperioso desiderio di rimproverarlo di tanta insensibilità. Gli chiese, invece, con calma quando avrebbero potuto mandare i primi pazienti a Kabul.

«Guardi la lista», disse. «Fra dieci giorni, ci mandi i primi due ragazzi e a quel punto decideremo quando operarli». Deiter esitò un istante prima di allontanarsi. «Mi dispiace di essere stato brusco, ma ho molto da fare e l'ultima paziente... una sciocchezza come quella», disse scrollando il capo.

«Ma non è una sciocchezza per lei. Quel dito in più le ha rovinato la vita».

«Non posso farci niente. E immagino non possa farci niente nemmeno lei, Elsa», sentenziò congedandosi con un cenno e affrettandosi verso il veicolo delle Nazioni Unite che lo attendeva per accompagnarlo alla pista di decollo di Bamiyan. Lì, un piccolo velivolo avrebbe riportato l'arrogante chirurgo a Kabul dove avrebbe trovato ad accoglierlo la luce elettrica e una parvenza di civiltà.

Elsa tornò nella sala delle visite dove Parween era già riuscita a consolare Amina.

«Il medico vorrebbe aiutarti, ma non può. Almeno non adesso. Gli è stato detto di occuparsi soltanto dei casi urgenti e tu sei fortunata, il tuo problema non è grave come quello della donna mutilata che è stata visitata poco fa», disse guardando Amina che ora era decisa a darsi un contegno.

«*Famidad*», sussurrò tormentandosi il sesto dito. «Coloro che hanno problemi più gravi devono essere curati per primi. *Inshallah*, un giorno verrà anche il mio turno».

Capitolo 25

Mentre Elsa era tormentata dai dubbi su Mike, Sidiq aveva capito fin dal primo momento che voleva sposare Amina e, finalmente, tre mesi dopo il loro primo incontro, si presentò a suo fratello Rashid. Sidiq spiegò che aveva avuto bisogno di tempo per migliorare il proprio aspetto nella speranza di avere maggiori chance.

Aveva provato il discorso con Hamid con il quale condivideva la stessa piccola casa comune del villaggio.

«Stai eretto, respira lentamente, e chiudi la bocca quando non parli», lo aveva istruito Hamid. Quando Sidiq si era sentito pronto, aveva mandato Hamid a parlare con il fratello di Amina perché lui non aveva famiglia a Bamiyan. Rashid conosceva già Hamid e quando venne a sapere che un giovane era interessato a chiedere la mano di Amina rimase a bocca aperta. Quando si fu ripreso, riversò su Hamid una quantità di domande.

«*Sai'est?* Ma chi è?»

«Si chiama Sidiq, lavora all'ospedale presso l'archivio. È una brava persona. Ha visto Amina e vuole sposarla».

«Quando l'ha vista?», chiese Rashid alzando la voce. «Dove l'ha vista?».

Hamid rimase un attimo in silenzio. Non era visto di buon occhio che uno scapolo incontrasse una donna nubile, doveva dunque trovare il modo di spiegare la cosa a Rashid in modo che comprendesse bene la situazione.

«Be', sai che Elsa è sempre molto indaffarata e qualche volta lavora a casa. Sidiq ha visto Amina lì», disse tenendosi la mano sul cuore. «Non c'è stato nulla di male, credimi. Ma Sidiq l'ha vista e ha visto anche il suo dito. Per lui non è un problema. Vorrebbe dunque chiederti il permesso di sposarla».

Rashid incrociò le braccia sul petto.

«Portalo qui, allora. Fammelo conoscere».

Il mattino seguente, Sidiq e Hamid bussarono al portone di casa di Rashid. Sidiq aveva i capelli puliti, tagliati e pettinati, il *shalwar kamiz* che indossava era nuovo e, per quanto fosse nervoso, esibiva un sorriso sincero.

Rashid li fece entrare e, dopo le presentazioni e il tè, Sidiq annunciò le sue intenzioni.

«Sono qui per chiederle il permesso di sposare Amina e per avere la sua benedizione», esordì, quindi fece una pausa, respirò a fondo e riprese: «So che il mio modo di presentarmi non è conforme alla tradizione, ma come le avrà detto Hamid la mia famiglia vive a Kabul. Io posso permettermi di versarle soltanto una piccola cifra, l'equivalente di cento dollari americani. Spero che scuserà il mio ardire, che accetterà la mia offerta e mi permetterà di sposare sua sorella».

Concluso il discorso, attese sulle spine la risposta di Rashid.

Sidiq si sentì sollevato quando vide apparire sul volto di Rashid un ampio sorriso.

«*Balay*, sì, certo», rispose il fratello di Amina con gioia, quindi si alzò e abbracciò Sidiq dandogli un bacio su entrambe le guance.

Sidiq tirò un sospiro profondo e disse a gran voce: «*Besiar tashakur*, fratello, *besiar tashakur*».

Rashid corse da Amina per annunciarle la notizia.

«Mia cara sorella, il giovane Sidiq dell'ospedale ti ha chiesto in sposa e io ho accettato», annunciò felice. «Sei emozionata, vero?»

«*Balay*, fratello, *balay*!», rispose Amina battendo le mani.

«Ho fissato la data fra tre settimane affinché la famiglia di Sidiq abbia il tempo di arrivare da Kabul».

I preparativi furono organizzati con cura. Sidiq avrebbe pagato per il ricevimento e si sarebbe interessato affinché una capra venisse macellata la notte prima del matrimonio. Una metà sarebbe stata offerta ai poveri del villaggio e l'altra metà sarebbe stata arrostita su un fuoco all'aperto per gli invitati.

Rashid acquistò il resto del cibo: riso, carote, uvetta e fagioli, tutto sarebbe stato cucinato a casa sua prima del banchetto. La moglie di Rashid e le vicine di casa avrebbero preparato yogurt fresco mentre al panettiere di Bamiyan spettava il compito di cucinare il naan e torte speciali.

Sidiq era entusiasta all'idea della fortuna che aveva avuto e, sperando di fare colpo sulla famiglia, noleggiò un piccolo generatore dal negozio di cassette musicali e una fila di lucine colorate. Noleggiò inoltre un registratore e alcune cassette e il villaggio era tutto in fermento alla prospettiva dei festeggiamenti.

Tutti gli abitanti speravano di essere fra gli invitati. Elsa, Parween, Hamid, Laila, Ezat e l'intero staff dell'ospedale avevano già ricevuto l'annuncio.

«Mi piacerebbe invitare anche i tuoi amici soldati», annunciò Sidiq. «Pensi che verrebbero?»

«Be', se ne avrò l'occasione glielo chiederò», rispose Elsa. Non era sicura che Mike avrebbe accettato, non lo vedeva da due settimane, dal giorno in cui aveva portato il bambino ferito all'ospedale. Non sapeva se era ancora impegnato in combattimento o se non si era fatto vivo perché non voleva vederla.

Erano giorni che non riusciva a concentrarsi sul lavoro e dunque tirò un sospiro di sollievo il mattino in cui sentì il rombo di una jeep che si fermava nel viale d'accesso all'ospedale. Sapeva, senza bisogno di guardare dalla finestra, di chi si trattava e corse ad aprire il portone.

Mike le si parò davanti coperto di polvere, con i capelli scomposti e un accenno di barba. Aveva l'aria stanca, ma la luce negli occhi azzurri era la stessa del giorno in cui lo aveva visto sollevare sulle spalle il piccolo Syed. Non appena lo vide il cuore iniziò a batterle forte.

«Oh, Mike, è così bello vederti. Ero preoccupata», gli disse aggiustandosi nervosamente il velo.

Il volto di Mike si illuminò con un sorriso. «Pensavo che non volessi vedermi e così mi sono tenuto alla larga. Mi sono persino offerto volontario per un altro incarico».

Elsa si sentì in colpa. «Veramente, io pensavo che *tu* non volessi vedere *me*», disse e, dopo essersi guardata attorno, lo prese per mano. «Vieni a sederti sul muretto con me. Devo dirti una cosa».

«Elsa… se mi vuoi informare che fra di noi è finita è meglio che tu lo faccia subito», le disse Mike rabbuiandosi.

«No, Mike non si tratta affatto di questo», rispose issandosi sul muretto e indicandogli il posto vicino a sé.

Mike si appoggiò stancamente al muretto mentre con i piedi giocherellava con la ghiaia sotto i suoi piedi. «Voglio mettere le cose in chiaro, Elsa, io sono un soldato, almeno per il momento. E non credo di dovermi scusare per questo».

«Oh, Mike io non voglio che tu ti scusi. È soltanto che… insomma, mi dispiace, mi dispiace tanto. So che sei una brava persona, un buon soldato. Mi sono arrabbiata a tal punto l'altro giorno quando hai detto che saresti stato capace di uccidere Hamid, non sono riuscita a digerire le tue parole perché non ho riflettuto sul significato del tuo impegno qui», disse Elsa poi, aggiustandosi il velo, lo guardò negli occhi. «Avrei dovuto chiederti se salveresti Hamid, se proteggeresti anche lui dai talebani».

«Sai bene che lo farei, Elsa, sono un soldato. Sono qui per combattere il nemico, ma anche per proteggere chi ci è amico».

Elsa tirò un sospiro di sollievo; nel suo cuore sapeva che sarebbe stata quella la sua risposta.

«Tuttavia, sono pur sempre un soldato. Puoi accettarlo? Per il momento?», le chiese.

Avrebbe voluto baciarlo, ma c'era gente in giro e così baciò la punta del proprio dito e poi depositò il bacio sulle labbra di lui. «Posso imparare a farlo. Posso provarci».

Mike le rivolse un gran sorriso. «Devo ammettere che non sapevo se venire qui o meno. È stato Dave a convincermi, mi ha detto di alzare le chiappe e di venire a parlarti. Mi sa che dovrò offrirgli una birra».

«Be', è difficile trovare la birra da queste parti, ma credi che accetterebbe un tè? Amina si sposerà e siamo tutti invitati. Spero che tu e Dave veniate».

Elsa era al settimo cielo. Sapeva che Mike avrebbe corso ancora molti rischi e che avrebbe continuato a vedere le cose diversamente da lei, così come sapeva che sarebbe stato pronto a sparare se la situazione lo avesse richiesto. Ma dopo essersi imbattuta nei talebani lungo la strada, aveva capito perché lui la pensava diversamente da lei e, in qualche modo, aveva imparato ad accettare il suo punto di vista.

Con i preparativi per il matrimonio in corso, la piccola casa di Rashid subì una sorprendente trasformazione. Vennero allestite delle camere per gli uomini e altre per le donne giacché gli appartenenti ai due sessi avrebbero festeggiato separatamente. La casa venne spazzata e ripulita, i materassini lavati, i polli e le capre furono cacciati fuori e i piatti e le tazze della festa vennero strofinati fino a brillare.

Il giorno prima del matrimonio, Elsa e Parween lavarono i capelli di Amina e prepararono l'acqua calda per il bagno. Amina si sedette nella piccola vasca di Elsa e si lavò via tutta la sporcizia accumulata da mesi che era diventata come una seconda pelle. Si cosparse il corpo con le creme e le lozioni di Elsa e si spruzzò generosamente il profumo.

Elsa e Parween rimasero ad aspettare fuori dal bagno avvolte dalle fragranze che provenivano dalla stanza. «Basta, *bas*, o sentiranno il tuo profumo fino a Mashaal!».

Le tre donne vennero poi raggiunte dalla cognata di Amina e da due cugine che avevano il compito di dipingere i tradizionali disegni con l'henné sulle mani e sui piedi della sposa. Le tracciarono delicati arabeschi bruni che sarebbero rimasti per settimane come simbolo della nuova unione.

Le donne si sedettero insieme a condividere tè, risate, storie sconce e barzellette sul matrimonio. «Se il suo membro è grande quanto il suo naso, ti attende una notte di quelle!», dichiarò Parween provocando l'ilarità generale. Infine Amina fu pronta per la cerimonia dell'indomani e, quando la luna fu alta nel cielo, augurò a tutte la buonanotte, baciò amici e familiari e si ritirò nella sua stanza per trascorrere da sola la notte.

Alle prime luci dell'alba, prima ancora che venisse intonato il canto della preghiera, Amina si alzò per preparare il tè, ma Elsa aveva già provveduto da sola.

«Torna a letto! Oggi sei mia ospite!», disse rispedendo Amina nella sua stanza. Poco dopo, Parween e le altre donne della famiglia arrivarono per aiutare Elsa nei preparativi finali. Circondarono la sposa, le spazzolarono i capelli e la pettinarono creando un insieme di meravigliose crocchie e trecce. Adornarono l'acconciatura con fiori di plastica e con forcine brillanti che avrebbero tenuto a posto i capelli e, quando ebbero finito il lavoro, Amina accarezzò con un gesto lieve l'opera. Per la prima volta in vita sua, sembrava aver dimenticato la sua malformazione.

A Elsa e a Parween venne assegnato il compito di truccare la sposa, così si avvicinarono ad Amina. Scelsero le ciprie, i colori e le creme che avrebbero trasformato la sposa. Il momento clou venne lasciato per ultimo, quando tutte le donne nella stanza si radunarono attorno ad Amina per assistere all'applicazione del rossetto.

Elsa passò un fazzolettino sulla bocca di Amina e Parween stese un velo di cipria sulle labbra. Poi Elsa prese un rossetto di un bel rosso brillante e applicò il primo strato, invitò Amina a congiungere le labbra e quindi Parween applicò il secondo strato. Elsa e Parween arretrarono e, soddisfatte del loro lavoro, lasciarono che il rossetto si fissasse, quindi Parween prese uno stick di lucidalabbra e lo passò sulla bocca di Amina, rifinendo di un tocco brillante il trucco perfetto delle labbra.

Le donne emisero esclamazioni ammirate mentre facevano a gara per chi avrebbe aggiunto l'ultimo tocco di colore sul viso di Amina. Poi si misero in fila affinché Parween ed Elsa potessero compiere anche su di loro la magia con il rossetto. Elsa osservò Parween impegnata a stendere il rossetto sulle labbra sottili di una donna anziana. Quest'ultima si guardò allo specchio e sorrise soddisfatta. Alla donna successiva, Elsa applicò un bel tocco di rosa. La giovane donna ridacchiò portandosi la mano alla bocca.

«Ohh, siamo tutte così belle», esclamò. «Immagino che persino Allah stia sorridendo, oggi», osservò, suscitando le risate delle altre.

«Sì, sono sicura che Allah stia sorridendo nel vederci qui riunite, amiche vecchie e nuove che condividono il rossetto», convenne Elsa.

Le donne si lasciarono affascinare dal rossetto fino a quando non arrivò l'abito da sposa e un'esclamazione di meraviglia si levò dal gruppo. Nonostante il vestito fosse alquanto vecchio, e piuttosto consunto, era ancora bello e ora apparteneva ad Amina la quale indossò l'abito di delicata stoffa ricamato con perline luccicanti sul quale fece scorrere le mani.

Arrivò anche la madre di Sidiq, Farah, che baciò Amina più volte.

«Sei un angelo, sei bellissima. Sono felice di avere una nuova figlia». Parlava con la stessa voce querula di Sidiq e anche il sorriso gentile era quello del figlio.

Amina, la cui madre era morta quando lei era bambina, sorrise alla suocera. Quando Farah si fece avanti per appoggiare il velo bianco trasparente sul capo della sposa, gli occhi di Amina si riempirono di lacrime. La moglie di Rashid si inginocchiò per infilare i piedi di Amina nelle scarpe di vernice bianca con i tacchi alti che tante altre spose di Bamiyan avevano indossato. Non sempre le scarpe calzavano bene, ma ad Amina erano perfette, e lei sgranchì contenta le dita dei piedi.

Elsa tirò fuori il suo specchietto e lo consegnò alla sposa affinché si guardasse. Non c'era mai stata sposa altrettanto bella in tutta Bamiyan. Un sorriso si schiuse sulle labbra vermiglie della sposa che avvicinò a sé lo specchio come se stesse cercando, senza trovarla, traccia dell'altra Amina. La sposa che la guardava dallo specchio era l'immagine medesima della bellezza.

Con le lacrime agli occhi, Amina rivolse uno sguardo riconoscente a Elsa e a Parween. «Grazie», disse in un perfetto inglese. Elsa e Parween baciarono la sposa e si fecero da parte.

Elsa si recò a casa di Rashid per accertarsi che fosse tutto pronto per il matrimonio. Dal momento che era straniera aveva il permesso di unirsi agli uomini e sarebbe stata l'unica invitata a poter partecipare ai festeggiamenti di entrambi i sessi. Vide Mike e Dave fuori dalla casa, intenti a parlare con Hamid, e si rallegrò nel vedere i due soldati in uniforme, e con le armi in vista, bere tè e chiacchierare rilassati.

Mike notò Elsa e sollevò la minuscola tazza che aveva in mano in segno di saluto. Dal momento che non potevano concedersi effusioni in pubblico, per quel giorno si sarebbero accontentati di rivolgersi cenni e sorrisi. Persino i balli si sarebbero svolti separatamente. Elsa era scoppiata a ridere quando, dopo avere informato Mike e Dave dell'usanza, aveva visto le loro espressioni.

«Io non ballerò», dichiarò Mike. «Serberò tutti i miei balli per te».

Dave convenne con lui. «Per quanto voglia bene a Mike come a un fratello, non ho di certo intenzione di mettermi a ballare il fox-trot con lui».

Elsa fece l'occhiolino a Mike mentre si dirigeva verso un gruppo di uomini intenti ad arrostire su un fuoco vivace carne di capra il cui odore pungente riempiva l'aria. Un secondo gruppo di uomini stava disponendo sul tavolo enormi piatti di riso. Un altro tavolo era imbandito di pagnotte di naan, vassoi di biscotti e torte che attirarono l'attenzione di Elsa. Su un tavolo più piccolo erano invece collocate ciotole di yogurt e fette di melone dolce.

Elsa cercò Rashid e corse a informarlo che sua sorella era pronta. Rashid le chiese di accompagnare lì Amina e le altre donne e di condurle nella stanza centrale riservata a loro dopodiché la cerimonia avrebbe avuto inizio. Mentre Elsa si allontanava le giunsero le prime note della vivace musica nuziale afgana.

Arrivata a casa annunciò che il momento era arrivato. Un ampio drappo fu adagiato sul capo della sposa affinché nessuno potesse vederla mentre percorrevano il tragitto fino all'abitazione di Rashid.

Quando arrivarono nella stanza adibita alle donne, il drappo venne rimosso e la sposa fu accompagnata al suo posto d'onore e invitata ad accomodarsi su una pila di cuscini di velluto. Da quella postazione avrebbe assistito ai festeggiamenti, le donne si sarebbero sedute a turno vicino a lei, offrendole cibo, bevande e consigli matrimoniali. Nonostante Amina avesse partecipato a molti matrimoni nella sua vita, confidò a Elsa che non le era mai stato permesso di sedersi troppo vicino alla sposa per paura che in qualche modo guastasse la festa esibendo il suo ripugnante sesto dito.

Ma quel giorno il posto d'onore spettava a lei. Elsa e Parween erano sedute al suo fianco e le sussurravano parole tranquillizzanti.

«Sidiq sarà un buon marito, Amina», le disse Elsa a bassa voce.

Parween le rivolse i più sinceri auguri per un'unione benedetta da molti figli. Amina se ne stava seduta in silenzio, con gli occhi sgranati. Dopo un po' Elsa si scusò accarezzandole la mano e andò a curiosare nella stanza riservata agli uomini.

Musica e risate le giunsero da dietro la porta alla quale bussò. Quando entrò vide gli uomini scherzare con lo sposo assestandogli amichevoli pacche sulle spalle, coloro che erano già sposati condividevano con Sidiq i loro segreti sul talamo coniugale.

«Se i capelli le scendono fino alla vita, allora i tuoi piaceri non avranno mai fine. Capelli più corti significano piaceri più brevi». L'affermazione suscitò uno scoppio di ilarità.

Elsa raggiunse Mike e gli chiese come se la stessero passando.

«Be', sei hai portato la birra, sono pronto a festeggiare». Elsa avrebbe voluto baciarlo, ma dovette trattenersi. Si guardò attorno in cerca di Sidiq.

Lo individuò circondato da una piccola folla di uomini della famiglia i quali, quando la videro sopraggiungere, le fecero spazio. Quel giorno, in mezzo a tanta gente che lo festeggiava, Sidiq sembrava quasi bello. Aveva i capelli puliti e in ordine, il nuovo *shalwar kamiz* che indossava era immacolato e le scarpe con il tacco che aveva noleggiato lo rendevano notevolmente più alto. Trasudava fiducia in se stesso ed emanava un sentore di colonia a buon mercato. Quando vide Elsa l'accolse con un sorriso.

«Mia cara amica», gridò. «Che Allah ti benedica per la parte che hai avuto nella realizzazione di questo giorno meraviglioso. Non dimenticherò mai la gentilezza che hai dimostrato a me e a mia moglie».

Elsa si portò la mano al cuore, gli augurò tanti figli maschi e una lunga vita. Salutò con un cenno del capo gli altri ospiti, si inchinò e tornò da Mike e Dave.

«Be', che ne pensate?», chiese. «Niente a che vedere con i matrimoni che si celebrano in patria, vero?».

Dave sorrise ironico.

«Non so, a dire il vero il mio matrimonio è stato un po' come questo, anche se noi abbiamo alzato un po' troppo il gomito! Auguro loro di poter fare altrettanto un giorno».

Mike scoppiò a ridere e brindò agli sposi sollevando la sua tazza di tè.

Per Mike e Dave il matrimonio fu qualcosa di più di un'occasione conviviale. L'evento diede loro l'opportunità di mescolarsi alla gente del posto e di raccogliere preziose informazioni. Ascoltando con pazienza i discorsi degli invitati, avevano appreso i nomi dei villaggi che il nemico utilizzava come nascondiglio, Ghazni a sud, Fardeen e Sattar a nord.

«Sempre che l'informazione abbia un fondamento...», disse Mike rispondendo scettico allo sguardo interrogativo di Dave.

«So che cosa stai per dire. So che l'informazione ci è giunta da un uomo anziano, e so che la metà delle notizie che ci provengono dai servizi di intelligence sono fasulle, anzi, che dico, ben più della metà. E so che quanto abbiamo sentito oggi potrebbe essere soltanto il vaniloquio di un vecchio. Ma credo che valga la pena controllare. E se l'informazione è corretta, potremmo unirci alla gente di Bagram, stanare il nemico e attaccarlo nel suo rifugio. Potrebbe trattarsi dell'opportunità che cercavamo». Dave diede di gomito a Mike per avvertirlo della presenza di Elsa. Mike si voltò e abbozzò un sorriso nervoso, sperando che lei non avesse sentito la loro conversazione. Dio solo sapeva se non aveva già abbastanza problemi con il suo lavoro, e meno sapeva, meglio era per tutti loro. Elsa si mise vicino a Mike il quale la guardò pensando che fosse bellissima e che profumasse di buono.

Elsa si mise a battere le mani al ritmo della musica mentre gli uomini ballavano, ciascuno cercando di primeggiare esibendosi in elaborati passi di danza e giravolte. L'entusiasmo era contagioso e presto tutti ballarono battendo le mani.

Quando Mike cominciava a pensare che le danze non sarebbero mai terminate, si udì l'annuncio che era giunta l'ora della cerimonia e Sidiq, Rashid e tutti i maschi della famiglia lasciarono la stanza.

Elsa, Mike e Dave furono invitati ad assistere alla cerimonia durante la quale Rashid sarebbe rimasto al fianco della sorella mentre questa prendeva Sidiq in sposo. I partecipanti recitarono le preghiere con voce sommessa dopodiché il prete passò il Corano sopra le loro teste.

Subito dopo, un velo venne teso sopra le teste di Amina e Sidiq mentre veniva consegnato loro uno specchio.

«Che cosa stanno facendo», chiese Mike a Elsa.

«Stanno rimirando la loro prima immagine da sposati», sussurrò Elsa senza distogliere lo sguardo dagli sposi.

Nel giro di pochi minuti il velo venne sollevato e Amina e Sidiq furono dichiarati marito e moglie. Sidiq prese la mano di sua moglie e la condusse nella sala da pranzo.

Elsa portò la notizia nella stanza delle donne e, quando ebbe annunciato che Amina era diventava la moglie di Sidiq, le donne esultarono.

Nel frattempo Rahima era arrivata con i due bambini e Zahra corse incontro a Elsa con le braccia tese. «Essa, Essa!», gridava la piccina. Elsa la prese in braccio e cominciò a ballare con lei per tutta la stanza. Zahra, divertita, emetteva gridolini mentre cercava con lo sguardo la mamma. Un attimo dopo, anche Parween si unì a loro nella danza. Rahima e il piccolo Raziq si unirono ai festeggiamenti e ballarono tutti insieme prima di sedersi a tavola per consumare il sontuoso banchetto.

Furono serviti piatti ricolmi di cibo e le donne vennero incoraggiate a mangiare. Queste si affollarono attorno alla tavola imbandita e per alcune di loro fu l'occasione per sedare i morsi della fame come non facevano da tempo.

Nella sala da pranzo, Amina era seduta di fianco a Sidiq e gli invitati li servivano. Elsa si riempì un piatto di carne di capra arrosto, riso, biscotti e una fetta di torta. Amina sorrideva assaporando ogni boccone e godendosi le attenzioni che gli invitati le riservavano. Elsa era consapevole che, una volta terminata la festa, Amina avrebbe dovuto aggiungere Sidiq all'elenco delle sue responsabilità. Ma per fortuna i festeggiamenti sarebbero proseguiti ancora per ore.

Elsa si guardò attorno in cerca di Mike e quando lo scorse lui le fece un cenno.

«Elsa, noi dobbiamo andare».

«Sono così felice che siate venuti», gli disse prendendolo per mano.

«Vorrei tanto poterti baciare, qui, su due piedi», le sussurrò Mike. «Ma temo di dovermi prenotare per un'altra occasione. A presto, comunque», le disse strizzandole l'occhio.

Mentre lo guardava allontanarsi, Elsa si sentì intenerire. Poco dopo aver lasciato Mike e Dave, venne raggiunta da Parween.

«Hai visto Amina? È raggiante», disse Elsa con entusiasmo.

«Sì, ero nel cortile quando Sidiq le ha preso la mano e le ha accarezzato il dito. Ad Amina sono venute le lacrime agli occhi, poi gli ha sorriso, credevo che scoppiasse di gioia». Parween prese in braccio Raziq che si era addormentato e lo strinse a sé «Anche tu sei raggiante, per via di Mike?»

«Sì, grazie a te», rispose Elsa accarezzando l'amica.

Parween le diede un bacio sulla guancia. «Adesso per noi è ora di tornare a casa», annunciò.

«Buonanotte, amica mia», disse Elsa.

«*Sha bokhai, rafiq è man*», rispose Parween.

Capitolo 26

Ora che Amina si era sposata, Elsa si sarebbe ritrovata di nuovo sola e nonostante lei non fosse affatto preoccupata, la cosa preoccupava chi le voleva bene. Hamid considerò la possibilità di richiamare il *chowkidor,* il vecchio guardiano di un tempo, ma non riusciva a rintracciarlo. Anche Mike stava pensando a un modo per garantirle sicurezza.

Tuttavia, a causa della miriade di tabù che ancora sussistevano nella società afgana, non poteva farsi vedere mentre entrava in casa di Elsa da solo per intrattenersi oltre un certo lasso di tempo. Temeva che a Elsa venisse attribuita l'etichetta di puttana, o peggio ancora, di suscitare il sospetto che fosse una spia.

Il mattino successivo al matrimonio, Elsa si alzò e andò nella piccola cucina che era sempre stata territorio di Amina. Prese una tazza e del caffè solubile e cercò una scatola di fiammiferi per accendere il fuoco.

Cercò in ogni angolo fino a quando i suoi occhi non caddero su un pezzo di stoffa azzurro. Appeso a un gancio conficcato nel muro di fango c'era il burqa color indaco di Amina, raramente glielo aveva visto indossare e infatti si era dimenticata di portarlo via con sé.

Elsa ricordò come il burqa l'avesse protetta quando si era recata a Mashaal. "Invisibile", fu la parola che le venne in mente poiché l'indumento le aveva davvero permesso di passare totalmente inosservata.

Si chiese se non sarebbe stato utile anche a Mike e lo prese dal gancio per esaminarlo meglio. Amina era più alta di Elsa e

Parween, e il suo burqa poteva costituire la soluzione giusta per risolvere il problema. Se fosse riuscita a convincere Mike a togliersi gli stivali e a indossare l'abito dalle mille pieghe la gente avrebbe potuto scambiarlo, quantomeno a distanza e di notte, per una donna.

Hamid arrivò presto quel mattino e si avviarono in direzione dell'ospedale passando attraverso i campi d'irrigazione. Elsa aveva portato con sé il burqa, avvolto ben bene in un foglio di carta, nella speranza di incontrare Mike. Durante il percorso lei e Hamid si scambiarono aneddoti sui festeggiamenti della sera prima.

«Sidiq e Amina sono una bella coppia, vero?», disse Hamid sorridendo orgoglioso. Dal momento che aveva partecipato anche lui a combinare quel matrimonio, si sentiva coinvolto nel futuro degli sposi quasi come se fosse il fratello di Sidiq.

Non appena arrivarono all'ospedale, Elsa vide la jeep di Mike parcheggiata fuori dall'edificio. Dave era seduto al posto del passeggero, i capelli biondi illuminati dal sole. Aveva una pistola nella fondina e un'altra assicurata alla caviglia che faceva capolino da sotto i pantaloni. La vista delle armi ricordò a Elsa che la loro missione lì – i dettagli della quale Mike non aveva mai voluto condividere – era mille volte più pericolosa di quanto lei avesse immaginato. Dave le sorrise vedendola avvicinarsi alla jeep. «Ehi, ciao! Hai l'aria stanca, i festeggiamenti di ieri sera, eh?», le disse nel suo accento biascicato.

«Grazie tante, sono proprio queste le parole che ogni ragazza vuole sentirsi dire», rispose lei. «Abbiamo tirato tardi, ma è stato così divertente. Sono felice di aver potuto partecipare a un matrimonio qui, tu no?».

Dave abbozzò un sorriso malinconico. «Mi ha ricordato ancora una volta quanto mi mancano Lisa e i bambini. È da quasi un anno che non li vedo», disse scrollando il capo ed estraendo le loro fotografie che teneva nella tasca vicino al cuore e che erano sbiadite a furia di rigirarle in mano.

Elsa gli mise una mano sulla spalla. «Mancano soltanto due mesi, presto li rivedrai».

«Giusto, cara, soltanto due mesi e partirò per Bagram», rispose lui con un sorriso.

Elsa gli chiese se anche Mike era lì.

«Mike è sempre con me. Caspita, trascorro più tempo con lui di quanto ne abbia mai trascorso con Lisa».

«Beato te», commentò Elsa. «Io, invece, vorrei poter stare più tempo con lui».

«Adesso ti senti un po' sola in quella casa, vero? Sono sicuro che tu e Mike troverete una soluzione. So che lui spera di riuscire a trovare il modo di passare un po' di tempo con te», le disse con una strizzatina d'occhio.

Elsa si guardò in giro per accertarsi che non ci fosse nessuno e poi rivelò a Dave il suo piano.

«Potrebbe funzionare, buona idea», commentò lui.

In quel momento Mike apparve in lontananza. Veniva nella loro direzione a grandi passi e vedendo le espressioni sul loro viso capì che stavano tramando qualcosa.

«Che bolle in pentola?», chiese. «Che cosa stavate complottando?».

Mike ascoltò Elsa mentre lo metteva al corrente del suo piano.

«Che vuoi che sia, di cose più folli di questa ne ho fatte tante in vita mia», commentò ridacchiando. «Ce l'hai con te questo burqa?».

Elsa gli consegnò il pacchetto. «Ci vediamo stasera, allora?»

«Puoi contarci. Sarò da te alle sette in punto. Fatti trovare fuori dalla porta di casa così non dovrò chiamarti. Non credo che mi prenderebbero per una donna se sentissero la mia voce!».

Dopo quella battuta, salì a bordo della jeep e partì, lasciandosi dietro una nuvola di polvere.

Elsa trascorse l'intera giornata in uno stato di eccitazione. Mandò Sidiq a casa prima del solito affinché potesse trascorrere un po' di tempo con la moglie.

«*Burro*, *burro*», ordinò sorridendo al novello sposo. «Goditi la tua Amina». Poi corse a casa anche lei, fermandosi soltanto per informare Parween che non sarebbe andata a cena da lei.

L'amica sorrise e annuì, comprensiva.

«Ti auguro una piacevole serata», le disse con un sorriso d'intesa.

Elsa arrivò a casa prima delle quattro e si gettò sul materassino per riposare un po' prima dell'arrivo di Mike. Si svegliò dopo un'ora e andò in bagno a prepararsi per la serata. Si fece il bagno e si diede la crema che aveva prestato ad Amina per il matrimonio.

Davanti allo specchio si pettinò, lasciando i capelli sciolti sulle spalle. Con aria sognante, estrasse il rossetto e si passò la nuance rosa sulle labbra. Scelse il vestito verde brillante che si era fatta fare al bazar e lo indossò, dopodiché infilò i pantaloni larghi che erano diventati parte integrante del suo abbigliamento.

Sistemandosi il velo sulle spalle, andò in cucina.

Rashid le aveva mandato alcuni deliziosi avanzi del banchetto nuziale, lei li mise insieme e stese la tovaglia sul pavimento per la cena. Aveva due forchette e due coltelli il che avrebbe permesso loro di mangiare utilizzando le posate. Le sarebbe piaciuto servire a Mike una bistecca e del buon vino, ma per quella sera avrebbero dovuto accontentarsi di carne di capra, riso e fagioli. Tuttavia sperava che il pensiero di Mike, come il suo, non fosse rivolto al cibo.

Guardò l'orologio, erano quasi le sette. Schiuse il portone e nel giro di pochi minuti sentì il rumore oramai familiare della jeep che sopraggiungeva, si fermava brevemente, per ripartire subito dopo a gran velocità. Mise fuori la testa e vide una figura alta che, celata dal burqa color indaco, veniva nella sua direzione procedendo ingobbita.

Elsa aprì il pesante portone e Mike s'intrufolò dentro. Non riuscirono a trattenere le risate e si abbracciarono, abbandonandosi all'ilarità.

Poi Mike arretrò di un passo e sollevò il burqa sopra la testa ed Elsa notò che indossava ancora gli stivali. Mike vide l'espressione preoccupata di lei e la tranquillizzò.

«Non potevo indossare i sandali, ho bisogno dei miei stivali, tesoro. La strada era deserta. Sono certo che nessuno mi ha visto».

Elsa abbozzò un sorriso e lo invitò ad accomodarsi. Si sedettero per terra a gambe incrociate e cominciarono a sbocconcellare il cibo prima di decidere che, in realtà, non avevano fame. Avevano aspettato così a lungo di essere soli e ora tutto quello che riuscivano a fare era guardarsi negli occhi. Finalmente Mike si decise a tirarla a sé.

«Oh, scusa, aspetta un secondo», le disse mentre estraeva la pistola dalla fondina e la depositava di fianco a sé sul pavimento. Quindi si liberò anche della pistola più piccola che teneva assicurata alla caviglia. Eseguite quelle due operazioni guardò Elsa e le sorrise.

Lei provò un profondo sollievo ora che si era sbarazzato delle armi, almeno per quella sera avrebbe dimenticato di essere, prima di tutto, un soldato.

«Adesso sono pronto», le disse mentre lei lo accompagnava in camera da letto.

Armeggiarono con cinture, bottoni e fibbie e quando finalmente si furono liberati degli abiti che indossavano, si strinsero in un intimo abbraccio e fu come se il corpo di Elsa nascesse a nuova vita. Sentire la pelle ruvida di Mike sulle proprie morbide membra le procurò una sensazione di insostenibile piacere.

Mike fece scorrere la lingua sulle sue labbra prima di baciarla con una tale passione che Elsa si sentì in balia del proprio piacere. Gli accarezzò le spalle e le cosce e quando lui si mise sopra di lei, il suo peso fu piacevole come una coperta calda in una notte d'inverno.

"È possibile che tutto questo stia accadendo proprio a me?", si chiese Elsa temendo quasi di abbandonarsi completamente a Mike e di lasciare che quel momento giungesse al suo compimento. Quando finalmente si lasciò andare, l'eccitazione dei loro corpi congiunti dissolse tutti i suoi dubbi, e allora desiderò che quella notte non finisse mai.

Elsa non avrebbe saputo dire per quanto tempo fecero l'amore, frastornati com'erano dalla passione, ma a un certo punto giacquero appagati l'uno vicino all'altra e lei assaporò ogni più piccolo istante di quella gioia. Benché soddisfatti, non riuscirono a prendere sonno, rimasero svegli a parlare, fra momenti di rinnovata passione, dei sogni per il futuro.

«Ora che ti ho incontrato, non ho intenzione di lasciarti andare. Che ne dici se, una volta tornati in patria, continuassimo a frequentarci? Poi, quando avrò lasciato l'esercito, potremmo lavorare insieme come volontari in qualche parte del mondo», le chiese Mike facendo scorrere il dito sulla sua spalla nuda e suscitandole lunghi brividi.

«Oh, Mike, mi sembra un'idea meravigliosa. Magari potremmo andare in Ruanda o… be', ovunque ci sia bisogno di aiuto».

«Ti seguirei ovunque, Elsa. Ovunque», le disse mentre la sua voce si trasformava in un sussurro, la stringeva a sé e la baciava.

Giacquero abbracciati e fu soltanto alle prime luci dell'alba che presero sonno, mentre la brezza portava fino a loro gli incantevoli suoni del richiamo alla preghiera. Quando Elsa si svegliò, Mike se n'era già andato, portando con sé il burqa. Elsa si girò su un fianco e accarezzò la sua parte del letto, il suo profumo aleggiava ancora nell'aria e fu con riluttanza che si alzò e andò a scaldare l'acqua per il caffè.

Elsa era in uno stato catatonico, versò il caffè e rimase a guardarlo debordare dalla tazza senza alzare un dito. Sorrise di fronte alla sua improvvisa inettitudine e si arrampicò sul tetto per guardare il villaggio che si svegliava. Lassù, alla pallida luce del mattino, per certi versi, il villaggio sembrava diverso, più bello, più tranquillo. Ma forse era solo lei a sentirsi così e il villaggio in tutto quello non c'entrava per niente.

I suoi dubbi si erano dissolti, ora ne era convinta: amava Mike.

Capitolo 27

Mentre Elsa era all'apice della felicità, Parween era assillata da un pensiero fisso: l'amato zio Abdullah stava morendo.

Nonostante soffrisse di tubercolosi da anni, era come se la diagnosi di Elsa avesse accelerato il progredire della malattia. Il fisico, un tempo prestante, si indeboliva di giorno in giorno, e la pelle cascante ricopriva un corpo oramai scheletrico. Quattro mesi dopo essere stato visitato da Elsa, fu costretto a mettersi a letto, sofferente per via della tosse che gli sconquassava il petto magro e lo costringeva a sputare sangue. Oramai trascorreva i suoi giorni rannicchiato sul materassino.

Sua moglie si prendeva cura di lui e il figlio Hussein venne chiamato a casa da un vicino villaggio. Soltanto Parween sembrava ancora decisa a combattere la malattia.

«Zio, ti prego, non arrenderti», lo scongiurava. «Possiamo provare ad andare a Kabul, come ci ha consigliato Elsa. Ti prego, zio, ti prego». Parween piangeva chiedendosi come avrebbero fatto a cavarsela senza di lui.

Abdullah si mise seduto e i colpi di tosse riempirono la stanza. Si pulì la bocca con la sciarpa e tornò a sdraiarsi.

«Oh, mia piccola Parween, mi sembra ieri che eri una bambina appena arrivata da Onai», ricordò sorridendo. «Vieni qui, piccola mia», le disse stringendola fra le sue braccia scheletriche. «Ti ricordi quanta fame avevi, allora?». Abdullah doveva compiere un grande sforzo per trarre brevi ansiti e le parole gli uscivano a fatica dalla bocca. «Volevi una vita avventurosa, non volevi indossare il velo, ma ti comportavi come ti veniva ordinato e, allora, Allah si è preso cura di te».

Fece un'altra pausa per tossire, e i colpi di tosse gli scuotevano con violenza il petto. Dopo l'ennesima crisi si abbandonò esausto contro i cuscini.

«Piccola Parween, sono nelle mani di Allah ora. Spetta a lui decidere».

Abdullah chiuse gli occhi mentre quelli di Parween si riempirono di lacrime. Ringraziò il cielo che si fosse addormentato, così non avrebbe visto la sua tristezza. L'uomo grande e forte di un tempo non era che l'ombra di se stesso. Per Parween – come per tutti coloro che volevano bene allo zio Abdullah – quelli erano giorni di un'insopprimibile tristezza.

Parween fece recapitare a Elsa un messaggio attraverso il quale le chiedeva di recarsi da lei con urgenza.

Nel corso degli ultimi mesi, Elsa aveva incontrato lo zio Abdullah in diverse occasioni e aveva assistito al suo rapido declino. Nonostante sapesse che la malattia dalla quale era affetto non gli lasciasse scampo, si era preoccupata nel vederlo peggiorare così velocemente.

Quando Elsa arrivò a casa di Parween, l'amica si abbandonò a un pianto di dolore.

«Oh, Elsa, ti prego fai qualcosa. Non lasciarlo morire, non ancora. Ti prego!».

Elsa le chiese di portarla da lui e, insieme, le due amiche si recarono nella stanza dello zio. Il rantolo che gli proveniva dal petto a ogni respiro era tale che svegliò il malato dal suo stesso sonno.

«Oh, mia cara Elsa», sussurrò a fatica lo zio, mentre lei lo visitava.

«Non parli, zio», gli disse Elsa sedendosi al suo fianco ed estraendo lo stetoscopio per auscultargli cuore e polmoni. Quando ebbe finito, tirò un sospiro e accarezzò la mano di Abdullah.

«La malattia è progredita e ora sembra che abbia raggiunto anche il cuore. Non pompa più come dovrebbe ed è per questo che ha il respiro corto e affannato. Potremmo somministrarle dei farmaci che rafforzino un po' il battito cardiaco, credo che sarebbe meglio se lo portassimo all'ospedale dove potremmo aspirare il liquido che provoca lo compressione. Una volta eseguita questa manovra, potrebbe respirare meglio. Vale la pena provare».

Elsa fece una pausa e si rivolse a Parween. «Credi che abbia compreso il mio dari? Si farà ricoverare?».

Parween sussurrò qualcosa ad Abdullah che prese la mano di Elsa e mormorò: «*Balay*, sì, certo che verrò all'ospedale».

Il figlio di Abdullah assicurò un carretto al mulo e tutti aiutarono Abdullah a sistemarvisi sopra. Elsa e Parween procedettero di fianco al carretto lungo la polverosa strada che portava all'ospedale. Quando arrivarono, Elsa dispose affinché venisse preparato un letto. Abdullah accettò di entrare a patto che lo lasciassero camminare da solo.

«Non sono ancora morto», disse, cocciuto, mentre con passo lento si avviava verso l'entrata dell'ospedale.

Elsa trovò Ezat e, con l'aiuto di Parween, lo informò delle condizioni di Abdullah, della malattia e dei farmaci di cui lei pensava avesse bisogno.

Ezat ascoltò annuendo. «Gli darò un'occhiata, c'è un letto libero nella stanza in fondo al corridoio, possiamo portarlo lì».

Mentre Ezat e la sua équipe si occupavano di Abdullah, Elsa tornò al lavoro. Prima che calasse la notte, il respiro di Abdullah era migliorato considerevolmente. I farmaci che gli avevano somministrato lo avevano aiutato a eliminare il liquido in eccesso e ora poteva riposare tranquillo. Parween lo lasciò con il figlio e tornò a casa dai suoi bambini.

Prima di tornare a casa, Elsa passò a trovarlo. Lui l'accolse con un ampio sorriso e si mise seduto sul letto. «Credo che sia stato Allah a mandarla qui, Elsa», le disse prendendole la mano. «*Inshallah*, la vedrò ancora domani».

«Certo che mi vedrà, zio».

Quella sera, quando Elsa arrivò a casa di Parween, diede subito la notizia del miglioramento delle condizioni di zio Abdullah. «Sta meglio, Ezat potrebbe decidere di dimetterlo già domani».

Parween sorrise rinfrancata. «Grazie, cara amica».

Elsa cenò con riso e fagioli in compagnia di Parween, Rahima e i bambini. Zahra si accoccolò vicino a Elsa e subito si addormentò. Finita la cena, Elsa tirò fuori il suo materassino, era sfinita e non vedeva l'ora di riposare.

«Svegliami al canto del gallo, Parween, così potremo andare da zio Abdullah di buon'ora».

«*Shab bokhai*, buonanotte, Elsa», sussurrò Parween.

Il mattino successivo, Ezat dichiarò che Abdullah poteva tornare a casa. «Il liquido tornerà a ingrossare il cuore, ma per il momento, le sue condizioni sono migliorate. Può proseguire la cura a casa».

Abdullah strinse la mano a Ezat e lasciò l'ospedale. Venne aiutato a salire in groppa al mulo che si mise in cammino verso casa.

Nel giro di pochi giorni dal suo rientro a casa, Abdullah riprese ad accusare difficoltà respiratorie. Nonostante i farmaci, la malattia continuava ad aggredirgli i polmoni e a sottrargli il respiro. Fu di nuovo costretto a letto, ma rimase sereno quando chiamò al suo capezzale i familiari per l'estremo saluto.

Parween scoppiò a piangere, rifiutandosi di dargli l'addio.

«Elsa è una vera amica, mia piccola. Abbia cura di lei, fa che non corra pericoli. Questo è il volere di Allah». Una volta dato l'addio ai suoi cari, Abdullah chiuse gli occhi serenamente.

Parween rimase al suo fianco e ogni volta che il suo respiro si faceva più faticoso, o quando emetteva un rantolo, lei gli massaggiava il petto e gli sussurrava: «Respira a fondo, zio, respira a fondo». E quando lei gli parlava, sembrava che il respiro si alleviasse e gli desse un po' di tregua, fino a quando i polmoni non si riempivano di nuovo di liquido provocandogli un ulteriore accesso di tosse.

Zio Abdullah andò avanti così ancora per un giorno fino a quando le parole sussurrate da Parween e le sue carezze non sortirono più alcun effetto. Si spense nel cuore di una notte rischiarata dalla luna, mentre Parween e gli altri dormivano.

Quando Parween si svegliò e andò da lui, pensò dapprima che il suo respiro si fosse quietato permettendogli di dormire tranquillo.

«Zio? Ti senti meglio?», chiese.

Ma non ottenne risposta e, guardandolo bene, si accorse che la pelle aveva assunto un colorito grigiastro, lo toccò e scoprì che era freddo. Lo zio Abdullah li aveva lasciati.

Parween venne sopraffatta dalla tristezza, cominciò a piangere sommessamente baciandogli il viso e le mani prima di chiamare a raccolta la famiglia.

La moglie e il figlio di Abdullah lo lavarono e lo prepararono per la sepoltura. Hussein si recò al cimitero di famiglia e scavò una fossa vicino a Mariam. Abdullah venne avvolto nella sua *patou* preferita, una coperta che aveva indossato quasi ogni giorno della sua esistenza, prima di venire trasferito al cimitero dove avrebbe riposato in pace.

Elsa e Hamid arrivarono giusto in tempo per recitare le preghiere e dare l'ultimo saluto ad Abdullah. Parween e Rahima piangevano, strette in un abbraccio.

Elsa si avvicinò a Parween e le prese la mano.

«Ora non soffrirà più. È felice in paradiso».

Parween posò la testa sulla spalla di Elsa.

Hussein annunciò che sarebbe tornato a Bamiyan e avrebbe preso il posto di suo padre come capofamiglia. Mandò a chiamare sua moglie e suo figlio che arrivarono da un villaggio vicino dove Hussein lavorava come pastore per un ricco proprietario terriero. A Bamiyan si sarebbe occupato del piccolo gregge di suo padre e avrebbe provveduto a mandare avanti la famiglia.

Nonostante fosse un brav'uomo, non era nemmeno lontanamente dotato di una mentalità aperta nei confronti delle donne come lo era Abdullah. Hussein non si dava pace che il fratello di Raziq non si fosse fatto avanti con Parween, vedova ormai da più di un anno. Per lui non era bene che una donna rimanesse vedova; si trattava di una condizione impropria e sconveniente.

Un giorno chiamò Rahima e la mise a conoscenza della sua decisione.

«Considerati i tempi difficili, non è escluso che il fratello di Raziq sia morto. Ma se anche così fosse, questo non cambia il fatto che Parween è una donna giovane e deve sposarsi», esordì senza troppi giri di parole. «Benché io sia un uomo ragionevole, ritengo che si debbano rispettare le tradizioni», disse incrociando le braccia sul petto.

«Dunque ho deciso che prenderò Parween come mia seconda moglie. Tu mi conosci, Rahima, e sai che mi prenderò cura di lei come se fosse la mia unica moglie. Questa è la scelta migliore, e terrà unita la famiglia. Sono sicuro che Parween sarà d'accordo. Ti prego, informala tu della mia decisione».

«Io... non so se il fratello di Raziq è morto», balbettò Rahima. «Non so quali fossero gli accordi, ma parlerò con Parween», proseguì giungendo le mani tremanti.

Rahima trovò Parween intenta a raccogliere le uova covate dalla loro unica, smunta gallina.

«Devo parlarti, figliola. Vieni». Condusse Parween nella loro stanza dove potevano parlare in privato e rivelò subito alla figlia le intenzioni di Hussein.

Parween si sentì come se avesse ricevuto un pugno nello stomaco, e, per un attimo, non riuscì né a respirare né a ragionare. Un unico pensiero le vorticava nella mente e quando riuscì ad aprire bocca lo espresse con fermezza.

«Non sarò mai la sua seconda moglie né mi sposerò con altri. Come osa?», gridò esprimendo tutta la sua rabbia. «Stiamo bene così. Non ho bisogno di un uomo. Madre, mi hai costretto a sposarmi una volta, e ho conosciuto un uomo meraviglioso, ma non riuscirai a costringermi una seconda volta. Mio Dio! Digli che preferirei sposare una capra!».

«Calmati, Parween, arrabbiarsi non servirà a nulla», rispose

Rahima. «Ci ho pensato. Gli dirò che il fratello di Raziq ti ha dato la sua parola di reclamarti come sua sposa, ma che non sai quando verrà. Potrai dirgli che non lo avevi informato perché distratta dalla malattia di zio Abdullah. Nessuno scoprirà che è una bugia».

Parween fissò sua madre, attonita.

«Saresti pronta a proteggermi?».

Rahima le accarezzò i capelli. «Sì, tesoro. Ricordo bene la bambina rabbiosa che protestava perché non voleva essere relegata al ruolo della donna inutile. Alla fine facevi quel che ti veniva ordinato. Ma ora non voglio più obbligarti», disse tirando Parween a sé e stringendola forte. «Gli parlerò io, non ti preoccupare. Ti proteggerò, tesoro».

Capitolo 28

Nonostante ora fosse diventata una moglie, Amina lavorava ancora per Elsa tre o quattro volte a settimana. Cucinava, puliva, faceva il bucato e raccontava a Elsa della sua nuova vita. Era felice come una pasqua e ogni giorno ringraziava il cielo perché, diceva, non si era mai aspettata che Allah le concedesse un dono così grande.

Ridacchiava quando parlava di Sidiq, del suo nasone e della sua voce stridula.

«Oh, Elsa, a volte non riesco a trattenermi, e scoppio a ridere quando lui alza la voce al punto che mi sembra che a parlare sia un gallo!», fece una pausa portandosi la mano alla bocca. «Ma non dovrei parlare così, è tanto buono e, nonostante i miei difetti Sidiq, è gentile con me. Mi ha detto che mi ama. Ti rendi conto, Elsa? Sidiq mi *ama*».

Amina lavorava con il sorriso sulle labbra ed Elsa non ricordava l'ultima volta che aveva visto la sua amica tormentarsi il dito. Quello che il chirurgo non era riuscito a fare, lo aveva fatto l'amore di Sidiq e, quando Amina cucina o puliva o era seduta a condividere un tè, non nascondeva più la sua malformazione.

Amina non si presentava a casa di Elsa a giorni fissi, ma andava e veniva a suo piacimento. Quando cominciò a non farsi vedere per alcuni giorni di seguito, Elsa non si preoccupò, presumendo che la giovane sposa si stesse godendo la compagnia del marito.

Ma un mattino Amina apparve dopo un'assenza di diversi giorni ed Elsa notò che era pallida e aveva l'aria stanca.

«*Che'ast?* Qualcosa non va?»

«*Mariz*», mormorò Amina facendosi aria con un pezzo di naan fresco. Il profumo del pane le penetrò le narici e d'un tratto lei si coprì la bocca e corse fuori a vomitare. Si pulì la bocca con la manica e cominciò a piangere.

«*Che taklif*? Che cos'ho, Elsa? Perché sto così male?».

Elsa sorrise e chiese ad Amina quando aveva avuto l'ultima mestruazione.

«Be', è un po' che... da quando mi sono sposata», rispose dopo aver riflettuto un po'.

«Cara amica, credo tu abbia i classici sintomi della gravidanza. Ci vorrà ancora un po' prima di poterlo dire con certezza, ma credo che tu sia incinta».

«*Sai'est*?», chiese Amina incredula. «Potrei aspettare un bambino?», quindi rivolse lo sguardo al cielo e disse: «Allah misericordioso, grazie per questo dono». Ebbe un altro conato, ma questa volta non pianse e le affiorò un sorriso sulle labbra.

«Credo che dovresti dare la notizia a Sidiq, questa sera. Mi raccomando riguardati. Non c'è bisogno che sgobbi così tanto qui. Vai a casa a riposarti. Ci vediamo quando ti sentirai meglio».

«Ma devo fare il bucato», protestò Amina indicando la biancheria da lavare. «Non posso andare a casa».

«Invece devi. E comunque ho in programma di andare a fare il bucato con Parween al torrente, oggi. Era una cosa che volevo fare da tempo. Me la sbrigherò io con questa roba. Vai a casa», disse Elsa cercando di assumere un tono deciso.

Amina ripose la biancheria nel cesto di Elsa e si rimise il velo.

«Grazie, Elsa», le disse con un sorriso.

Elsa prese il cesto e si avviò verso casa di Parween. Era un venerdì e lei aveva finalmente imparato a godersi il tempo libero a Bamiyan. Non aveva organizzato nessuna gita per quel giorno. Mike si trovava a Bagram e, dunque, lei aveva deciso di trascorrere la giornata con Parween. Il tempo era bello, il cielo terso e l'aria tiepida e, mentre procedeva disinvolta lungo la strada, notò le prime spighe di grano e le patate che facevano capolino nei campi. Era il mese di settembre ed Elsa stentava a credere che fossero già passati sei mesi dal suo arrivo lì.

I bambini del vicinato videro Elsa e la seguirono. Seema, Bouman, Noori, Hussein, e Assadullah gridavano tutti insieme.

«*Salam alaikum chotor asti?*», dicevano in coro ridendo e correndole appresso. «Elsa, Amina si è sposata, vero?», Elsa sorrise e annuì. «Allora, adesso tocca a te?», dissero i bambini ridacchiando.

Elsa scoppiò in una risata. «*Mumkin*, forse», rispose mentre i bambini correvano nei prati a raccogliere sterco che si ficcavano in tasca.

Quando Elsa arrivò da Parween, la casa era immersa nel silenzio. Parween la accolse portandosi un dito alle labbra.

«Mia madre e i bambini stanno ancora dormendo, oggi saremo sole», la informò raccogliendo la biancheria da lavare dopodiché le due amiche si avviarono lungo il sentiero polveroso che conduceva al torrente.

«Credo che Amina aspetti un bambino», annunciò Elsa quasi sussurrando. «Ha tutti i sintomi, quantomeno».

«Davvero? Sono felice per lei. Ricordo la mia gioia ogni volta che sono rimasta incinta. È un momento propizio per Amina».

Abbandonarono il sentiero per addentrarsi fra gli alberi oltre i quali Elsa scorse un gruppo di donne sparpagliate lungo le rive di un torrente le cui acque scorrevano veloci. Si appropinquò al torrente e si accucciò sistemando il cesto per terra. Parween prese posto vicino a lei con la sua biancheria. Attorno a loro fu tutto un vociare mentre venivano accolte dai saluti delle altre.

«*Salam alaikum*», gridò Parween. «Questa è la mia amica Elsa, è infermiera all'ospedale».

Le donne si voltarono e sorrisero, alcune di loro guardarono incuriosite Elsa mentre altre, riconoscendola, la salutarono calorosamente.

«*Salam alaikum*», rispose Elsa guardando le donne e rivolgendo a ciascuna un sorriso.

«Si fa il bucato da sola?», chiese una vecchia dalla pelle avvizzita rivolgendosi a Parween.

«*Balay*, lei è una di noi», rispose Parween sollevando le sopracciglia e guardando negli occhi la donna che aveva formulato la domanda.

«Dille che siamo contente di fare la sua conoscenza», disse una giovane donna sorridente mentre si alzava un improvviso vento pungente.

«Chiedile se vuole fare anche il mio di bucato», ridacchiò la vecchia dando di gomito a Elsa e sorridendole.

Elsa rise a sua volta ed estrasse dalla tasca il pezzo di sapone sporgendosi verso il torrente. Prese dal cesto un paio di panni e li immerse nell'acqua gelida prima di estrarli, strofinarli e immergerli di nuovo. Nel giro di breve si ritrovò con le dita intirizzite dal gelo e dovette concedersi una pausa.

«È davvero dura fare il bucato in questo torrente gelido. Non sento più le dita», disse asciugandosi le mani nel vestito.

La donna anziana le venne in soccorso e le dimostrò come fare per riscaldarle, soffiando sulle proprie mani e sfregandole l'una contro l'altra. Elsa la imitò prima di rituffare le mani nel torrente rabbrividendo per il freddo.

«Ma, dai, guarda, hai quasi già finito. Sei fortunata a non dover fare il bucato di un'intera famiglia», scherzò Parween. «Adesso stendi i panni ad asciugare sui rami e vieni a sederti qui».

Elsa eseguì e, una volta appesi i panni, aiutò Parween a finire il bucato. Era andata al torrente per trascorrere una giornata con le donne, ascoltare storie e pettegolezzi. Strizzò gli ultimi panni e li appese ai rami e, strofinandosi le mani per produrre un po' di calore, andò a sedersi vicino all'amica.

Elsa sentì sulla pelle il tepore dei deboli raggi di sole.

«Non ti è mai capitato di addormentarti qui?», chiese a Parween lasciandosi cogliere dalla pigrizia.

«Ahh, sì. Vedrai più di una donna con gli occhi chiusi, oggi. Questo è per noi un luogo dove stringiamo amicizie, ridiamo e talvolta troviamo un po' di riposo».

Ma Elsa non voleva dormire, voleva invece sentire un po' di pettegolezzi e, quando le donne cominciarono a scambiarsi confidenze, le ascoltò attenta.

«Noma ha dato alla luce un bambino con tre occhi», annunciò una giovane donna dall'espressione dolce seduta nelle vicinanze. Le altre donne ridacchiarono incredule suscitando la rabbia di colei che aveva parlato. «Vi dico che è vero!», disse questa con voce petulante incrociando le mani sul petto e mettendo il broncio.

Elsa la accarezzò e le sorrise per consolarla.

Un'altra giovane donna, con un bambino piccolo che si dimenava fra le sue braccia, ridacchiò. «Mia cugina ha appena messo al mondo il suo dodicesimo figlio, un'altra bambina! Potete immaginare? Sarebbe stata contenta anche di un bambino con tre occhi, purché maschio!».

Le sue parole suscitarono l'ilarità generale e rise anche la donna che poco prima si era offesa. Un'altra donna mingherlina e dalla pelle avvizzita dagli anni trascorsi a fare il bucato al torrente, prese a parlare con voce gracchiante.

«La moglie di Waleed è scappata con lo stagnino. Adesso è costretta a vendere la merce di lui e anche la propria».

Scoppiarono tutte a ridere al pensiero di una donna che scappava con uno stagnino, uno di quei vecchi dai capelli arruffati dediti alla vendita di minutaglia stipata in grossi bauli di metallo che si portavano sulle spalle da un villaggio all'altro.

«Ah, be', forse andava in cerca di avventura», commentò Parween.

Le donne si sbellicarono dalle risa.

«Mio figlio ha visto la donna ribelle», intervenne l'anziana ingobbita, decisa a ottenere l'attenzione delle altre. «Era a cavallo sulla cima di quella montagna», e puntò il dito verso la lontana catena montuosa Hindu Kush. «Combatte ancora contro i talebani che si nascondono».

«*Sai'est?* Davvero?», chiese Parween rapita. Tutte loro avevano sentito la storia, o meglio, la leggenda della donna ribelle e tutte credevano si trattasse di una donna hazara. «Che aspetto aveva?»

«Assomigliava a te, cara Parween», rispose la vecchia con gli occhi che le brillavano. «Mio figlio dice che aveva lunghi capelli neri sciolti sulle spalle e occhi verdi come smeraldi. Portava la bandoliera a tracolla e cavalcava più veloce di tutti gli uomini della sua banda. Mi ha riferito che non avrebbe mai creduto che una donna potesse essere tanto bella fino a quando non ha visto lei».

Le donne sospirarono all'unisono con aria ammirata.

«Che fortuna tuo figlio ad averla vista!», disse Parween.

«La donna ribelle?», chiese Elsa. «Raccontami».

Parween fece per aprire bocca, ma proprio in quel momento apparve Soraya e lei saltò in piedi per andare ad accoglierla con baci sulle guance.

Elsa si voltò ed esclamò: «Soraya, *salam alaikum*. Ci sei mancata. Come sta Meena? Tutto bene?».

«Meena sta molto bene, ha ripreso ad andare a scuola e le sue ferite sono guarite. È tornata la bambina di un tempo. La mia famiglia e io vi saremo eternamente grate per la vostra bontà».

Soraya abbracciò le amiche. Poi sospirò e rivolgendosi a Parween disse: «Ma le buone notizie di cui sono portatrice non mi fanno scordare la tristezza che provo per te, Parween. Ho sentito del tuo caro zio Abdullah. Mi dispiace per la tua perdita, cara amica».

Con un velo di tristezza negli occhi Parween sospirò e rivolse lo sguardo al cielo azzurro. «La morte dello zio è una nuvola gonfia di lacrime e tristezza, ma dietro a ogni nuvola il sole splende ancora. Oggi per un attimo abbiamo visto il sole: Meena è al sicuro, e Amina aspetta un bambino. Queste buone notizie mi ricordano che, anche quando una nuvola nasconde il sole, non lo priva del suo splendore».

Elsa sorrise e prese la mano di Parween. Poi chiuse gli occhi e, sollevando il viso al cielo, si lasciò baciare dai raggi del sole.

Capitolo 29

«No, mamma, no!».

Zahra gridava e si dimenava cercando di liberarsi dalle braccia di Parween, ma a nulla valevano i suoi sforzi rispetto alla determinazione di sua madre. Elsa si avvicinò con la siringa.

«Stai buona, piccolina. Farò in un attimo».

Parween tenne stretta Zahra mentre Elsa le inoculava il vaccino.

«*Ssh*, tesoro, questo terrà lontano le malattie», le disse Parween dolcemente.

I singhiozzi di Zahra cessarono nell'istante in cui Elsa ritirò l'ago. Le strofinò il braccino mentre la bimba nascondeva il viso nel velo della madre. Parween le accarezzò la fronte e la cullò mentre si sedeva.

Elsa gettò la siringa e pulì la sala mentre si rivolgeva all'amica.

«Mi sono dimenticata di dirti che Mike mi ha lasciato la macchina fotografica. Possiamo fare le fotografie che volevi».

«Oh, bene!», esclamò Parween riuscendo a malapena a contenere la gioia. «Una fotografia come quella che aveva Dave, da portare sempre con me».

Elsa smise di pulire e si voltò verso l'amica.

«Hai visto i volantini che le Nazioni Unite hanno diffuso?», le chiese. «Pare abbiano in programma di aprire una scuola qui».

Parween sorrise lasciandosi cogliere dell'entusiasmo.

«Sì. Volevo chiederti notizie a riguardo. So che stanno cercando insegnanti. Credi che io sarei in grado di insegnare?»

«*Inshallah*», disse Elsa. Parween si meravigliò della facilità con la quale negli ultimi tempi quella parola affiorava sulle labbra dell'amica. «Credo che dovremmo parlarne con Johann. Immagino che spetti a lui prendere la decisione. Posso chiederglielo, se vuoi».

Parween non riuscì a contenere la gioia all'idea che i suoi bambini potessero frequentare una scuola.

Scuola, la sola parola aveva per lei un suono magico.

Il pomeriggio di una bellissima giornata di fine settembre, Elsa andò a trovare Johann all'ufficio delle Nazioni Unite. Gli aveva chiesto più di una volta di aprire una scuola e gli aveva parlato del desiderio di Parween di insegnare. Bussò alla porta di metallo e sentì i passi di Johann che si affrettava a venire ad aprire.

«Benvenuta, Elsa. Come sta? Entri pure», le disse mentre si sistemava gli occhiali e la guardava socchiudendo gli occhi.

«Johann è un piacere vederla, ho sentito la notizia e sono così emozionata, non ho resistito alla tentazione di venirle a chiedere ulteriori dettagli», gli disse facendogli vedere un volantino per dare maggior enfasi alle sue parole.

«Ahh, la scuola. Una bella novità, vero?»

«È fantastico! I bambini ne hanno tanto bisogno. State ancora cercando insegnanti? Ne avete già reclutati?».

Elsa lo seguì nel suo ufficio dove Johann estrasse un fascicolo e prese a sfogliarlo.

«Ecco qui, c'era un candidato, un giovane che però adesso non è più disponibile, quindi dirci di sì, ho bisogno di insegnanti».

«È proprio per questo che sono qui oggi. Le ho già parlato della mia amica Parween, sono sicura che l'ha già vista insieme a me, sa contare, leggere e scrivere. Sa persino parlare inglese. Sarebbe la candidata ideale, le piacerebbe tanto insegnare ai bambini», Elsa fece una pausa per riprendere fiato. «Crede ci sia una possibilità per lei? Vuole incontrarla? Potrei portarla qui, domani».

«Sì, sì, certo, la porti qui, voglio conoscerla», disse Johann scribacchiando qualcosa sul suo fascicolo prima di chiuderlo.

«Allora le dirò di venire nel pomeriggio. Grazie, Johann. Non se ne pentirà», disse Elsa salutandolo e corse a dare la notizia alla sua cara amica.

«Davvero? Mi vuole conoscere?»

«Sì, domani. Posso accompagnarti, se vuoi».

«Oh, sì ti prego», disse Parween con gli occhi colmi di gratitudine. Non stava più nella pelle dall'emozione e non sapeva che dire. «A domani, allora. Passerò a prenderti all'ospedale domani pomeriggio».

Parween sapeva che la decisione spettava all'uomo che lavorava per le Nazioni Unite ed era intenzionata a dare un'ottima impressione di sé. Si recò al bazar per comprare un velo nuovo, ne scelse uno di un banale marrone, un colore che la facesse apparire seria, il tipo di donna che poteva essere una buona insegnante. Almeno questo era quanto sperava avrebbe pensato colui che doveva assumerla.

«Ooh, tesoro!», l'accolse Rahima quando tornò a casa.

Parween fece vedere a sua madre il volantino delle Nazioni Unite. «Apriranno delle scuole al villaggio, mamma. Scuole! Elsa vuole aiutarmi a trovare un posto di insegnante, domani ho un appuntamento per parlare con un addetto delle Nazioni Unite. Non è fantastico?»

«Un'insegnante...», Rahina sorrise e baciò la figlia sulle guance.

Il giorno dopo, si presentò presso l'ufficio delle Nazioni Unite, con il nuovo velo che le copriva i capelli ed Elsa al suo fianco. Elsa bussò alla porta e, una volta dentro l'ufficio, fece le presentazioni.

Johann tese la mano soprappensiero prima di ricordare che la tradizione di quel luogo impediva il contatto fisico fra uomini e donne.

«Oh, mi scusi tanto», disse portandosi la mano destra al cuore.

Parween sorrise. L'uomo sembrava nervoso almeno quanto lei.

«Non si preoccupi, signore», disse lei sfoggiando il suo inglese migliore. «È un piacere conoscerla».

«Il suo inglese è ottimo», osservò Johann soddisfatto quindi, dopo aver invitato le due donne nel suo ufficio, tirò fuori un fascicolo e si mise a scrivere mentre parlava.

«Ha per caso un cognome?», chiese a Parween dopo aver posato la penna sulla pagina.

Parween esitò un istante, il suo cognome era Saleh, ma non lo usava mai e quasi non ricordava di averne uno. Ma in quel momento il suo pensiero andò a Raziq e poiché voleva sentirlo al suo fianco, disse: «Khalid. Khalid è il cognome di mio marito».

«Bene, Miss Parween Khalid, sa leggere e scrivere?».

Parween annuì e chiese una penna e un foglio. Johann la accontentò.

«Mi scriva qui nome e cognome, per piacere».

Parween scrisse il nome vergandolo prima in caratteri persiani e quindi scrivendolo secondo l'alfabeto inglese.

«Posso scrivere anche il suo nome, se vuole».

«Con piacere». Quando Parween ebbe finito, Johann guardò il risultato soddisfatto. «Sa scrivere anche i numeri?».

Parween scrisse i numeri sia in persiano che in inglese. «Vuole che faccia qualche addizione?»

«No, non ce n'è bisogno», disse Johann togliendosi gli occhiali e pulendone le lenti sulla camicia. Dopo un attimo le rivolse la domanda che Parween non aveva osato sperare di sentirsi rivolgere. «Le piacerebbe insegnare in una delle nostre scuole?»

«Oh, sì!», rispose Parween battendo le mani e Johann scrisse il suo nome sul fascicolo. Un'insegnante! Sarebbe diventata un'insegnante! Il cuore prese a batterle forte. Se soltanto Raziq fosse stato lì.

«Molto bene, molto bene, ma...», Johann fece una pausa mentre si rimetteva gli occhiali sul naso. «Sa come procedono queste cose, c'è un piccolo ritardo...». L'entusiasmo di Parween svanì.

«Stamattina sono stato informato che non possiamo ancora aprire la scuola qui, ma forse nel frattempo lei potrebbe darci una mano. Abbiamo intenzione di aprirne una anche a Sattar, a nord di Bamiyan. Conosce Sattar?», le chiese Johann.

Parween scrollò il capo. Il nome non le giungeva nuovo, ma non era mai stata da quelle parti.

«Abbiamo bisogno di qualcuno che vada a fare un sopralluogo», proseguì Johann, «per vedere se si può costruire la scuola laggiù. Potrebbe andare a dare un'occhiata per noi?»

«Certo», rispose Parween pensando che prima o poi sarebbe diventata una brava insegnante e non volendo perdere l'ottimismo.

«Ma prima devo mettermi in contatto con Kabul», disse Johann pragmatico. «Da lì mi informano ogni mese sulla presenza di eventuali problemi. Non credo che Sattar rientri nella lista dei luoghi a rischio, ma voglio esserne certo. Dunque non le chiedo di recarsi a Sattar adesso, ma magari fra un paio di settimane, quando avrò ricevuto le informazioni necessarie. Pensa che sarà disponibile?».

Parween cercò di nascondere la delusione. «Sarò disponibile in qualsiasi momento», disse a bassa voce.

«Ahh, bene! Allora rimaniamo d'accordo così, ci vediamo la prossima settimana, quando saprò per certo quando è meglio che si rechi lì».

Elsa e Parween uscirono dall'ufficio di Johann e per un po' camminarono in silenzio, non sapendo che dire. Parween si fermò a bere un tè a casa di Elsa e lì l'amica la rassicurò.

«Non essere delusa, sono cose che succedono. Tu diventerai una brava insegnante, lo sento».

Parween la guardò corrugando la fronte. «Lo so, lo so che Johann ha detto di aspettare, ma domani è venerdì e potrei approfittarne per andare a Sattar, gli dimostrerei quanto desidero lavorare per lui. Verresti con me? Potremmo chiedere a Hamid di accompagnarci. Se tornassi da Johann fra una settimana e gli dicessi che sono già andata a Sattar a fare il sopralluogo, penserà che sono una persona seria, con le carte in regola per fare l'insegnante. Che ne pensi?»

«Credo che dovremmo dar retta a Johann. Non c'è fretta, Parween».

«Ma io sono stufa di aspettare che gli uomini mi dicano cosa devo fare», replicò Parween. «Johann ha detto che non pensa Sattar sia un luogo a rischio, non c'è bisogno di aspettare l'autorizzazione da Kabul. Del resto siamo andate a Mashaal da sole e non ci è successo niente. Se indosserai il burqa come l'altra volta, tutti ti prenderanno per una tranquilla donna afgana».

Parween fece una pausa guardando Elsa negli occhi. «Sarebbe comunque meglio se questa volta venisse anche Hamid, non ci fermeremo a lungo, soltanto per dare un'occhiata. Non ci succederà niente, ti prego, Elsa, dimmi di sì».

Elsa sospirò. «Se proprio vuoi andare domani, verrò con te», disse. «Ma credo che Johann ti consideri già una donna seria».

Parween non la stava più ascoltando, già impegnata a fare programmi. «Dovrò vestirmi di nuovo da uomo. Sarà più facile muoversi e chiedere informazioni a Sattar nei panni di un giovanotto. E tu indosserai di nuovo il burqa, va bene?»

«Sì, lo farò per te». La prospettiva di trascorrere una giornata intera sotto il burqa non l'entusiasmava di certo ora che sapeva quanto fosse limitante. Ma per il bene di Parween, e per la propria sicurezza, avrebbe fatto un sacrificio.

Decisero che sarebbe stato meglio partire da casa di Elsa. Parween voleva evitare l'occhio vigile di Hussein che avrebbe sicuramente avuto qualcosa da ridire circa il suo abbigliamento e si sarebbe opposto a lasciarla andare.

«Dobbiamo partire presto, come abbiamo fatto quando siamo andate a Mashaal. L'autobus per Sattar partirà al mattino. Oh, Elsa, sono così emozionata. Mi credi?».

Elsa scoppiò a ridere. «Sì, ti credo. Ma adesso devo andare all'ospedale a cercare Hamid. Ci vediamo domani».

Ora quando Elsa si spostava da sola, si teneva sempre sulla strada principale dove spesso incontrava persone che la conoscevano. Quel giorno si imbatté proprio in Hamid.

«Stavo venendo da te, Elsa, per consegnarti le relazioni settimanali dell'ospedale», le disse.

«Anch'io ti stavo cercando», rispose Elsa. «Domani io e Parween andremo a Sattar per conto delle Nazioni Unite, dobbiamo verificare l'idoneità di siti dove potrebbero sorgere delle scuole. Ci farebbe piacere se venissi con noi. Che ne dici?».

Hamid si dimostrò incuriosito dalla proposta. «Sattar?», chiese riflettendo per alcuni istanti. «Ma non è la città dove dicono si nascondano i talebani?».

Nel sentire menzionare i talebani il cuore di Elsa prese a battere più forte, ma lei cercò di ignorare la cosa. «Non credo, non penso che le Nazioni Unite per costruire le loro scuole prenderebbero in considerazione una città dove si nascondono ancora i talebani. Sei d'accordo? Inoltre Parween è convinta che non corriamo rischi. Del resto, siamo già andate a Mashaal insieme. E se deciderai di venire con noi, potremo contare sulla presenza di un uomo al nostro fianco».

Hamid si lasciò convincere. «Penso tu abbia ragione. I soldati hanno spinto i talebani ben oltre Sattar. Ma è bene che vi accompagni un uomo. Domani è venerdì, ritengo sia la giornata ideale per viaggiare. A che ora si parte?»

«*Tashakur*, Hamid. Fatti trovare a casa mia alle sette del mattino, prenderemo il primo autobus per Sattar. Sappi che indosserò il burqa e che Parween sarà vestita da uomo».

«Perché?», chiese Hamid aggrottando la fronte.

«È più sicuro, non vogliamo attirare l'attenzione. Quando siamo andate a Mashaal ci siamo vestite così e nessuno ci ha notato. Per quanto riguarda Parween sarà più facile per lei rivolgere domande alla gente nei panni di un uomo».

«Hmm», rispose Hamid senza convinzione. «Ci vediamo domani, allora».

«Va bene», rispose Elsa, ma invece di procedere verso l'ospedale andò in direzione del bazar.

Mike era stato chiamato a svolgere una missione fuori Bamiyan e la sua assenza cadeva a fagiolo dal momento che Elsa non aveva intenzione di chiedergli un parere sull'opportunità di compiere quel viaggio, gliene avrebbe parlato comunque al suo rientro. Accostò al margine della strada ed estrasse dalla tasca una penna e un foglietto. Prese un appunto e poi ripiegò il foglio molte volte prima di rimetterselo in tasca. Proseguì il cammino e si fermò presso un negozietto che vendeva buste per lettere.

«*Yak*», disse indicando una busta in un contenitore di vetro. Consegnò una moneta al negoziante, prese la busta vi scrisse in modo frettoloso il nome "Mike" e vi mise dentro il foglietto. Si diresse al negozio dove Mike le aveva detto che avrebbe trovato una cassetta delle lettere ed entrò dopo essersi guardata attorno con cautela. Era la prima volta che inviava un "dispaccio" e voleva essere certa di non sbagliare.

Dentro il negozio che vendeva cassette musicali si avvicinò all'unico commesso, un giovane afgano ben rasato che, seduto su un vecchio sgabello traballante, indossava le cuffie e batteva mani e piedi a tempo di musica. Non appena la vide si alzò in piedi e si tolse le cuffie.

«Prego, prego, posso aiutarla?», le chiese.

Elsa esitò. «Posso vedere Majid?»

«Ahh», rispose il ragazzo. «Sono io, e immagino che lei voglia parlare con Dave. Come vede non è qui, ma lo aspetto per domani. Ha qualcosa per lui?».

Il commesso avvertendo la sua titubanza, le si avvicinò.

«*Tars na dori*, non abbia paura. Lei qui è al sicuro. Mi accerterò io che il suo messaggio finisca nelle mani giuste», le disse rivolgendole un sorriso cordiale e rassicurante.

Elsa si rilassò e consegnò la lettera nelle mani di Majid.

«Grazie, *besiar tashakur*», disse. «Ero così nervosa. Grazie», e uscì dal piccolo negozio sulla strada principale del bazar.

Immaginò Mike che passava attraverso quella stessa porta e ritirava il messaggio al suo rientro a Bamiyan. Lo vide sorridere, contento che si fosse comportata come previsto dal protocollo militare.

Allungò il passo per raggiungere in fretta casa sua dove aveva previsto di fare un bagno e di cenare presto.

Capitolo 30

Il mattino seguente Hamid e Parween si presentarono a casa di Elsa di buon'ora.

Elsa aveva già indossato il burqa e si stava sistemando il copricapo, lamentandosi.

«Pensavo che avrebbe preso la forma della mia testa, invece è più stretto che mai. Credo che ne venderemmo un sacco se proponessimo un nuovo modello».

Negli ampi e comodi panni di un ragazzo Parween la guardò comprensiva, ma al contempo divertita dalle sue lamentale.

«Vedi che cosa abbiamo sopportato per intere generazioni?», disse.

Hamid, che non era abituato a condividere lamentele femminili e discorsi sull'abbigliamento, andò ad aspettarle fuori per sottrarsi all'imbarazzo. Quando Parween ed Elsa furono pronte, i tre amici si avviarono lungo la strada che portava a Bamiyan e, giunti a destinazione, acquistarono i biglietti e attesero l'arrivo dell'autobus. Quando salirono a bordo, andarono a sedersi nei posti sul retro.

Parween si mise a giocherellare nervosamente con i lembi del turbante poi si accorse che dava nell'occhio e cessò.

«Se riuscirò a visitare Sattar e magari a scrivere una relazione, come fai tu, Elsa, credo che Johann sarà molto soddisfatto».

«Penso che dovremmo cercare Mohammed, ti ricordi di lui, Elsa?», intervenne Hamid parlando a bassa voce. «Mohammed, quel contadino che era stato messo in prigione con i talebani e tu pagasti per lui un debito di dieci dollari».

«Sì, me lo ricordo», disse Elsa con un sorriso. «Era un buon uomo. Hai ragione, Mohammed era di Sattar. Potrebbe darci informazioni sul villaggio».

Poiché non volevano parlare sull'autobus gremito di gente che non conoscevano rimasero in silenzio. La strada era sgombra da macerie e nel giro di un'ora arrivarono a Sattar. Quando scesero dall'autobus si trovarono in un villaggio inaspettatamente squallido.

Campi riarsi costeggiavano la strada, molte case erano ridotte a cumuli di macerie e le putrescenti carcasse di animali erano abbandonate lungo la strada. Sembrava che la gente del posto non avesse intrapreso opere di ricostruzione o di recupero dei campi abbandonati come, invece, era accaduto a Bamiyan. Sattar appariva come una città fantasma nonostante fosse ancora popolata. Gli abitanti guardarono i tre visitatori con circospezione.

Parween non poté fare a meno di manifestare la sua delusione. Sattar era un villaggio desolato, ben diverso da come se l'aspettava.

«Forse è ancora troppo presto per costruire una scuola qui», disse tristemente. «Prima la gente ha bisogno di case». Poi, dandosi animo, si guardò attorno. «Comunque sia, sarà utile dare un'occhiata e magari parlare con Mohammed. E poi mi piacerebbe scrivere almeno una relazione. Voglio dimostrare a Johann che sono una persona seria».

«Sei senza dubbio la candidata più seria che gli sia mai capitata», disse Elsa, rassicurante.

Prima di chiedere di Mohammed, decisero di dare un'occhiata a un complesso di edifici semidistrutti che avevano notato alla periferia del villaggio. Hamid avvicinò un commerciante al bazar.

«Sa dirmi a cosa erano adibiti quegli edifici appena fuori dal villaggio prima di essere distrutti?», chiese.

«Si riferisce a quel cumulo di macerie?», domandò il giovane commerciante riflettendo un attimo. «Credo che si trattasse di una scuola, ma i talebani l'hanno distrutta l'anno scorso».

Hamid aggrottò la fronte, ma la risposta incuriosì Parween.

I tre amici si avviarono lungo la strada guardandosi attorno. Parween fu la prima a parlare. «Credo che prima dovremmo fermarci a prendere un tè, magari presentarci alla gente del posto, e vedere se riusciamo a raccogliere qualche notizia utile su Sattar». Da quelle parti il tè era un rituale diplomatico. Spesso si diceva che una tazza di tè serviva a presentarsi, la seconda a stipulare un affare e la terza a fare amicizia.

Hamid convenne con lei.

Individuarono una botteguccia nei pressi della stazione dove si serviva il tè e vi entrarono. Si sedettero a gambe incrociate su un tappeto logoro e l'inserviente, un uomo minuscolo e avvizzito con un turbante bisunto e sfilacciato, si avvicinò a loro.

«Mi chiamo Rasoul», disse scrutandoli.

Per non rivelare la loro identità, avevano convenuto che Hamid avrebbe portato avanti la conversazione. Presentò Parween come il suo giovane fratello e, indicando Elsa, disse che era la sua sorella maggiore.

Rasoul annuì, ma non sembrava il tipo con il quale si potesse attaccare bottone. Affaticato da tanti anni di lavoro, si avviò con passo stanco a mettere il bollitore sul fuoco dopo avervi versato un cucchiaio di fragranti foglie di tè verde.

Tornò da loro con quattro tazze di porcellana e un piatto di biscotti tenuti in equilibrio su un vassoio d'argento. Ritirò il bollitore dal fuoco con le sue mani nodose e versò il tè in ciascuna tazza, passando loro il latte e lo zucchero. Serviti i tre avventori, si sedette a fare un po' di conversazione. Ma i suoi modi non erano cordiali.

«Che ci fate da queste parti?», chiese bruscamente sollevando un sopracciglio.

Elsa rimase in silenzio e giocherellò nervosamente con la tazza di tè. Benché tenesse la tazza nelle mani non potendo sollevare il burqa non poteva nemmeno bere il tè dolce.

«Veniamo da Bamiyan», rispose Hamid. «Le Nazioni Unite ci hanno chiesto di...», ma si interruppe subito poiché Parween richiamò la sua attenzione dandogli di gomito il che suscitò il suo nervosismo e gli fece temere di aver rivelato qualcosa che sarebbe stato meglio tacere.

Parween aveva scrutato Rasoul, c'era un che di inquietante in lui. Aveva un tic all'occhio destro che continuava a lacrimare mentre li scrutava intensamente a uno a uno. Sembrava nervoso, e continuava ad alzarsi per andare a guardare fuori dalla porta della sua bottega interrompendo la conversazione.

"Sta aspettando qualcuno?", si chiese Parween. "Oh, Allah, liberami dai miei sospetti. Questo povero vecchio diavolo è soltanto un commerciante e io me ne sto seduta qui a godermi il suo tè e a nutrire sospetti su di lui".

«Nostra madre ha sentito dire che gli uomini delle Nazioni Unite stavano venendo qui a distribuire cibo e coperte. Ci ha mandato a vedere se riuscivamo a rimediare qualcosa. Non abbiamo ancora ricevuto niente», intervenne Parween e per dimostrare la loro povertà gli fece vedere le mani con i palmi rivolti verso l'alto.

Mentre Parween parlava Hamid annuiva.

«Credo che daremo un'occhiata in giro, prima di tornare a Bamiyan dove ci attendono le pressanti domande di nostra madre».

«Tutta questa strada per niente. Gli uomini delle Nazioni Unite non sono passati di qui», disse Rasoul senza cambiare espressione mentre il suo occhio destro fremeva nervosamente accrescendo il disagio di Parween.

«Be', immagino non vediate l'ora di rimettervi in cammino. Fate buon viaggio», disse il vecchio passandosi le mani sulla camicia e asciugandosi gli occhi lacrimosi con la mano sudicia, prima di sparire nel retrobottega senza offrire loro una seconda tazza di tè.

Hamid guardò Parween con espressione interrogativa, ma lei rispose scrollando le spalle. «Non volevo dire che ci hanno mandati le Nazioni Unite. Ci fa sembrare più importanti di quel che siamo», gli spiegò in un sussurro. Non condivise con Elsa e Hamid i suoi sospetti su Rasoul dal momento che non sapeva spiegare perché il vecchio la inquietasse tanto. Dopo qualche minuto, quando fu chiaro che non sarebbe più uscito dal retrobottega per offrire loro una seconda tazza di tè, Parween si alzò.

«Andiamo a dare un'occhiata in giro».

Il vecchio Rasoul guardò i tre allontanarsi. Hamid pescò alcune monete in fondo alla tasca e le lasciò vicino alla tazza di tè.

«Grazie, signore, per la sua gentilezza», disse mentre uscivano dalla bottega, ma le sue parole ricevettero in risposta soltanto un cenno del capo e un mugugno. I tre ripresero il cammino verso il luogo dove un tempo sorgeva la vecchia scuola.

Mentre camminavano videro che la periferia di Sattar era deserta, non c'erano segni di vita da quelle parti. "È tutto tranquillo, troppo tranquillo", pensò Parween.

«Non assomiglia per niente a Mashaal, vero?», osservò Elsa parlando attraverso il burqa mentre una sensazione di disagio si insinuava in lei.

«No, non è per niente come Mashaal», convenne Parween, constatando lo squallore del luogo.

Mentre attraversavano il villaggio vennero superati da un giovane con un gran barbone. Parween lo guardò e le si gelò il sangue nelle vene.

Il giovane li osservò senza salutarli né rivolgere loro un minimo cenno. Nonostante non fosse l'unico giovane scarmigliato di quei tempi, qualcosa allarmò Parween.

"Perché sono così sospettosa oggi?", disse a se stessa in tono di rimprovero.

Le sembrò che Hamid ed Elsa non avessero notato il giovane.

I tre continuarono a camminare verso la periferia fino a quando giunsero al cumulo di macerie, ceneri e polvere in cui era stata ridotta la scuola del villaggio. Parween si guardò attorno e provò a immaginare la nascita di una scuola da quel cumulo di macerie, e si rivolse agli amici parlando in una lingua mista di inglese e dari.

«È il luogo ideale, non credete?», chiese a Elsa e Hamid. «Le Nazioni Unite potrebbero cominciare piantando una tenda qui o costruire la nuova scuola direttamente sulle macerie di quella distrutta dai talebani. La gente del villaggio ne rimarrebbe colpita».

Hamid ed Elsa convennero con lei e mentre stavano lì a fare progetti, alla luce del sole, Elsa notò qualcuno venire nella loro direzione a grandi passi.

«Sta arrivando qualcuno», disse indicando l'uomo solitario.

Parween si irrigidì mentre l'uomo si avvicinava. Gocce di sudore cominciarono a scorrerle lungo la nuca e si sistemò il turbante.

Hamid si voltò e scrutò l'estraneo.

«*Salam alaikum chotor asti?*». L'uomo alzò la mano in segno di saluto e Hamid riconobbe Mohammed.

«Mohammed», gridò. «Avevamo intenzione di venire a cercarla. Come va?».

Parween tirò un sospiro di sollievo.

Elsa si sollevò il velo del burqa per salutarlo. «*Salam alaikum...*», ma Mohammed li raggiunse e le intimò: «No, no, si copra il viso, miss. Stia attenta. Di sicuro ci stanno osservando. È già girata voce che sono arrivati dei forestieri ed è per questo che sono qui. Qui ci sono i talebani. Se scoprono che non siete del posto, correte seri pericoli. Non è sicuro qui. Che cosa pensavate di fare venendo a Sattar?».

La gioia suscitata dall'arrivo di Mohammed abbandonò subito Elsa e prese a batterle forte il cuore. Fece come lui le diceva e tornò a celarsi dietro le pieghe del burqa.

«I talebani sono qui?», chiese guardando gli altri. «Che cosa dobbiamo fare?».

Hamid rimase immobile, incapace di proferire parola. Fatta eccezione per i prigionieri che erano stati portati all'ospedale, non ne aveva mai incontrato uno.

L'antico odio di Parween per i talebani riaffiorò con prepotenza. Istintivamente strinse la mano attorno al coltello che aveva in tasca.

«Dove sono? Non si fanno vedere, vero? I soliti codardi», sibilò.

«*Shh*, la prego non li provochi», disse Mohammed guardandosi in giro con espressione terrorizzata. «Sono venuto ad aiutarvi. Camminate al mio fianco, penseremo a come agire strada facendo», e con quelle parole si avviò. Parween aveva notato che, mentre parlava, la voce e le mani gli tremavano. «Al villaggio corre voce che sono arrivati dei forestieri da Bamiyan. Dal momento che tutti sanno che a Bamiyan si sono insediati i soldati americani, i talebani penseranno che i forestieri sono venuti a portare guai».

«No, no», protestò Parween. «Siamo venuti qui soltanto per cercare un luogo dove costruire una scuola delle Nazioni Unite. Non siamo venuti a portare guai».

«Invece sì», insisté Mohammed. «Sapete che i talebani vietano l'istruzione e che detestano gli stranieri. Se venissero a sapere che siete venuti qui con un progetto educativo non ci penserebbero due volte a toglierví di mezzo», disse Mohammed con convinzione.

«Sattar è un luogo pericoloso di questi tempi», proseguì a voce così bassa che Parween stentava a capire che cosa diceva. «Mi sorprende che siate venuti qui a rischiare la vita. Ma, *inshallah,* vi aiuterò a tornare sani e salvi a Bamiyan».

Elsa e Hamid lo seguirono mentre lui li conduceva lungo il sentiero. Parween, invece, esitò e maneggiando il coltello a serramanico che aveva in tasca, si guardò attorno circospetta. Ma non c'era traccia di talebani nei dintorni e, suo malgrado, si accodò a Elsa e Hamid cui Mohammed faceva strada.

Tuttavia Parween non aveva intenzione di seguirli. Non voleva comportarsi come una vecchierella paurosa e vigliacca e, tutto d'un tratto, si fermò.

«Aspettate», disse, «non sappiamo se siamo davvero in pericolo. Non possiamo rinunciare così ai nostri piani. Forse dovremmo tornare al bazar e aspettare lì. Almeno lì c'è gente, potremmo capire se corriamo seriamente dei rischi. Forse ci siamo spaventati per niente».

«No, no», rispose Mohammed con voce tremante. «È inutile che andiate al bazar, non troverete aiuto lì. Questo villaggio è in mano ai talebani. Dovete mettervi al sicuro. Venite con me, è meglio che raggiungiamo casa mia. Ho una pistola e un camion, vi porterò fuori di qui».

In quel preciso istante, Mohammed e gli altri udirono un fruscìo e, resi guardinghi ormai da ogni minimo rumore, si voltarono cautamente, ma non videro nulla. Il gruppetto aveva appena ripreso il cammino quando Mohammed si fermò di nuovo.

«*Shh*, avete sentito?», sussurrò.

Un altro fruscìo giunse alle orecchie di Parween. Elsa e gli altri si guardarono alle spalle, ma videro soltanto ombre tremule.

All'improvviso, un brivido corse lungo la schiena di Parween, trattenne il fiato, attorno a lei incombeva un silenzio sepolcrale. Poi non lontano da lì, vide tre figure che correvano fra gli alberi e una di loro imbracciava un kalashnikov.

La paura esplose dentro di lei.

I talebani!

«Correte!», gridò qualcuno.

Ma mentre gli altri fuggivano, Parween esitò, rallentò il passo e poi si rifugiò, con il cuore in gola, dietro il tronco massiccio di un albero.

Maledetti talebani!

Con la medesima rapidità con la quale l'aveva ghermita, la paura allentò la sua morsa.

Parween non voleva più avere paura. Aveva già pagato il suo tributo ai talebani che le avevano portato via gli affetti più cari e avevano costretto in ginocchio la gente del suo paese. Si arrampicò sull'albero e si acquattò fra i suoi rami frondosi e, mentre estraeva il coltello che aveva tenuto nascosto nella tasca e la paura l'abbandonava, Parween trasse un lungo respiro profondo.

Capitolo 31

Dave e Mike arrivarono a Bamiyan dopo quarantotto lunghe ore di pattugliamento. Si erano fermati dal rivenditore di musicassette a ritirare eventuali messaggi prima di dirigersi al rifugio dove, finalmente, avrebbero potuto farsi una doccia e riposare.

«Questo è per te, Mike», disse Dave e, mentre gli consegnava la busta, sorrise poiché aveva riconosciuto la scrittura di Elsa.

Mike aprì la busta e spiegò il foglio. Sul viso di Dave il sorrise si spense quando vide l'espressione dell'amico.

«Che cosa c'è? È successo qualcosa?».

Mentre Mike gli leggeva il breve messaggio gli si incrinò la voce: "Sono andata a Sattar con Parween e Hamid. Torno più tardi".

«Oh, buon Dio, ma che diavolo le è venuto in mente?», chiese Dave. «Dobbiamo raggiungerla. Non può essere lontana, l'autobus è partito da meno di un'ora. Forza, andiamo», disse mentre conduceva Mike fuori dalla bottega sotto lo sguardo confuso di Majid.

Mike salì a bordo della jeep e provò a mettersi in contatto con il Comandante mentre Dave avviava il motore e partiva. La radio gracchiò e Mike trattenne il respiro mentre provava e riprovava a stabilire un contatto via radio. Entrambi sapevano che avrebbero avuto bisogno di rinforzi.

«Dannazione!».

«Rilassati, per favore», gli disse Dave. «Probabilmente stanno tutti bene».

«Oh, mio Dio, non avrei dovuto parlarle di Sattar. Elsa non

ha idea di dove è andata a cacciarsi». Mike mise mano alla pistola mentre attraversavano l'arida campagna a tutta velocità. Provò ancora una volta a mettersi in contatto con il Comandante. Dave e Mike conoscevano le regole, non potevano assentarsi senza preavviso, ma non avevano scelta.

Arrivarono alla periferia di Sattar in meno di un'ora. Si fermarono per studiare la zona e mentre si guardavano attorno videro un giovane che li spiava da dietro un boschetto. Mike gli fece un cenno e questi corse verso la jeep, sorridendo nervosamente. Il ragazzo si esprimeva stentatamente in una lingua che era un miscuglio d'inglese e dari e spiegò che aveva visto i forestieri, anche la donna con il burqa e il talebano che li seguiva.

«*Feringi*», sussurrò indicando al di là degli alberi un gruppetto di casupole di fango.

«Talebani?», chiese Mike.

«Sì, sì, *balay*. *Khoob n'ast*, no buono».

Il ragazzo tirò Mike per la manica e indicò un punto in lontananza.

«*Anja*, laggiù», disse. Mike si portò il dito alle labbra e fece cenno al ragazzo di stare fermo.

Tornarono a bordo della jeep e Mike cercò di contattare il Comandante un'ultima volta mentre Dave si dirigeva verso le case. Quando raggiunsero un punto dal quale sarebbe stato più facile avanzare a piedi, Dave spense il motore e, dopo avere imbracciato le armi, scesero dalla jeep.

Parween rimase a guardare Elsa e gli altri che correvano verso la casa, mentre la sparuta banda di talebani li seguiva correndo a zigzag fra gli alberi. Mio Dio, quanto li odiava. Li paragonò a cani randagi, anzi peggio, a orrendi ratti. Parween sentì montare dentro di sé tutta la rabbia che aveva covato per anni.

I talebani all'inseguimento si passarono un fucile che infine rimase nelle mani del più bastardo. Mentre passavano sotto di lei, Parween trattenne il fiato.

Dopo quella che parve loro un'eternità, Elsa e gli altri raggiunsero la casa. Appena dentro, Elsa si girò e rimase immobile, sopraffatta dal panico.

Parween.

Rivolse lo sguardo all'orizzonte, ma non c'era traccia dell'amica.

Mentre cercava di trarre un respiro, si sentì la gola riarsa ed ebbe l'impressione che il cuore le stesse esplodendo nel petto.

Si prese il viso fra le mani.

Perché era andato tutto così storto? Che cosa ci facevano a Sattar? Che cosa ci faceva lei lì?

Un'infermiera di Boston nello stramaledetto Afghanistan, per Dio!

Calde lacrime le salirono agli occhi e con mani tremanti cercò di asciugarle.

«Oh, mio Dio», sussurrò. «Dove sei, Parween?».

Guardò Mohammed che estraeva una pistola da sotto un materassino. La casa era modesta e mancavano persino i teli di plastica che di solito coprivano le finestre. Mohammed fece cenno a Elsa e a Hamid di accucciarsi o avrebbero rischiato di essere facile bersaglio per il fucile dei talebani.

L'uomo caricò la pistola ed Elsa vide che disponeva soltanto di tre pallottole. Poi strinse l'arma in pugno così forte da farsi venire le nocche esangui. Consegnò un coltello a Hamid e i tre rimasero acquattati, immobili, a sbirciare oltre il davanzale della finestra per intercettare l'arrivo dei talebani il cui kalashnikov rifletteva a tratti i bagliori del sole.

«Vedete Parween?», chiese Elsa, con voce carica di paura. «La vedete?».

Mike e Dave attraversarono di corsa i campi, poi si inoltrarono nel fitto del bosco dove i passi si fecero silenziosi. Davanti a loro scorsero tre talebani nascosti fra gli alberi davanti a una piccola casa. I due soldati si acquattarono all'unisono e cercarono un nascondiglio per eseguire un ultimo controllo delle armi.

Il cuore di Mike batteva all'impazzata mentre si guardava attorno nella speranza di scorgere Elsa. A un suo cenno lui e Dave si spostarono dietro una fitta siepe.

«La vedi?», sussurrò Mike. Dave scrollò il capo, gli occhi fissi sui talebani davanti a sé.

Mike trasse un lungo respiro, e, dopo aver disinserito il caricatore, fece scivolare, senza far rumore, le pallottole nella camera della pistola.

Parween valutò la distanza che la separava dalla casa, stabilì che doveva essere mezzo chilometro, forse meno. I talebani si trovavano esattamente a metà strada fra la sua postazione sull'albero e la casa di Mohammed.

Li osservò mentre questi, all'improvviso, forse accorgendosi che c'era qualcosa che non andava, si lanciavano in direzione della casa.

«*Burro! Burro*!», gridò uno di loro mentre correvano verso la casa esposta all'attacco.

Con la coda dell'occhio, Parween notò un altro movimento, ma non c'era tempo per girarsi a guardare. Doveva scendere dal ramo e partecipare alla corsa verso la casa. Se avesse raggiunto l'abitazione in tempo, si sarebbe trovata dietro ai talebani e loro sarebbero stati circondati: Mohammed e gli altri in casa, Parween alle spalle. Se fosse riuscita a sorprenderli, li avrebbe battuti al loro stesso gioco.

Con gli occhi e le orecchie puntati in direzione degli uomini in fuga, strinse il coltello in pugno, tirò un sospiro, saltò giù dal ramo e, mentre atterrava, venne quasi travolta da altri due uomini in fuga.

A un cenno convenuto Mike e Dave abbandonarono il nascondiglio dietro alla siepe e presero a inseguire gli uomini barbuti.

Mentre si avvicinavano alla casa, vennero ostacolati dal ragazzo che cadde sul loro cammino con un coltello in mano e, gridando, gli puntarono contro le armi

I talebani sentirono il trambusto e si girarono di colpo. Nel vedere i soldati cominciarono a sparare una raffica di colpi. Mike e Dave si rifugiarono dietro agli alberi e risposero al fuoco.

Una fitta lancinante attraversò il petto di Parween, mentre la sua mano cercava a tentoni l'origine del dolore. Si rotolò su un fianco e fu allora che vide il sangue, il suo stesso sangue, sgorgare da un piccolo foro nella camicia. Non riusciva a respirare e cercò di rimettersi in piedi, senza separarsi dal coltello che ancora stringeva in pugno.

Il gusto del sangue le riempì la bocca. Il turbante che indossava si era disfatto e lei se lo strappò via lasciando fluire sulle spalle i lunghi capelli di seta.

Soltanto allora Dave vide che il ragazzo caduto dall'albero in realtà era Parween.

«Oh, no!», esclamò, mentre lui e Mike uscivano dal loro nascondiglio per trarla in salvo.

Si ritrovarono esposti al fuoco nemico e d'un tratto Dave sentì un'esplosione nella testa. Non riuscì più a reggersi in piedi, né a tenere la pistola in mano né a parlare nonostante avesse avuto voglia di gridare. Una luce folgorante gli offuscò la vista e crollò a terra con la mano a proteggere la tasca dove teneva la sua preziosa fotografia.

Aveva la testa in fiamme, un dolore straziante lo sopraffece e avrebbe voluto portarsi le mani alla testa, ma non riusciva a muoversi.

Forti braccia lo presero e lo trascinarono via. Il fuoco nella testa di Dave ardeva mentre lui aveva la sensazione di andare a fondo, sempre più a fondo, fino a perdersi in uno stato di incoscienza. Cercò di reagire, di parlare ma il proiettile lo aveva privato di tale facoltà. Mentre giaceva inerme nella polvere fu colto da una violenta vertigine e un attimo dopo il buio lo avvolse.

Parween sentì il colpo di fucile e un tonfo sordo mentre Dave crollava a terra. La pistola gli cadde di mano e lei allungò il braccio per prenderla. Con il sangue che continuava a sgorgare dalla ferita, impugnò l'arma e attinse all'ultimo briciolo di forze che le rimaneva. Si tirò in piedi, mise il dito sul grilletto come aveva visto fare a tanti soldati e, riuscendo a controllare il tremore alle mani, con l'istinto naturale di un tiratore scelto, prese la mira e sparò a uno dei talebani.

Guardò la pallottola conficcarsi nella spalla dell'uomo e il sangue schizzare dalla ferita. Strinse la pistola e prese di nuovo la mira, ma sentì le forze abbandonarla e crollò a terra, la camicia fradicia di sangue. Aveva la bocca piena di sangue che cercò di sputare, ma non ne ebbe la forza. Non riusciva nemmeno a respirare e cercò di reagire alla debolezza schiacciante che si era impossessata di lei.

Si abbandonò allo stato di spossatezza per un lungo istante stringendo in pugno la pistola di Dave fino a quando il vuoto la inghiottì.

Con Parween e Dave fuori combattimento Mike uscì allo scoperto e cominciò a sparare a raffica ai talebani assassini. Vide un proiettile conficcarsi nel collo dell'uomo già ferito che volse gli occhi al cielo e Mike capì di averlo ucciso ancora prima che crollasse a terra.

Uno dei compagni d'armi dell'uomo, colui che imbracciava il fucile, rispose al fuoco colpendo la radio gracchiante che Mike si era messo nella tasca sul petto della giubba. La plastica esplose nella giubba squarciandone la stoffa.

Aveva già partecipato ad altre sparatorie, ma non si era mai sentito dominato da una cieca furia come in quel frangente.

Sparò di nuovo, e un secondo uomo cadde a terra, con il sangue che fuoriusciva dalla ferita nel petto.

"Deve essere morto", pensò Mike.

L'ultimo talebano ancora in vita rispose al fuoco e Mike, uscito allo scoperto, prese la mira con cura, il dito saldo sul grilletto. Aveva il bersaglio nel mirino quando un bruciore atroce gli esplose nell'addome e la pistola gli cadde di mano.

Cercò a tentoni l'arma e fu allora che vide lo squarcio nella giubba e nello stomaco. Ebbe l'agghiacciante sensazione che le sue viscere insanguinate fossero esplose attorno a lui. Cercò di contenere le interiora tenendosi lo stomaco, ma gli mancarono le forze e un attimo dopo scivolò nell'incoscienza.

Un silenzio surreale discese sul boschetto mentre l'ultimo dei talebani rivolgeva lo sguardo alla casa.

Capitolo 32

Elsa trattenne il fiato mentre la frenetica sparatoria infuriava fuori dalla casa. Ma chi aveva sparato? Non era stato Mohammed, almeno non ancora. Lui e Hamid erano accucciati a terra vicino a lei.

"Che i talebani si stiano sparando fra di loro?".

"Oh, mio Dio, dov'è Parween?".

"Qualcuno è venuto a salvarci? Ci stanno salvando?".

Elsa si prese la testa fra le mani e cominciò a pregare.

Quando la sparatoria cessò, l'improvviso silenzio la sorprese. Hamid si alzò e in quel momento si trasformò in un perfetto bersaglio per l'ultimo talcbano che sparò una raffica di colpi. Elsa lo vide stringersi il braccio e cadere a terra.

«Allah misericordioso, salvami», gridò tenendosi la ferita.

Mohammed fece un balzo verso la finestra da dove poteva godere di un ottima visuale, dominò il tremore alla mano, prese la mira e sparò al talebano.

Con l'ultimo colpo sparato da Mohammed, discese su tutti loro un inquietante silenzio di tomba. Persino gli uccelli avevano cessato di cinguettare ed Elsa non osava respirare per paura di provocare nuovi spari.

Si avvicinò carponi a Hamid e, dopo aver dato un'occhiata al braccio, stabilì che si trattava di una ferita superficiale. Lo rassicurò e lo aiutò a mettersi seduto, quindi rivolse lo sguardo allo scenario fuori dalla finestra.

Le ci volle un momento per abituarsi alla luce abbagliante del sole e, quando riuscì a mettere a fuoco, dopo essersi ripresa dallo stato confusionale in cui versava, si ritrovò a fissare una scena orribile. Fuori dalla casa i corpi di tre talebani giacevano immobili a terra mentre più lontano si era compiuta una carneficina. Riuscì a distinguere i corpi di due soldati in tuta mimetica e quello di una persona di piccola statura, forse un ragazzino.

Un'ondata di terrore la investì mozzandole il fiato in gola.

"Oh, mio Dio, ma è Parween, e i soldati... Gesù, i soldati...".

Si portò una mano alla bocca per trattenere un urlo. Corse alla porta, Mohammed cercò di trattenerla, ma lei si divincolò e corse verso gli amici che giacevano a terra, immobili.

Passò oltre i talebani stesi al suolo e nella corsa immerse i sandali nel loro sangue. Sudava Elsa mentre con la bocca spalancata cercava di prendere fiato e quando raggiunse la scena del massacro gridò: «Parween!», cadendo in ginocchio a fianco dell'amica immersa in una pozza di sangue. Parween aveva gli occhi chiusi come se stesse dormendo, le labbra sporche di sangue appena increspate da un sorriso, e in mano stringeva ancora la pistola. Elsa la prese fra le braccia e la scosse invocando il suo nome fino a quando, posando l'orecchio sul suo cuore, non udì il medesimo silenzio nel quale era immerso il piccolo bosco.

Posò le labbra su quelle di Parween e cercò di rianimarla, ma la bocca era piena di sangue e non ci fu nessuna reazione. Elsa le strappò la camicia in cerca della ferita e quanto vide non poté che darle la conferma della realtà: Parween era morta.

Il terrore, che fino a quel momento aveva cercato di dominare, prese il sopravvento ed Elsa cominciò a gridare spaventando gli uccelli che s'innalzarono in volo.

Mentre le lacrime le offuscavano la vista, Elsa strinse fra le braccia il corpo dell'amica, cullandolo a lungo. Attorno a lei il terreno era intriso del sangue dei morti. Elsa tenne Parween stretta a sé non osando guardarsi attorno, non volendo lasciarla andare, fino a quando con la coda dell'occhio non vide i soldati.

"Oh, mio Dio. Mike e Dave!".

I due giacevano, immobili e insanguinati nella polvere. I singhiozzi le serrarono la gola mentre adagiava piano a terra il corpo di Parween. Si avvicinò a Mike e vide la ferita, uno spaventoso squarcio all'addome sul quale posò le mani nel disperato tentativo di arrestare il sangue che fuoriusciva a fiotti. Ritirò le mani calde e vischiose del sangue di Mike e di brandelli di carne.

Sconvolta dal disastroso epilogo degli eventi, Elsa si abbandonò alla disperazione. «Oh, mio Dio», sussurrò posando la testa sul petto di Mike. «Aiutami, non so che cosa fare».

«Elsa, vai da Dave», le sussurrò una voce. «È ferito gravemente. Aiutalo, Elsa».

Le parole di Mike, la prova che era ancora vivo, la confortarono. Gli fece una carezza e si guardò attorno in cerca di Dave, lo vide giacere supino con una mano sulla tasca della giubba gli occhi aperti rivolti al cielo. La ferita alla tempia rivelò a Elsa quello che non avrebbe voluto sapere.

Provò l'imperioso bisogno di gridare, afferrare la pistola e cominciare a sparare all'impazzata in segno di rivalsa, ma si dominò. Invece, baciò Dave sulla fronte e, con delicatezza, gli chiuse gli occhi.

Un dolore immane s'impadronì di lei mentre si voltava verso Mike e cercava di concentrarsi su quanto andava fatto. "Sei un'infermiera, comportati da tale", disse a se stessa. Con mani tremanti gli strappò la giubba per valutare l'entità delle ferite. Frammenti di proiettile gli si erano conficcati nel petto, ma la ferita più importante, quella che sanguinava abbondantemente e che avrebbe potuto essergli fatale, era all'altezza dell'addome. Si sfilò la sciarpa per improvvisare una fasciatura. Una volta applicato l'inconsistente bendaggio, Elsa rimase seduta al fianco di Mike cercando di pensare alla prossima mossa da compiere, ma il caos che regnava attorno le aveva fatto perdere la lucidità. Si scostò i capelli dal viso e, in quel mentre, vide Mohammed e Hamid correre verso di lei. La vista dei due amici le infuse un ultimo briciolo di coraggio e, riuscendo a controllare il tremore alle mani, si rivolse nuovamente a Mike.

«Mike! Ascoltami, ora fa' come ti dico», lo esortò con voce rotta dall'emozione. «Non muoverti. Vi porteremo via da qui, e i medici si prenderanno cura di te».

Mohammed sopraggiunse con un carretto, seguito da Hamid

che si teneva la ferita al braccio. «Dobbiamo caricarli qui sopra, presto, prima che qualcuno ci veda», ordinò l'uomo. Sollevarono con cura i corpi di Parween e Dave e quindi caricarono anche Mike sul carretto.

Elsa si chinò, raccolse le loro pistole e quel che restava della radio di Mike. Un luccichio catturò la sua attenzione e si chinò per vedere di che cosa si trattava. Lì, sul terreno polveroso dove Parween era caduta, giaceva l'astuccio del rossetto che Elsa aveva dato all'amica la sera in cui, per la prima volta, avevano cenato insieme. Elsa cadde a terra in ginocchio e si strinse lo stick al petto.

Nuove lacrime le bagnarono il viso mentre la consapevolezza dell'orrore che la circondava prendeva possesso di lei. Con voce pacata, ma ferma, Mohammed, richiamò la sua attenzione. «Miss, dobbiamo affrettarci».

Elsa annuì e, vincendo il dolore, tremante come una foglia, si alzò e ripose con cura il rossetto nella tasca.

«Dobbiamo andare a casa di mia sorella», disse Mohammed con insistenza mentre dirigeva il carretto su una strada serpeggiante. «Presto troveranno i corpi e altri talebani si metteranno in cerca dei forestieri che sono arrivati oggi a Sattar». Guidava il carretto con passo veloce da una strada all'altra, gli occhi vigili a scrutare le poche persone che incontravano sul loro cammino. Poco dopo essersi messi in cammino, svoltarono in direzione di un piccolo insieme di case.

«Fariba, sei in casa?», gridò.

«Mohammed!», rispose una donna dal viso sorridente. «*Salam alaikum*…».

«Fariba», la interrupe Mohammed. «C'è un problema, sono venuto qui con i miei amici, questa è Elsa e lui è Hamid», disse presentandoglieli.

Fariba fece per salutare gli stranieri, ma vide il sangue che macchiava i loro abiti e si portò la mano alla bocca. «*Che'ast? Che taklif? Mariz?*».

Mohammed tirò un sospiro e le raccontò l'accaduto.

«Abbiamo avuto problemi e ora c'è bisogno di aiuto».

Mohammed accompagnò la sorella sul retro del carretto dove giacevano Mike e gli altri.

Elsa e Hamid aiutarono Mohammed a trasportare il carretto nel cortile di Fariba.

Una volta chiuso il portone alle loro spalle, Elsa si appoggiò al carretto e si rivolse a Mohammed. «C'è qualcun altro qui? Siamo al sicuro?»

«Sì, sì», rispose Mohammed. «Mia sorella è vedova e vive qui da sola. Nessuno verrà a darci fastidio».

Mohammed e Hamid portarono Mike dentro la piccola casa ed Elsa si chinò su di lui per curargli le ferite. Il pallore sul volto di lui la impressionò.

«Deve essere operato, al più presto. Non possiamo fermarci qui, Mohammed. Dobbiamo tornare a Bamiyan», e dalla sua voce trapelava la paura generata dalla consapevolezza che Mike poteva morire.

Mohammed annuì. «Sì, ha ragione. Ma se ci sposteremo da qui tutti insieme, attireremo l'attenzione. I talebani stanno cercando lei e Hamid e probabilmente anche i soldati. Non possiamo muoverci insieme».

Elsa si girò e guardò Mike che giaceva a occhi chiusi. La paura minacciava di sopraffarla un'altra volta e si sforzò di reagire.

«Mi aiuti, Mohammed», lo scongiurò. «Mi dica che cosa devo fare».

Mohammed rimase in silenzio mentre si asciugava il sudore dalla fronte. «Credo che lei, il soldato e io dovremmo muoverci per primi. Potremmo fingere di essere una famiglia che sta andando a seppellire un fratello. Ho una cassa dentro la quale potremo nasconderlo», disse Mohammed. «È una bara di legno che la mia famiglia si era procurata quando pensava che sarei morto nella prigione di Bamiyan. Mia sorella l'ha tenuta qui», disse indicando quello che, a prima vista, appariva come un lungo tavolo coperto da un pezzo di stoffa. Poi si rivolse alla sorella parlando in fretta e lei rispose annuendo.

«Anche mia sorella conviene che dobbiamo andarcene in

fretta da qui. Dice che tu sarai al sicuro, Hamid. Nessuno viene mai da queste parti».

Elsa provò un momentaneo senso di sollievo e si rivolse a Hamid. «Se ti fermerai qui, sono certa che i soldati verranno a prenderti entro oggi. Credimi».

«Sarai al sicuro qui», gli disse Fariba a voce bassa. «Ma se per qualsiasi motivo dovessero esserci dei problemi, possiedo una pistola», aggiunse ed estrasse una grossa pistola da sotto il giaciglio. «Era di mio marito».

Si accertò che fosse carica e disse: «Vedi? Non devi preoccuparti».

Hamid annuì a Fariba, tormentato da fitte lancinanti al braccio.

«Mi fido di lei, Fariba, e la ringrazio per il suo aiuto».

«La prego, ha una coperta?», chiese Elsa a Fariba con un filo di voce tanto che la donna dovette avvicinarsi per sentirla. Elsa rivolse lo sguardo al carretto sul quale erano adagiati i corpi di Parween e Dave. «Così che possa coprirli», spiegò con voce incrinata.

Fariba strinse il braccio a Elsa e prese una coperta che le consegnò. «Tenga».

Lei la prese e si avvicinò al carretto. Parween e Dave giacevano l'uno vicino all'altra, gli occhi chiusi, gli indumenti intrisi di sangue. Per l'ultima volta cercò invano sui loro corpi dei segni di vita. I suoi amici erano morti.

Avrebbe voluto abbandonarsi al pianto, lasciarsi inghiottire dal gorgo del dolore, ma non c'era tempo, non ancora. Dovevano portare in salvo Mike.

Elsa coprì amorevolmente i corpi di Dave e Parween e recitò, in silenzio, una preghiera.

Dopo essersi asciugata le lacrime con la manica, si voltò verso gli altri. Mohammed si muoveva veloce in giro per la casa impegnato nei preparativi per il viaggio. Lei s'inginocchiò vicino a Mike e gli sussurrò i loro piani.

Mike annuì in preda ai dolori poi mormorò: «Dimmi di Dave. È molto grave?».

Elsa esitò e dominando l'angoscia che le procurava il dover

condividere con lui la triste notizia disse: «Dave è qui, ma... è rimasto ferito gravemente». Un singhiozzo le impedì di proseguire. «Mi dispiace», continuò piangendo un attimo dopo. «Non ce l'hanno fatta, lui e Parween sono morti».

Mike ebbe un sussulto di dolore, fece per alzarsi, ma Elsa glielo impedì.

«Mike, ti prego», gli sussurrò, ma sembrava che lui non la sentisse.

Mike chiuse gli occhi ed emise un gemito così sommesso e carico di dolore che le ricordò il lamento di un moribondo. Il suo pianto crebbe fino a quando dai più profondi recessi della sua anima non si alzò un grido animale di dolore. Pianse con una foga primitiva che Elsa temette gli avrebbe sconquassato il cuore.

Gli tamponò la ferita e lo scongiurò: «Ti prego, Mike, stai ancora sanguinando. Devi calmarti».

«Oh, mio Dio. Perché? Perché, Dave...», si lamentò con voce strozzata fino a quando il pianto non si fece sommesso, accompagnato soltanto dal fluire delle lacrime.

Elsa gli spiegò che lo avrebbero preparato per il viaggio di ritorno a Bamiyan.

«Fa' come ti dico, Mike». Elsa tirò un sospiro profondo, si fece forza e gli legò una benda stretta attorno alla ferita all'addome. Strappò un pezzo di stoffa dall'orlo del burqa e lo utilizzò come ulteriore bendaggio per non permettere al sangue di defluire.

Mike rimase immobile mentre Mohammed lo avvolgeva nel bianco sudario dei martiri per poi sistemarlo nella bara. Il sangue affiorava appena attraverso la stoffa.

D'un tratto Mohammed si fermò. «Fariba!», chiamò. «Dov'è la capra che ho ucciso ieri? Ne ho bisogno».

Fariba corse fuori e tornò con la carcassa priva di testa dell'animale. Con una smorfia di disgusto provocatagli dal fetore, Mohammed sollevò la carcassa e la sistemò di fianco a Mike, sotto il sudario.

«Se qualcuno dovesse aprire la bara, il lezzo della capra e la quantità di sangue testimonieranno che qui dentro giace il corpo di un morto», sorrise mestamente mentre avvolgeva Mike e la capra nel sudario.

Quando l'afrore della capra gli penetrò nelle narici, Mike ebbe un conato di vomito ed Elsa gli consigliò di respirare con la bocca. Si rivolgeva a lui con tenerezza mentre gli diceva di cercare di non vomitare o avrebbe cominciato a sanguinare di nuovo.

Mohammed fece vedere a Elsa la pistola di Mike. Mise il dito sul grilletto per dimostrare come funzionava, e, quando ebbe controllato la presenza delle pallottole, gliela consegnò.

«*Famidi?*».

Elsa annuì e chiuse il pugno attorno all'arma. Mohammed controllò anche la propria pistola e la nascose al meglio sotto la camicia.

Elsa si rivolse a Fariba e indicò il sangue di cui era intriso il burqa che indossava. «Ho bisogno di un altro burqa, per favore. Ne ha uno da prestarmi?».

Fariba prese l'indumento appeso a un gancio e aiutò Elsa a indossarlo. Elsa baciò la donna sulle guance con le lacrime agli occhi e si inginocchiò vicino a Hamid.

«Ti sei comportato come un fratello con me. Ci vediamo più tardi, Hamid. Che Allah vegli su di te».

«E anche su di te», disse lui mentre le stringeva la mano.

Elsa si coprì di nuovo il volto con il burqa e lei e Mohammed si affrettarono a uscire. Con uno sforzo caricarono la bara che conteneva Mike sul traballante carro adibito al trasporto del fieno e quindi Mohammed legò davanti al biroccio i due vecchi muli della sorella.

Nascosta sotto le pieghe del burqa, Elsa si arrampicò sul retro del carro e si sedette vicino alla bara, pronta a recitare la parte della vedova affranta. Mentre i muli emaciati si mettevano in movimento, adottando un passo di trotto insopportabilmente lento, Mohammad disse: «Di certo ci staranno osservando. I talebani stanno cercando i forestieri e i soldati. Mi raccomando stia calma e vigile».

Elsa annuì accarezzando un lato della bara dalla quale fuoriusciva il tanfo della capra putrescente. Con una parte di sé sperava che Mike avesse perso conoscenza così da poter sopportare il fetore.

«Mike», sussurrò non sapendo se fosse in grado di sentirla, «sii forte. Non appena saremo al sicuro, ti tirerò fuori da questa maledetta cassa».

La strada che riportava a Bamiyan era tortuosa e si snodava attraverso i più solitari recessi della vallata. Si contavano innumerevoli boschetti che offrivano un comodo rifugio ai talebani da dove poter osservare i passanti.

«Sono sicuro che occhi indiscreti ci seguono», disse Mohammed.

E ben presto i suoi timori trovarono conferma. Un talebano solitario emerse dal fitto degli alberi e puntando il kalashnikov in aria lasciò partire un colpo, ordinando a Mohammed di fermarsi.

Mohammed tirò le redini dei suoi stanchi muli e questi si fermarono, grati dell'inaspettato riposo.

«*Che'ast*? Che cos'è questo?», chiese l'uomo.

Mohammed rimase calmo e spiegò tristemente che l'uomo nella bara era suo fratello e la donna era la vedova.

Con il cuore che le batteva forte, Elsa chinò la testa come le aveva insegnato Parween e per nascondere le mani tremanti le tenne giunte in grembo.

«Aprila!», gli intimò il ribelle.

Mohammed si portò sul retro del carro e sollevò il coperchio, liberando l'insopportabile tanfo prodotto dalla capra morta.

Elsa trattenne il fiato e cercò di rimanere calma mentre disgiungeva le mani e cercava la pistola di Mike. Chiuse la mano ferma attorno all'impugnatura e sentire sotto le dita il freddo e duro metallo le trasmise coraggio. Avrebbe sparato all'uomo se ve ne fosse stato bisogno. Ne era certa.

«Aggh!», gridò il talebano con sommo disgusto. «Chiudila e vai. Seppelliscilo in fretta. È già putrefatto!».

Mohammed ubbidì, ringraziò con un mormorio l'uomo e Allah e frustò gli scheletrici muli affinché riprendessero il passo.

Quando furono abbastanza lontano da non essere sentiti gridò: «*Allah u akbar*!».

Elsa si allungò sulla bara, sollevò il coperchio, slegò il sudario puzzolente dal viso di Mike e cominciò a piangere.

«Stai bene? Credi che ce la farai ad arrivare a Bamiyan? Ti prego parlami».

Mike sussultò e annuì, nonostante stesse soffrendo come un cane.

«Tutto a posto», disse con un filo di voce.

«Arriveremo presto. Tieni duro».

Elsa risistemò il sudario e rimise il coperchio alla bara.

Finalmente i muli, come se all'improvviso avessero avvertito l'imminente pericolo, aumentarono il passo. Elsa e Mohammed scrutavano ogni ombra, vigilavano sugli uccelli che si alzavano in volo, su ogni minimo fruscìo di foglia, su ogni possibile segno della vicinanza dei talebani. E alla fine, nonostante tutto, giunsero a destinazione.

Arrivarono all'ospedale di Bamiyan dove Laila ed Ezat vennero loro incontro, dapprincipio senza riconoscerla. Quando si tolse il copricapo del burqa rimasero sorpresi. Velocemente, spiegò loro l'accaduto e insieme trasferirono Mike nella piccola sala del pronto soccorso.

Ezat si occupò subito delle ferite di Mike e quando Elsa venne a offrigli aiuto, Laila scrollò il capo e la accompagnò fuori dalla sala.

«No, devi prenderti cura di te, si occuperà Ezat del tuo amico».

«Ma voglio stargli vicino», disse e dopo una debole protesta Elsa si arrese e andò a inviare un messaggio al Comandante.

Pochi minuti dopo un paio di soldati arrivarono all'ospedale. Uno di loro era un medico e si incaricò di trasferire Mike su una lettiga per trasportarlo al rifugio.

Il Comandante, furibondo, arrivò a bordo di un secondo veicolo.

«Che cazzo è successo, Elsa?».

Fra lacrime e singhiozzi Elsa riferì l'accaduto.

«Dave è morto. E anche Parween», disse piangendo.

Il Comandante ebbe un breve attimo di smarrimento prima di rivolgersi al suo interprete e cominciare a impartire ordini berciando.

«Ramatullah, chiedi a quest'uomo, Mohammed, di spiegarti dove si trovano Dave e gli altri e digli di scriverti il nome del luogo, manderemo subito i nostri uomini. Portatelo con voi, se vuole».

Il Comandante si girò e vide che Elsa stava tremando. Nonostante la rabbia che aveva in corpo cercò di modulare il suo tono di voce.

«Oh, merda, non gliel'ho nemmeno chiesto, lei sta bene, tesoro?».

Ma Elsa non riuscì a rispondere se non con i propri singhiozzi mentre si lasciava cadere su una sedia. Il Comandante si accovacciò vicino a lei.

«Dobbiamo portare Mike al rifugio, vuole venire con noi? Dopo la riporteremo a casa».

Elsa non riusciva a parlare. Doveva andare da Rahima e aspettare il ritorno di Hamid. Non poteva andare con Mike, non ancora. Scrollò il capo e si alzò, andò a salutare Mike il quale ora giaceva sulla lettiga che i suoi compagni si accingevano a caricare sulla jeep. I soldati si allontanarono e li lasciarono soli.

Elsa gli prese la mano e lo baciò sulla bocca.

«Ci vediamo presto».

«Elsa, non puoi rimanere qui. Promettimi che partirai», le disse con un filo di voce.

Elsa annuì e i soldati tornarono a prendere la lettiga che trasportarono veloci sulla jeep.

Laila ed Ezat si erano fatti da parte non appena erano arrivati i militari, ma mentre il veicolo dell'esercito si allontanava, si avvicinarono a Elsa. Laila si sedette vicino a lei.

«Elsa, stai bene?», le chiese impensierita mentre Ezat la scrutava con la fronte corrugata.

Elsa cominciò a piangere e raccontò loro con maggiori dettagli che cosa era accaduto.

«Dave e Parween...», mentre pronunciava quei nomi le si incrinò la voce. "Com'è possibile che non ci siano più? Mio Dio, perché proprio loro?", si chiese Elsa.

«Oh, Parween», disse piangendo e accasciandosi sulla sedia.

Laila la strinse in un abbraccio.

«Vieni, ti accompagniamo a casa».

«Devo vedere Rahima».

«Sì, ma prima devi farti un bagno e cambiarti. Rahima non può vederti in queste condizioni», le disse, indicando il sangue che le imbrattava il burqa e che aveva ancora sulle mani.

Ezat e Laila la accompagnarono a casa e lungo il tragitto anche Ezat provò a confortarla nel suo scarno inglese. Quando arrivarono a destinazione, Elsa li salutò.

«Grazie, ma adesso devo vedermela da sola», disse loro. «Voi tornate pure all'ospedale e informate gli altri su quanto è accaduto».

Laila ed Ezat annuirono e quando Laila si convinse che Elsa se la sarebbe cavata, ripresero il cammino oltrepassando il piccolo ruscello.

Quando Elsa entrò nella camera da letto, vide la macchina fotografica di Mike posata sulla sua valigia. Si trovava lì da circa un mese, era quasi diventata parte dell'arredamento, ma Elsa non l'aveva mai usata. Aveva promesso a Parween che le avrebbe scattato delle fotografie, ma poi si era sempre dimenticata di farlo.

Mentre teneva la macchina fotografica fra le mani, si ricordò le parole di Mike. "Dave ha utilizzato gran parte della pellicola per farsi foto con l'autoscatto". Nuove lacrime le rigarono il viso. Nonostante non fosse riuscita a fotografare Parween, almeno la moglie di Dave avrebbe avuto un ricordo del marito.

Preparò l'acqua per il bagno senza smettere di piangere.

Si lavò in fretta e indossò un abito pulito quando sentì l'inconfondibile rumore delle pale di un elicottero. Salì sul tetto e rimase a guardare un elicottero dell'esercito americano che atterrava in lontananza, sollevando nuvole di polvere e sporcizia.

Era il velivolo che avrebbe portato Mike in un ospedale attrezzato.

Per un po' tutto tacque, poi sentì di nuovo il ronzio dell'apparecchio in fase di decollo. Lo vide esitare un solo istante prima di inclinarsi bruscamente e quindi compiere un giro completo e puntare dritto al tetto della casa.

Si mise in piedi e cominciò a sbracciarsi. Gridò il nome di Mike, ma l'elicottero procedette ignorandola. «Ti amo!», gridò con tutta se stessa nella speranza che la sua voce fosse più forte del ronzio delle pale. Sapeva che Mike non poteva sentirla, ma non importava.

Capitolo 33

Non appena l'elicottero sparì alla vista, Elsa scese dal tetto e s'incamminò verso la casa di Rahima.

Come le avrebbe spiegato l'accaduto quando nemmeno lei capiva il senso di quella tragedia?

Il tragitto familiare le sembrò interminabile e, al tempo stesso, troppo breve. Bussò al portone e venne subito accolta nella casa del caro zio Abdullah.

Elsa esitò, Parween era uscita da lì quel mattino per compiere il viaggio fino a Sattar, e in quel breve periodo, il mondo attorno a lei era crollato.

Elsa trattenne le lacrime e andò a cercare Rahima.

Trovò la madre di Parween con in braccio il piccolo Raziq che rincorreva Zahra la quale si precipitò fra le braccia di Elsa. «Essa, Essa!».

L'allegra risata della bambina riempiva l'aria. Elsa abbracciò la piccola forte a sé e le lacrime cominciarono a rigarle il volto. L'angoscia e il dolore incolmabile ebbero la meglio su di lei e si abbandonò a singhiozzi convulsi non riuscendo più a trattenerli.

Zahra si liberò dall'abbraccio e arretrò improvvisamente spaventata.

«*Che taklif*? Che cosa c'è?», chiese Rahima inginocchiandosi di fianco a Elsa e mettendole la mano sulla spalla. Poi un pensiero l'assalì, si guardò attorno per capire se Elsa era venuta lì da sola mentre un barlume di paura le balenava negli occhi.

Elsa dovette compiere uno sforzo per riuscire a parlare.

«Parween, la nostra meravigliosa Parween, è morta», disse fra i singhiozzi.

Rahima, atterrita, cadde a terra.

Zahra cominciò a piangere.

Elsa e Rahima si abbracciarono e diedero libero sfogo al dolore. Rimasero sedute a terra, strette in un abbraccio dolente fino a quando non ebbero più lacrime, e poi si chiusero in un silenzio tristissimo, tenendo vicino a sé i bambini di Parween.

Elsa trascorse le ore successive al fianco di Rahima e quando infine i soldati riportarono a casa il cadavere di Parween, le due donne lo lavarono e lo vestirono preparandolo per il viaggio finale.

Il corpo di Parween appariva fragile nell'irreparabilità della morte ed Elsa notò per la prima volta quanto fosse esile la sua amica. Perché non l'aveva mai notato prima? Parween non era la donna forte che aveva sempre fatto finta di essere.

Elsa lasciò Rahima e uscì a prendere una boccata d'aria fresca, nel cortile trovò Zahra che giocava nella polvere.

«Mamma *mariz*?», le chiese la piccola.

Elsa annuì, si sedette per terra e strinse a sé la figlia di Parween.

Hussein, ridotto al silenzio dal tragico epilogo degli eventi, si recò mestamente all'appezzamento di terra dove erano sepolti Abdullah, Mariam e il bambino nato morto di Parween. Scavò ancora una volta una fossa affinché Parween potesse essere seppellita vicino a coloro che in vita aveva amato tanto. Quando ebbe finito, arrangiò una piccola bara di legno.

La notizia della morte di Parween si diffuse presto in tutta Bamiyan e cominciò a correre voce che era lei la famosa donna ribelle le cui gesta tutti avevano seguito e ammirato. Dicevano le voci che, nonostante avesse combattuto per anni contro i talebani, infine questi erano riusciti ad avere la meglio.

Prova inconfutabile della veridicità delle voci della gente era il fatto che, Parween, vestita come un ragazzo, era stata uccisa in una sparatoria contro gli odiati oppressori. Testimoni si fecero avanti con racconti sulle gesta eroiche di Parween e, sebbene le storie fossero frutto di fantasia, non aveva più alcuna importanza. La sua morte la fece assurgere allo stato di *shaheed*, martire per i nobili valori dell'Afghanistan.

Più tardi, Hamid, con il braccio bendato, giunse alla casa di Parween e confermò che la giovane donna era morta per salvare tutti loro.

«Non ho mai visto tanto coraggio, sono certo che era lei la famosa donna ribelle», disse con orgoglio. «Ha combattuto a fianco dei soldati e ci ha salvato», disse annuendo mentre guardava Elsa.

I racconti che esaltavano il coraggio di Parween travolsero Rahima la quale ricordò la piccola bambina ostinata che amava fare a pugni e correre nei campi con i ragazzi.

«Credo sia così», disse fra le lacrime. «La mia Parween, una vera *shaheed*».

Nell'ora in cui si accingevano ad accompagnare Parween al piccolo cimitero, una folla si era radunata nella casa mentre altri abitanti di Bamiyan aspettavano il passaggio della salma di Parween lungo la strada. La folla crebbe fino a quando sembrò che tutto il villaggio si fosse radunato per dare vita a un lungo corteo che accompagnò Parween al luogo della sepoltura. Elsa e Rahima camminavano l'una di fianco all'altra, tenendo per mano i bambini di Parween. Zahra si liberò dalla stretta di Elsa e proseguì per camminare impettita di fianco al carro trainato dal mulo sul quale, avvolto nel sudario, era disposto il corpo della madre.

Un mesto brusio accompagnava la processione mentre la gente si scambiava aneddoti sulle gesta di Parween. A ogni passo, un nuovo riferimento eroico andava ad aggiungersi alla leggenda e, a ogni nuova testimonianza del coraggio di Parween e della sua morte, la figura della giovane donna ribelle assumeva sempre più importanza nella vita di coloro che l'avevano conosciuta quanto in quella di chi non l'aveva mai incontrata.

La donna anziana e scarmigliata, colei che aveva riferito dell'incontro di suo figlio con la donna ribelle, dichiarò che doveva per forza trattarsi di Parween, e si meravigliò del fatto che quest'ultima fosse rimasta in silenzio quando avevano parlato di lei quel giorno al torrente.

Elsa raccontò come Parween l'avesse salvata dai rozzi talebani, gridando e sputando al loro indirizzo con il coraggio di un'indomita guerriera.

Giunto al minuscolo cimitero, il corteo si fermò ed Elsa si fece avanti per rivolgere all'amica l'estremo *Kohda hafez*.

«*Man shumura dost doram*. Ti voglio bene, mia cara amica», sussurrò chinandosi sulla bara dopo che Hussein l'ebbe tolta dal carretto.

Una volta seppellita la bara e recitate le preghiere, Rahima prese Elsa per mano.

«Vieni, è ora di andare», le disse.

Elsa scrollò il capo. «Non ancora, voglio fermarmi qui ancora un po'», disse mentre le si incrinava la voce, cadeva in ginocchio e si copriva il viso con le mani. Dopo che tutti se ne furono andati, Elsa rimase sola e si rannicchiò sul terreno per stare vicino all'amica un'ultima volta.

Si fermò lì a lungo, fino a quando il sole non tramontò e, prima di andarsene, depositò l'astuccio luccicante del rossetto fra le rocce che indicavano il luogo dove giaceva in pace il corpo di Parween.

Capitolo 34

Non trascorse molto tempo prima che le voci sulla tragedia, e sulle responsabilità di Elsa, giungessero a Kabul e da lì a Parigi. Dunque non si sorprese quando, due giorni dopo l'accaduto, un amministratore francese si presentò a Bamiyan.

«Che cosa le è venuto in mente? Noi non collaboriamo *mai* con gli invasori!», le sbraitò contro.

Elsa rimase seduta in silenzio, in attesa che l'uomo concludesse le sue invettive.

«Non appena troveremo un sostituto, lei dovrà andarsene», annunciò. «Lei ha messo a rischio il nostro ospedale e tutta la nostra organizzazione».

Dopo una lunga pausa silenziosa, Elsa rispose. «Mi dispiace. Volevo soltanto offrire il mio aiuto, ma è andato tutto storto».

«Purtroppo è stata la *sua* presenza qui a far sì che andasse tutto storto», disse l'uomo interrompendola bruscamente.

Nel sentirsi rivolgere tale accusa, Elsa venne sopraffatta dalla rabbia. «La gente del posto e coloro che lavorano all'ospedale possono testimoniare che ho svolto bene il mio incarico, ma non ho intenzione di discuterne con lei». Rimase sorpresa dal proprio ardire. Fino a pochi giorni prima era una timida volontaria e ora era lì a tener testa a un burbero amministratore francese e a rispedire al mittente le sue aspre critiche. Non le importava che cosa avrebbe pensato quella persona di lei e smise di ascoltare le sue parole, pur rimanendo seduta educatamente.

L'uomo incrociò le braccia sul petto. «Naturalmente abbiamo la nostra parte di responsabilità», disse infine. «Non avremmo dovuto lasciarla qui da sola. Devo ammettere che si dice abbia svolto il suo lavoro in modo ammirevole, ma dobbiamo comunque sostituirla. Capisce? E lo faremo al più presto».

Lo stesso giorno Elsa parlò con il Comandante il quale la informò che Mike era stato curato dapprima in Germania e poi trasferito a Washington D.C. «Lei Elsa deve lasciare l'Afghanistan. Ho incaricato alcuni miei soldati di occuparsi della sua sicurezza, ma non posso garantirle l'incolumità».

Elsa si era accorta degli uomini del Comandante i quali, pur tenendosi a debita distanza, erano sempre presenti con le armi imbracciate.

«Lo so, sto organizzando la partenza».

«Posso mettere a sua disposizione un elicottero e farla partire oggi stesso», le propose.

«No, grazie. Non sono ancora pronta».

Il Comandante annuì comprensivo.

«Mike mi ha incaricato di dirle che l'ama e che l'aspetta in patria», le riferì il Comandante arrossendo, quindi, dandole un tenero bacio sulla guancia, aggiunse con evidente imbarazzo: «Mi ha chiesto di fare questo per lui e detesto non accontentare i miei uomini».

Elsa si sforzò di trattenere le lacrime.

«Oh, Comandante, gli dica che lo amo anch'io», riuscì a dire prima di perdere il controllo e scoppiare a piangere.

Il Comandante prese Elsa fra le sue robuste braccia e la strinse a sé.

«Mia cara, presto potrà portare personalmente il messaggio a Mike».

Elsa si mise una mano in tasca e ne estrasse una pellicola.

«Questa è per la moglie di Dave, sono le sue fotografie», disse.

Il Comandante prese in consegna la pellicola sforzandosi di respingere le lacrime che gli affiorarono agli occhi.

Hamid lasciò Bamiyan. Considerato quanto era accaduto, aveva deciso di seguire il consiglio di Mike e di tornare a Kabul dove aveva intenzione di iscriversi all'università.

Con le lacrime agli occhi, prese le mani di Elsa nelle sue. «Sei stata come una sorella per me. Non ti dimenticherò mai. *Inshallah*, ci incontreremo, un giorno, in un luogo più sicuro», le disse mentre gli si incrinava la voce. Le lasciò le mani e si asciugò gli occhi con la manica della camicia. «*Tashakur*, sorella, *tashakur*».

«Hamid, anche tu sei stato come un fratello», rispose Elsa commossa. «Non so come avrei fatto a sopravvivere qui senza di te. Ti penserò sempre. E so che prima o poi ci incontreremo di nuovo», disse mentre un singhiozzo le spezzava le parole in gola.

Prima di dirsi addio, Elsa gli chiese un ultimo favore, e, consegnandogli una lettera per Rahima, gli chiese di tradurla per lei.

Il giorno dopo, Elsa venne informata che era stato trovato un sostituto e che poteva lasciare Bamiyan non appena fosse riuscita a trovare un posto su un volo delle Nazioni Unite. Ne parlò con Johann, ancora sconvolto da quanto era accaduto a Sattar. Ogni volta che la vedeva le ripeteva la stessa domanda.

«Perché Elsa? Perché siete andati a Sattar, vi avevo detto che non era il momento, che era meglio aspettare», le chiese prendendosi la testa fra le mani.

Elsa gli mise una mano sulla spalla.

«Lo so, adesso rimpiango di non averla ascoltata. Non saremmo dovuti andare. Ma Parween voleva dimostrarle che era una persona seria e affidabile, che aveva le doti di una brava insegnante. Lo so che ci aveva messo in guardia e noi avremmo dovuto ascoltarla. Mi dispiace tanto».

«E io avrei dovuto essere più fermo, avrei dovuto insistere, non ho saputo dimostrare fermezza», disse con rimpianto.

«Oh, Johann, non è colpa sua. Parween aveva deciso di andare a Sattar e io volevo aiutarla», disse chiudendo gli occhi, ricordando il sorriso contagioso dell'amica che ora le portò soltanto lacrime.

Johann prese la mano di Elsa nelle sue e, quando si furono ripresi entrambi, Elsa gli chiese quando sarebbe partito il prossimo volo delle Nazioni Unite per Kabul.

«Mia cara Elsa, ci sarà un volo fra un paio di giorni. Dio solo sa quanto vorrei che, per una volta, ci fosse un ritardo così da poterla avere dei nostri ancora per un po'».

Elsa sorrise e lo ringraziò per tutto l'aiuto che aveva ricevuto da Johann.

«Bamiyan sentirà la sua mancanza, Elsa. Se mai dovesse avere bisogno di un lavoro, spero che prenderà in considerazione un posto presso le Nazioni Unite», le disse mentre la accompagnava alla porta. «Così potrà contattarmi», aggiunse consegnandole il suo biglietto da visita.

Elsa fece scorrere le dita sulle lettere in rilievo. «L'ultima volta che una persona mi consegnò il suo biglietto da visita, mi cambiò la vita», disse mettendoselo in tasca, e dopo aver baciato Johann sulla guancia si avviò verso casa.

Gli ultimi giorni a Bamiyan fu impegnata nei preparativi per il viaggio, a sbrigare le ultime incombenze burocratiche e a salutare gli amici. E furono gli addii la parte più dolorosa. Salutò Amina e Sidiq che presto sarebbero diventati genitori e che sarebbero rimasti con lei nella piccola casa fino al giorno della partenza. Salutò Soraya e poi Laila ed Ezat, lo staff dell'ospedale e i bambini del vicinato.

Ogni addio si rivelava più doloroso del precedente. Lasciò i saluti a Rahima per ultimi.

Si avvicinò all'abitazione di zio Abdullah e bussò piano alla porta. Hussein venne ad aprire e la accompagnò nella stanza di Parween. Rahima seduta per terra, circondata dai bambini di Parween immersi nel sonno, abbandonò il cucito e le venne incontro.

Strinse Elsa in un abbraccio e pianse fino a quando lei non le promise che sarebbe tornata.

«Tornerò, come avrebbe voluto Parween e se, nel frattempo, lei o i bambini doveste avere bisogno di qualcosa, qualsiasi cosa, fatemelo sapere». Spiegò per filo e per segno come avrebbe dovuto fare per contattarla e lasciò a Rahima un foglio con le necessarie istruzioni tradotte da Hamid. Gli occhi di Elsa si riempirono di lacrime mentre estraeva dalla tasca un rossetto, l'ultimo di quelli che aveva messo nella valigia prima di partire per quel viaggio.

«Questo è per Zahra», disse mettendo in mano a Rahima l'astuccio luccicante. «Parween avrebbe voluto che, da grande, avesse il suo rossetto».

Rahima custodì nel pugno l'astuccio sorridendo poi si voltò, prese il nuovo velo marrone di Parween e lo consegnò a Elsa. «In ricordo di Parween», le disse mentre una lacrima le rigava il volto.

Elsa fu scossa da un fremito prima di lasciarsi andare a un pianto sommesso, coprendosi il viso con il velo.

«*Tahakore*, Rahima», disse abbracciando la madre dell'amica.

Si salutarono per l'ultima volta ed Elsa, stringendo in mano il velo di Parween, lasciò a malincuore la stanza che, in quei mesi, aveva imparato a conoscere tanto bene. Una volta fuori, rivolse un ultimo sguardo alla casa con il cuore già colmo di ricordi di quel luogo, della sua gente, consapevole che i giorni trascorsi lì le avevano cambiato la vita.

Percorse piangendo il breve tragitto verso casa dove scoprì che Amina e Sidiq le avevano preparato una sorpresa. Lo staff dell'ospedale e i bambini del vicinato erano tutti seduti attorno alla tavola per la cena di commiato e a turno ridevano e piangevano mentre condividevano i ricordi del soggiorno di Elsa a Bamiyan.

«Ha cacciato il *jinn* dalla mia mente», affermò con orgoglio Sidiq. «E mi ha trovato una moglie», aggiunse sorridendo ad Amina che guardò il marito con aria pudica.

«Credo che vi sareste conosciuti comunque. Ma sono contenta di avere potuto partecipare al vostro bellissimo matrimonio», disse Elsa cercando di dirottare la conversazione su altri argomenti.

Amina le prese la mano. «Anche tu ti sposerai presto, vero?».

I bambini ridacchiarono. Di certo ora avrebbe avuto il tempo di pensarci e un sorriso le increspò le labbra.

«*Mumkin*, forse», rispose.

Verso la fine della serata, venne raggiunta da Ezat e Laila.

«Ti prego, cara amica, vedi di tornare», le disse Laila, commossa.

«*Inshallah*, Laila, *inshallah*», rispose Elsa emozionata.

«Sì, mi raccomando, ti aspettiamo. Bamiyan sentirà la tua mancanza», intervenne Ezat sforzandosi di parlare nel suo inglese migliore. Elsa non riuscì a trattenere le lacrime e si coprì il viso con le mani.

Gli invitati se ne andarono alla spicciolata, lasciando Elsa con Sidiq e Amina resa radiosa dalla gravidanza.

Amina le prese le mani.

«Se sarà una bambina, la chiameremo Parween».

Elsa la baciò e la strinse in un caloroso abbraccio.

«*Tashakur*, cara amica, *tashakur*».

Elsa rimase sveglia tutta la notte a preparare i bagagli e, quando spuntò l'alba, era tutto pronto per il viaggio che l'avrebbe riportata a casa.

Capitolo 35

Il mattino successivo, Elsa salutò fra le lacrime Amina e Sidiq e, quindi, partì per affrontare la prima tappa del viaggio.

Quando uscì di casa venne circondata dai bambini del vicinato con i quali, fin dal suo arrivo lì, aveva stretto amicizia e si rese conto che non erano in grado di comprendere il significato di un addio come quello che si accingevano a scambiarsi.

Prese la valigia e si avviò solitaria verso la desolata pista di decollo. Rimase in attesa del volo delle Nazioni Unite con i piedi nella polvere, sotto un sole cocente, scrutando l'orizzonte nella speranza di veder arrivare il velivolo. Un ufficiale con il turbante si aggirava da quelle parti, ma poiché era una donna non la degnò d'attenzione.

Finalmente l'aereo apparve all'orizzonte, fra le cime delle montagne. Lo vide abbassarsi per prepararsi all'atterraggio, ma nel medesimo istante una mucca raminga si avventurò sulla pista e il piccolo aereo dovette riprendere quota. La gente del posto corse a cacciare via l'animale dalla pista polverosa. L'apparecchio atterrò soltanto diversi minuti dopo e il pilota sbarcò furibondo, rivolgendo invettive alla gente del villaggio.

Elsa rimase a osservare la scena in attesa di salire a bordo del minuscolo aereo.

Da lontano, sentì sopraggiungere l'inconfondibile e familiare vociare dei bambini che invocavano il suo nome. Si voltò e vide un gruppetto misto di cinque ragazzini correrle incontro per un ultimo saluto. Le lacrime le solcarono il volto mentre cercava di contenerli tutti in un unico abbraccio.

«Ti mancheremo?».

«Non partire».
«Adesso ti sposerai?».
«Portaci con te!».
«Prometti che tornerai!».
«Ti vogliamo bene», le dissero parlando tutti all'unisono un po' in inglese e un po' in dari.

Infine sopraffatta dalla tristezza, Elsa si sciolse dall'abbraccio e salì a bordo. Mentre il velivolo sorvolava il paesaggio montuoso dell'Afghanistan, Elsa rivolse un ultimo sguardo ai bambini intenti a correre appresso all'aereo, salutandola e piangendo.

Non riuscì a distogliere lo sguardo fino a quando l'apparecchio non si inoltrò fra le montagne e le piccole sagome dei bambini non scomparvero alla vista.

Epilogo

Elsa entrò nella stanza di Mike con passo silenzioso. Vederlo giacere immobile sotto le fresche candide lenzuola, circondato da pompe e monitor ronzanti, le sollevò lo spirito. Era vivo. I medici avevano detto che ci sarebbe voluto del tempo, ma sarebbe guarito.

Si sedette vicino al letto e gli tenne la mano accarezzandola dolcemente poi si chinò su di lui e lo baciò sulle labbra. Mike aprì faticosamente gli occhi e le sorrise prima di scivolare nuovamente nel sonno.

Elsa si sedette sulla sponda del letto e lo abbracciò sentendo il lieve soffio del respiro dell'uomo sulla propria guancia. «Ti amo, Mike», gli sussurrò. Mike si mosse ed Elsa lo strinse a sé. Non aveva immaginato fino a quel momento quanta gioia gli avrebbe procurato tenerlo nuovamente fra le braccia. Lo strinse ancora più forte mentre i loro respiri si confondevano. Ed Elsa capì che non lo avrebbe più lasciato andare.

Nota dell'autrice

Dopo i terribili eventi dell'11 settembre 2001 e la successiva invasione dell'Afghanistan, le condizioni di vita in quella regione del mondo sono indubbiamente migliorate sotto diversi punti di vista. Per esempio, oggi, in Afghanistan, la gente può accedere più facilmente alle cure sanitarie, ma c'è ancora molta strada da fare se ogni venti minuti una donna afgana muore per complicazioni durante la gravidanza o il parto e se un bambino su quattro muore prima di compiere cinque anni.

Tragedie e pericoli sono ancora all'ordine del giorno, le mine di terra continuano a minacciare la vita di donne e bambini. Gli ultimi dati dicono che, ogni mese in Afghanistan, dalle 150 alle 300 persone muoiono o rimangono ferite per via delle mine, molte sono bambini.

Esistono comunque ragioni per sperare in un futuro migliore. Secondo i dati dell'UNICEF, oggi 5,4 milioni di bambini afgani frequentano la scuola, perlopiù a livello di scuola primaria. Inoltre i lunghi periodi di siccità sono ormai un ricordo del passato. Nonostante l'Afghanistan rimanga un paese sconvolto dalla povertà, dalla miseria e dalla guerra, è popolato da persone straordinarie che, pur avendo alle spalle decenni di sofferenze, continuano a dimostrarsi generose e ben disposte nei confronti del prossimo.

Nel 2002 ho trascorso sei mesi nel villaggio di Bamiyan e nei suoi dintorni, prestando servizio come infermiera volontaria nell'ambito di un programma di aiuti umanitari. Lì ho lavorato a fianco di gente di etnia hazara, originaria dell'Afghanistan centrale, una zona a lungo vilipesa.

Poiché gli hazari erano particolarmente sgraditi ai talebani, ne hanno subito le barbarie inflitte loro allo scopo di minarne la fierezza.

Tuttavia, le crudeltà subite nel corso degli anni non hanno fatto altro che esaltare negli hazari le doti migliori del popolo afgano quali la generosità e l'amabilità. Pare che gli hazari abbiano voluto porre l'accento sul loro spirito di indipendenza eleggendo nel 2005 una donna quale governatrice della provincia di Bamiyan.

Nonostante la determinazione degli hazari, e i recenti miglioramenti delle condizioni di vita, la loro situazione rimane a rischio. Risale al 2009 la notizia, diffusa dalla BBC, della ricostituzione del potere dei talebani e del loro accerchiamento del villaggio di Bamiyan.

Ma la gente di Bamiyan è dotata di una straordinaria capacità di superare le avversità. Esiste davvero una donna ribelle in Afghanistan di cui tanto si parla – una vera guerriera, dicono – e le sue gesta sono leggendarie, la sua reputazione di donna coraggiosa non conosce limiti. Ascoltando le storie di questa donna guerriera viene spontaneo credere alla sua esistenza. Mi sembra di vederla galoppare sul suo cavallo in cima alle vette montuose, pronta a salvare la sua gente da questa o quella calamità.

È stata la donna ribelle la vera ispiratrice di questa mia storia ed è sempre lei a infondere coraggio alla gente di Bamiyan, perché nonostante l'Afghanistan sia ancora un paese travagliato, anche nei momenti più bui la fiamma della speranza continua a brillare.

Per eventuali informazioni su come aiutare il popolo afgano o i 42 milioni di rifugiati e di esuli sparsi in giro per il mondo, visitate il sito dell'International Rescue Commitee all'indirizzo www.theirc.org.

Ringraziamenti

Scrivere un libro è un processo solitario, ma pubblicarlo e far sì che giunga nelle mani dei lettori è opera di tante persone. Sono grata a tutti coloro che mi hanno dato una mano.

Prima di tutto ringrazio di cuore i miei agenti, Judy Hansen, che ha creduto in questo progetto fin dall'inizio, e Cynthia Manson, che ha capito subito quali erano i passi da compiere. Judy e Cynthia sono donne dotate di buon senso, perspicaci e sagge, e sono stata fortunata a poter contare su di loro.

All'incredibile team della casa editrice Simon&Schuster, Louise Burke, Abby Zidle, Danielle Poiesz, Lisa Litwack, Carole Schwindeller, e Aja Pollock va la mia eterna gratitudine per l'entusiasmo, il sostegno e la pazienza dimostrata a questa narratice esordiente.

Sono inoltre debitrice al mio mentore, Mark Fritz, e alla mia prima sostenitrice Anna Lvovsky, Steve Saffel e Ann Pinheiro. Grazie anche a Lauren Kuczala, non so immaginare come avrei potuto finire questo libro senza il suo occhio vigile e le sue opportune correzioni. Mille grazie.

Alla mia famiglia, Susan Richard, Marianne Pierson, Jim Gately, e alla mia cara zia, Doris Barron, che ha sempre creduto in me, un grazie di cuore. Ai miei molti amici e alla mia famiglia allargata voglio dire che il vostro sostegno, la vostra comprensione, il vostro humour e il vostro amore sono impagabili. Grazie a tutti.

Ai docenti del corso per infermieri del Boston Medical Center (ex Boston City Hospital) e soprattutto a Maureen Hilchey-Master, la mia gratitudine per il sostegno offertomi e per la disponibilità.

Ai soldati dell'esercito americano di stanza a Bamiyan nel 2002, ai membri dell'ODA-963, del 19° SFGA C-2 e della 345° Unità per le Operazioni Psicologiche, in particolare ad Adam Perry, Frank "Doc" Plisko, e a Darren Devila grazie per l'amicizia, il cibo, risate e... il sapone.

E infine grazie di cuore ai 42 milioni di profughi che combattono ogni giorno per sopravvivere e ai volontari generosi che si impegnano per salvarli, la mia sconfinata stima ed eterna gratitudine per avermi insegnato quello che conta davvero nella vita.

Indice

Paperbacks
sezione Gli Insuperabili
Pubblicazione settimanale, 17 marzo 2016
Direttore responsabile: Raffaello Avanzini
Registrazione del Tribunale di Roma n. 16024 del 27 agosto 1975
Stampato per conto della Newton Compton editori s.r.l., Roma
presso Puntoweb s.r.l., Ariccia (Roma)

Gli Insuperabili

Francesca Bertuzzi, *Il sacrilegio*
Simon Scarrow, *Roma o morte*
Helen Warner, *Quattro donne e un matrimonio*
Melissa Hill, *Innamorarsi a Notting Hill*
Matt Rees, *La profezia segreta di Mozart*
Lucinda Carrington, *90 giorni di tentazione*
Daniela Farnese, *Via Chanel N°5*
Marjorie Hart, *I love Tiffany*
Marcello Simoni, *La biblioteca perduta dell'alchimista*
Saskia Noort, *La febbre*
Massimo Pietroselli, *La profezia infernale*
Karen Swan, *Un regalo perfetto*
Carmen Reid, *Il club dello shopping – Shopping mania*
Milly Johnson, *Un indimenticabile autunno d'amore*
Cynthia Ellingsen, *Amori impossibili e fragole con panna*
Ferdinando Imposimato, *La Repubblica delle stragi impunite*
Simon Scarrow, *Il pretoriano*
Adam J. Epstein – Andrew Jacobson, *The Familiars. Il segreto della Corona*
Milly Johnson, *Un indimenticabile autunno d'amore*
Franco Matteucci, *Il suicidio perfetto*
Anna Premoli, *Ti prego lasciati odiare*
Sam Pivnik, *L'ultimo sopravvissuto*
Michael Ennis, *La congiura Machiavelli*
Anna-Lou Weatherley, *La rivincita delle mogli*
Stefano Baldi, *Sia fatta la tua volontà*
Alex Churton, *La mappa segreta della Massoneria*
Jonathan Holt, *Sconsacrato*
Ilaria Beltramme, *La società segreta degli eretici*
Federica Bosco, *Un amore di angelo*
Roberto Fabbri, *Il giustiziere di Roma*
Massimo Lugli, *Gioco perverso*
Andrea Frediani, *La battaglia delle Termopili*

Lindsey Kelk, *I love New York*
Amy Bratley, *Segreti, bugie e cioccolato*
Evie Hunter, *L'iniziazione*
Andrea Frediani, *Gli invincibili. Alla conquista del potere*
G. L. Barone, *La cospirazione degli Illuminati*
Niamh Greene, *Sarà perché ti amo*
Davide Mosca, *La cripta dei libri profetici*
Karen Swan, *Shopping da Prada, appuntamento da Tiffany*
Ali McNamara, *Innamorarsi a Notting Hill*
Miranda Dickinson, *Iniziò tutto con un bacio*
Jessica Sorensen, *Non lasciarmi andare*
Diana Lama, *L'anatomista*
Daniela Farnese, *I love Chanel*
Amy Bratley, *L'amore della mia vita*
Marcello Simoni, *L'isola dei monaci senza nome*
Marc Raabe, *Il sezionatore*
Rebecca Chance, *Amori, bugie e tacchi alti*
Elisa Amoruso, *Buongiorno amore*
C. M. Palov, *La cripta occulta dei templari*
Vanessa Greene, *Biscotti, dolcetti e una tazza di tè*
Joseph Kanon, *Omicidio a Istanbul*
Tami Hoag, *La Ragazza N° 9*
Martin Rua, *Le nove chiavi dell'antiquario*
Tiffany Reisz, *Peccato originale. Il ritorno*
Anna Premoli, *Come inciampare nel principe azzurro*
Enrico Vanzina, *Il gigante sfregiato*
Simon Scarrow, *La battaglia finale*
Carmen Reid, *Shopping con le amiche*
Remo Guerrini, *L'estate nera*
C.L. Parker, *La proposta*
S. Montemurro; M. Lugli; M. Simoni; F. Bertuzzi; D. Lama; G. Leoni; P. Roversi, *Estate in giallo*
Vito Bruschini, *I segreti del club Bilderberg. Il romanzo del potere*
Nicola Doherty, *Innamorarsi a Central Park*
Lauren Myracle, *Il nostro infinito momento*
Roberta Gately, *La Pakistana*
Carole Matthews, *Un regalo inaspettato*
M. Simoni, M. Lugli, L. Ghinelli, D. Mosca, M. Pietroselli, F. Delizzos, S. Montemurro, G. Lisai, *Giallo Natale*
Milly Johnson, *Un indimenticabile Natale d'amore*
Thomas Harding, *Il comandante di Auschwitz*

Eva Schloss, *Sopravvissuta ad Auschwitz*
Sara Tessa, *L'uragano di un batter d'ali*
Chase Emma, *Non cercarmi mai più*
Cassandra Rocca, *Tutta colpa di New York*
Jessica Sorensen, *Tienimi con te*
Brian McGilloway, *Non parlare*
Rosa Ventrella, *Il giardino degli oleandri*
Daniela Sacerdoti, *Ho bisogno di te*
Franco Matteucci, *La mossa del cartomante*
Laura Schiavini, *A qualcuno piace dolce*
Paolo Cammilli, *Maledetta primavera*
Solomon Northup, *12 anni schiavo*
Marcello Simoni, *Il labirinto ai confini del mondo*
Monica Murphy, *Non dirmi un'altra bugia*
David Gibbins, *Il faraone*
Stuart MacBride, *Vicino al cadavere*
Jessica Sorensen, *Con te sarà diverso*
Anna Premoli, *Finché amore non ci separi*
Letizia Triches, *Il giallo di Ponte Vecchio*
Simon Scarrow, *La profezia dell'aquila*
Andrea Frediani, *La battaglia della vendetta. La saga degli invincibili*
Amy Harmon, *I cento colori del blu*
Jonathan Holt, *Profanato*
M. Leighton, *Solo per te*
Ali McNamara, *Da New York a Notting Hill per innamorarsi ancora*
C.L. Parker, *La trasgressione*
Marc Raabe, *Prima di uccidere*
Cassandra Rocca, *Una notte d'amore a New York*
Martin Rua, *La cattedrale dei nove specchi*
Jessica Sorensen, *Non cambiare mai*
Emma Chase, *Cercami ancora*
Catharina Ingelman-Sundberg, *La banda degli insoliti ottantenni*
M.R.C. Kasasian, *I delitti di Mangle Street*
Valeria Luzi, *Ti odio con tutto il cuore*
Mario Mazzanti, *Un giorno perfetto per uccidere*
Gail McHugh, *Stringimi più che puoi*
Monica Murphy, *Dammi un'altra possibilità*
Simon Scarrow, *L'aquila dell'impero*

Leandro Sperduti, *I 7 arcani del Vaticano*
Sara Tessa, *Il silenzio di un batter d'ali*
John Searles, *Non rispondere*
Felix Weinberg, *Bambino n. 30529*
M. Lugli; F. Bertuzzi; D. Lama, P. Roversi; G. Morozzi; P. Di Cara; D. Nelli, *Delitti di Ferragosto*
Cassandra Rocca, *Mi sposo a New York*
Andrea Frediani, *300 La saga*
Miranda Dickinson, *Favola d'amore a New York*
Jessica Sorensen, *Per sempre insieme*
Andrea Frediani, *I 300 di Roma*
Emma Chase, *Io ti cercherò*
Karen Swan, *Quell'estate senza te*
Massimo Lugli, *La strada dei delitti*
Michelle Gable, *Un favoloso appartamento a Parigi*
Penelope Douglas, *Mai per amore*
Jen McLaughlin, *Fuori controllo*
Joel C. Rosenberg, *Fuga da Auschwitz*
Antonia Hodgson, *Il misterioso caso di Samuel Fleet*
Giulio Castelli, *L'imperatore guerriero*
G. L. Barone, *Il sigillo dei tredici massoni*
Andrea H. Japp, *I delitti della cattedrale*
Andrea Frediani, *Guerra sui mari. Il dominio su Roma*
Melissa Foster, *Un bacio sotto la neve*
Karen Swan, *Natale a Londra con amore*
F. Caringella; L. Triches; E. Carta; D. Lama; M. Simoni; F. Bertuzzi; L. Ghinelli; F. Delizzos; M. Lugli; *Delitti di Capodanno*
Carole Matthews, *Appuntamento sotto l'albero*
G. L. Barone, *La chiave di Dante*
Roberto Fabbri, *Il generale di Roma*
Amy Harmon, *Sei il mio sole anche di notte*
Letizia Triches, *Quel brutto delitto di Campo de' Fiori*
Emma Chase, *Tu mi cercherai*
A.G. Howard, *Il mio splendido migliore amico*
Stuart MacBride, *Omicidi quasi perfetti*
Brian McGilloway, *Urlare non basterà*
Jodi Ellen Malpas, *Per una sola volta*
Franco Matteucci, *Tre cadaveri sotto la neve*

Morgan Matson, *Noi due ai confini del mondo*
Simon Scarrow, *Il sangue dell'Impero*
Rande Brown, Mineko Iwasaki, *Storia proibita di una geisha*
Sarah Dessen, *Ascolta il tuo cuore*
Aurora Belle, *I suoi occhi su di me*
Mario Mazzanti, *Non uccidere*
Andrea Frediani, *Sfida per l'impero*
Jessica Sorensen, *Con te sarà per sempre*
Fariba Nawa, *La moglie afghana*

Nuova Narrativa Newton

Ultimi volumi pubblicati

Eric Giacometti – Jacques Ravenne, *Il settimo templare*
Lars Rambe, *Le donne del lago*
Matt Rees, *La profezia di Caravaggio*
Chris Roberson, *Il libro dei segreti*
Lisa Jane Smith, *Il diario del vampiro. Destino*
Scott Thorson, *Dietro i candelabri*
Diana Lama, *L'anatomista*
Massimo Lugli, *Ossessione proibita*
Mary Novik, *L'amante del papa*
AA.VV., *Giallo Natale*
P. Johansson, *La tempesta*
Varg Gyllander, *Di ghiaccio e di sangue*
Marek Halter, *Maria, la madre di Gesù*
Marcello Simoni, *L'isola dei monaci senza nome*
Unni Lindell, *Dolce come la morte*
Mark Oldfield, *Quindici cadaveri*
Margarita Torres, *Il cardinale nero*
Peter Prange, *Il papa bambino*
AA.VV., *Estate in giallo*
Vito Bruschini, *I segreti del club Bilderberg. Il romanzo del potere*
G. L. Barone, *La cospirazione degli Illuminati*
Gina Buonaguro – Janice Kirk, *I lupi del Vaticano*
Remo Guerrini, *L'estate nera*
Marc Raabe, *Il sezionatore*
Javier Negrete, *La regina del Nilo. Il trono d'Egitto*
Javier Negrete, *La regina del Nilo. L'amante dell'imperatore*
Javier Negrete, *La regina del Nilo. Il rogo delle piramidi*

Nacho Ares, *La piramide perduta*
Didier Convard, *La cattedrale del peccato*
Joseph Kanon, *Omicidio a Istanbul*
Martin Rua, *Le nove chiavi dell'antiquario*
Marcello Simoni, *Il labirinto ai confini del mondo*
Andrea Frediani, *La battaglia della vendetta. La saga degli invincibili*
Tiffany Reisz, *Peccato originale. L'innocenza*
Tiffany Reisz, *Peccato originale. Il gioco*
Tiffany Reisz, *Peccato originale. Il padrone*
Simon Scarrow, *La profezia dell'aquila*
Heike Koschyk, *La loggia massonica delle tenebre*
Massimo Pietroselli, *La congiura di Praga*
Eleonora Carta, *La consistenza dell'acqua*
Brian McGilloway, *Non parlare*
Lisa Jane Smith, *I diari delle streghe. La maledizione*
Harry Sidebottom, *Il guerriero di Roma. La battaglia dei lupi*
Francisco J. De Lys, *La biblioteca fuori dal tempo*
Gordon Doherty, *Il legionario*
Luís Miguel Rocha, *La figlia del papa*
Álex Rovira – Francesc Miralles, *L'enigma dei sette maestri*
David Gibbins, *Il faraone*
Roberto Fabbri, *Il generale di Roma*
G. L. Barone, *Il sigillo dei tredici massoni*
Seth Patrick, *Reviver. Il sussurro della morte*
Lisa Jane Smith, *I diari delle streghe. La caccia*
Lisa Jane Smith, *Il diario del vampiro. La salvezza*
Andrew Jacobson – Adam Jay Epstein, *The familiars. Il cerchio degli eroi*
Andrea Frediani, *300. Nascita di un impero*
Tiffany Reisz, *Peccato orginale. Il ritorno*
Letizia Triches, *Il giallo di Ponte Vecchio*
Franco Matteucci, *La mossa del cartomante*
Stuart MacBride, *Vicino al cadavere*
Anthony Riches, *L'impero. Lunga vita all'imperatore*
Jeri Westerson, *La misteriosa morte del ladro di pergamene*
Stefano Bonazzi, *A bocca chiusa*
Peter Harris, *Il segreto dello scrivano*
Ilaria Beltramme, *Il papa guerriero*
C.M. Palov, *Il codice nascosto dei templari*

M.R.C. Kasasian, *I delitti di Mangle Street*
Simon Scarrow, *L'aquila dell'impero*
Fabio Delizzos, *I peccati del papa. La saga*
Lisa Jane Smith, *I diari delle streghe. La tentazione*
Lisa Jane Smith, *Il diario del vampiro. La vendetta*
Marc Raabe, *Prima di uccidere*
Giulio Castelli, *L'imperatore guerriero*
Marcello Simoni, *L'abbazia dei cento peccati*
Joseph Finder, *Il sospettato*
Karo Hämäläinen, *I crudeli omicidi di una notte d'estate*
Rupert Thomson, *Il segreto della statua di cera*
M. Lugli, F. Bertuzzi, P. Roversi, D. Lama, G. Morozzi, P. Di Cara, D. Nelli, *Delitti di ferragosto*
Francesco Caringella, *Non sono un assassino*
John Searles, *Non rispondere*
Andrea H. Japp, *I delitti della cattedrale*
Andrea Frediani, *Guerra sui mari. Il dominio su Roma*
Harry Sidebottom, *Il trono di Cesare. Combatti per il potere*
Antonia Hodgson, *Il misterioso caso di Samuel Fleet*
Mario Mazzanti, *Un giorno perfetto per uccidere*
Joel C. Rosenberg, *Fuga da Auschwitz*
Andy Weir, *L'uomo di Marte*
Massimo Lugli, *La strada dei delitti*
Enrico Vanzina, *Il mistero del rubino birmano*
Jeanne Kalogridis, *I diari della famiglia Dracula. La storia mai raccontata*
Adam Jay Epstein - Andrew Jacobson, *The Familiars. Il palazzo dei sogni*
Simon Scarrow, *Il sangue dell'Impero*
Lisa Jane Smith, *Il diario del vampiro. La rivelazione*
Jonathan Stone, *Non puoi dimenticare*
Colin Falconer, *Il conquistatore*
Gwen Edelman, *Un treno per Varsavia*
Adam Brookes, *Il codice segreto di Pechino*
Freda Wolff, *Lo strano caso della bambina in fondo al mare*
Brian McGilloway, *Urlare non basterà*
Lucie Whitehouse, *Dimmi il tuo segreto*
G. L. Barone, *La chiave di Dante*
Eric Giacometti - Jacques Ravenne, *L'ultimo segreto dei templari*
Diana Lama, *27 ossa*

Roberto Wirth (con Corrado Ruggeri), *Il silenzio è stato il mio primo compagno di giochi*
VeloNero, *Un lungo fatale ultimo addio*
Diana Bretherick, *L'enigmatico caso di Cesare Lombroso*
C.M. Palov, *I sotterranei segreti dei templari*
A.G. Riddle, *Atlantis Genesi*
David Gibbins, *Codice Pyramid*
Franco Matteucci, *Tre cadaveri sotto la neve*
Simon Scarrow, *Roma sangue arena*
Roberto Genovesi, *Il ritorno della Legione occulta. Il re dei Giudei*
Antony Riches, *L'impero. Sotto un'unica spada*
Stuart McBride, *Omicidi quasi perfetti*
Bethany Neal, *Il mio ultimo bacio*
Vito Bruschini, *I cospiratori del priorato*
Letizia Triches, *Quel brutto delitto di Campo de' Fiori*
Mary Kubica, *Una brava ragazza*
Juliet Grey, *Le confessioni segrete di Maria Antonietta*
M.R, Carey, *La ragazza che sapeva troppo*
Fabio Delizzos, *Il libro segreto del Graal*
Andrea Frediani, *Sfida per l'impero*
Jane Shemilt, *Una famiglia quasi perfetta*
M.R.C. Kasasian, *La maledizione di casa Foskett*
Leandro Sperduti, *Il mistero dell'anello del papa*
Irène Némirovsky, *Suite francese*
Ali Eteraz, *Il bambino che leggeva il Corano*
Toni Marchitelli, *Il piccolo eroe della Grande Guerra*
Emily Bleeker, *L'isola dei silenzi*
Massimo Lugli, *Nelmondodimezzo. Il romanzo di Mafia capitale*
Tracy Ryan, *Una vita tranquilla*
Manuela Dicati, *L'assassino della porta accanto*
Saskia Sarginson, *Eva 17*
Simon Scarrow, *Sotto un unico impero*
Stuart MacBride, *Apparenti suicidi*
Harry Sidebottom, *Il trono di Cesare. Il prezzo del potere*
Andy Weir, *Sopravvissuto - The Martian*
Sibel Hodge, *Guarda dietro di te*
Ben Kane, *Le aquile della guerra*
Angela Marsons, *Urla nel silenzio*

Freda Wolff, *Uccidilo e lei vivrà*
Suzy Zail, *La pianista di Auschwitz*
Cecilia Ekbäck, *Un inverno da lupi*
Roberto Fabbri, *L'onore di Roma*
Antonio Invernici, *La valle dei cadaveri*
Jonathan Moore, *L'artista dei veleni*
Eric Rickstad, *Le ragazze silenziose*
Stefano Santarsiere, *La mappa della città morta*
G. L. Barone, *I manoscritti perduti degli Illuminati*
Renée Ahdieh, *La moglie del califfo*
Mikaela Bley, *Segreto di famiglia*
Joseph Kanon, *Omicidio a Berlino*
David Kirk, *La spada del samurai*
Roberto Masello, *La profezia di Einstein*
Mel Sherratt, *La verità sul caso Ryder*
Stuart MacBride, *Scomparso*
Andrea Frediani, *Roma Caput Mundi. L'ultimo pretoriano*
Franco Matteucci, *Lo strano caso dell'orso ucciso nel bosco*
Simon Scarrow – J.J, Andrews, *I conquistatori*
Guido Deickmann, *I Sette templari*
Emily Holleman, *Il segreto di Cleopatra*
Paul Pilkington, *Un caso complicato per Emma Holden*
Simon Wood, *La ragazza senza passato*
Fabio Sorrentino, *Il tempio maledetto*
Julia Heaberlin, *Gli occhi neri di Susan*

Anagramma

Ultimi volumi pubblicati

Lia Riley, *Ho imparato ad amare*
June Gray, *L'abbandono*
Laurie Halse Anderson, *Nessuno è come te*
Elisa Gentile, *Non meriti un minuto in più del mio amore*
Kylie Scott, *Tutto in una sola notte*
Molly McAdams, *Ti lascio ma restiamo amici*
Monica Murphy, *Non posso fare a meno di te*
Megan Maxwell, *Chiedimi chi sono*
K.A Tucker, *Quattro secondi per perderti*
Abigail Barnette, *The Boss*
Sierra Cartwright, *Non lasciarmi sola in una notte di pioggia*
Melissa Foster, *Ogni maledetto bacio che avrei voluto darti*
Vanessa Greene, *La casa di fronte al mare*
Aurora Belle, *I suoi occhi su di me*
Renée Carlino, *Non aver paura di innamorarti*
Jessica Clare, *Scommessa indecente*
Ella Gai, Odiare, *Amare, Baciare*
Monica Murphy, *Ti odierò fino ad amarti*
Jessica Sorensen, *Con te sarà un disastro*
Kim Karr, *Se te ne vai ti aspetto*
Lauren Layne, *L'unico sbaglio che rifarei mille volte*
Asia Stella, *Io dormo da sola*
Kristen Ashley, *Dimmi che sei mio*
Penelope Douglas, *La mia meravigliosa rivincita*
Emma Chase, *Amore illegale*
Patrisha Mar, *La mia eccezione sei tu*
Anna Premoli, *Un giorno perfetto per innamorarsi*

Lauren Barnholdt, *Vietato non innamorarsi*
Tiffany Reisz, *Guardami, toccami, stringimi*
G.J. Walker-Smith, *E l'amore bussò*
Amy E. Reichert, *Chef per amore*
Juliette Sobanet, *Tutta colpa di Parigi*
Sara Shepard, *Giovani, carine e bugiarde. Assassine*
K.A. Linde, *Senza compromessi*
Jen McLaughlin, *Un disperato bisogno di te*
Kristen Proby, *Ti porto via con me*
Jessica Sorensen, *C'è chi dice amore*
Pepper Winters, *Io ti appartengo*
Elisa Trodella, Loretta Tarducci, *Scusa ma ti amo troppo*
Mia Sheridan, *Se non torni sto male*
Jill Ciment, *Ruth & Alex. L'amore cerca casa*
AA.VV., *Dolci desideri*
Daniela Farnese, *Natale da Chanel*
Daniela Volonté, *L'amore è uno sbaglio straordinario*
Sandy Hall, *Qualcosa di molto speciale*
Kirsty Moseley, *Mi sono innamorata del mio migliore amico*
Karen Swan, *Quell'estate da Tiffany*
Ali McNamara, *Colazione a Notting Hill*
Giulia Ross, *Ho scelto te*
Elisa Gentile, *Ti amo perché sei bugiardo*
Jodi Ellen Malpas, *Tutte le volte che vuoi*
Scott Kylie, *È stato solo un gioco*
Jay Crownover, *Oltre l'amore*
Valeria Luzi, *Mi manchi troppo per dimenticarmi*
Karen Swan, *Natale sotto la neve*
Trisha Ashley, *12 giorni a Natale*
Emma Chase, *Niente regole*
Abigail Barnette, *The Girl*
Abigail Barnette, *The Wedding*
Abigail Barnette, *The Ex*
Jessica Clare, *Troppo bello per dire di no*
J.S. Cooper, *Quella notte tutto è cambiato*
Jay Crownover, *Oltre i segreti*
Kim Karr, *Cattive abitudini*
M. Leighton, *Averti è impossibile*

Samantha Towle, *Nonostante tutto, ti amo ancora*
Jen McLaughlin, *Ogni volta che sei qui*
Lucrezia Scali, *Te lo dico sottovoce*
Victory Storm, *Ogni tuo desiderio è un ordine, bastardo*
Claire Ashbey, *La libreria dei desideri*
Amy Harmon, *Infinito+1*
Jennifer Mathieu, *Tutta la verità su Alice*
Morgan Matson, *Al centro dell'universo*
Molly McAdams, *La mia fantastica scelta sbagliata*
Penelope Douglas, *Non riesco a dimenticarti*
Sara Oackler, *#amorenoncorrisposto*
Cassandra Rocca, *Ho voglia di innamorarmi*
Isabella Spinella, *Pomettimi che accadrà*
Anna Premoli, *L'amore non è mai una cosa semplice*
Cecile Bertod, *Tutto ma non il mio tailleur*
Emma Chase, *Amore senza regole*
Sara Dessen, *Per sempre noi*
Monica Murphy, *Il mio sogno proibito*
June Gray, *Disarm. Il ritorno*
Menna Van Praag, *I sogni sono desideri*
Lauren Layne, *Sbagliando si ama*
Jodi Ellen Malpas, *Ancora una volta*
L.A. Tucker, *99 giorni*
Kylie Scott, *Nessun pentimento*
Kristen Ashley, *Ti prego dimmi di sì*
Jessica Sorensen, *Con te sarà uno sbaglio*
A. Meredith Walters, *Il nostro attimo infinito*
Carrie Elks, *Abbi cura di me*
Michelle Gable, *Ritorno a Parigi*
Volonté Daniela, *Non chiamarmi di lunedì*
M. Leighton, *Tutto è possibile tra noi*
R.K. Lilley, *Prova a farmi volare*
Jillian Dodd, *That Boy*
Megan Maxwell, *Sorprendimi*
Lauren Rowe, *Insieme per gioco*
Lauren Rowe, *Insieme per passione*
Brittainy C. Cherry, *L'amore arriva sempre al momento sbagliato*
Andrea Portes, *La ragazza dell'ultimo banco*

Juliet Grey

Il diario perduto di Maria Antonietta

Juliet Grey ha condotto numerose ricerche sulle famiglie reali europee ed è particolarmente affezionata alla figura di Maria Antonietta. Ha studiato come attrice classica e ha interpretato spesso il ruolo di donne vergini, bisbetiche e malvagie. La Newton Compton ha già pubblicato con grande successo *Il diario proibito di Maria Antonietta*.

Volume rilegato di 384 pagine. € 5,90

Parigi, 1774. Alla tenera età di diciotto anni, Maria Antonietta ascende al trono di Francia accanto al marito, Luigi XVI. La giovane regina è bella, elegante e raffinata, ha un sorriso ammaliante, occhi lucenti, una pelle bianca come la porcellana e capelli di un delizioso color biondo fragola. A Versailles tutti ne ammirano il portamento e l'incedere leggiadro ma, sotto gli sfarzosi abiti di seta e le vertiginose acconciature, Maria Antonietta è una donna inquieta e fragile come tante altre. Il re è assente e poco incline a soddisfare i desideri della consorte e la giovane regina comincia a condurre una vita spensierata e stravagante, fatta di balli in maschera, giochi d'azzardo e spettacoli teatrali. Si circonda di uomini frivoli e senza scrupoli, di cortigiani e dame che la intrattengono e la distraggono e così diventa presto protagonista di scandalosi pettegolezzi. La dinastia dei Borbone è quanto mai discussa e invisa al popolo: dal Nuovo Mondo inizia a soffiare il vento della libertà ed echi di minacce in grado di spazzare via la monarchia fanno tremare gli animi soprattutto all'interno delle lussuose mura di Versailles…

Caroline Brothers

I fratelli di Kabul

Caroline Brothers, giornalista australiana, è cresciuta e ha studiato a Melbourne, per poi trasferirsi a Londra, dove ha conseguito un dottorato allo UCL (University College London). Ha lavorato per la Reuters come corrispondente estero, e poi come reporter in Inghilterra, Belgio, America Centrale e Francia. Ha vissuto per lunghi periodi all'estero e ha viaggiato in tutto il mondo. Attualmente vive a Parigi, dove scrive per l'«International Herald Tribune». *I fratelli di Kabul* è il suo romanzo d'esordio, ispirato alla storia vera di due bambini afghani. Per saperne di più: www.carolinebrothers.com

Volume rilegato di 256 pagine. € 12,00

Aryan ha solo 14 anni, ma il dolore lo ha reso già un uomo. È lui a prendersi cura di Kabir, il fratellino di 8 anni. Rimasti orfani nel tormentato Afghanistan, i due fratelli sognano di partire e di raggiungere Londra, la città della libertà, dove potranno studiare e avere una vita migliore. Così, decidono di fuggire e attraversare il confine con nient'altro che i loro miseri vestiti addosso e un grande sogno da realizzare. Ma Londra è lontana, e prima di raggiungerla passeranno per Teheran, Istanbul, Atene, Roma, Parigi. Sarà un lungo viaggio, in cui dovranno soffrire la fame, il freddo e la violenza, affidarsi a gente che vuole soltanto sfruttarli, resistere nella speranza che prima o poi quel sogno si realizzerà. Una toccante storia di amore e coraggio, un viaggio attraverso l'Europa vista con gli occhi di due bambini che hanno perso tutto e che lottano disperatamente per cercare di riprendersi il proprio futuro.

NEWTON COMPTON EDITORI

Keija Parssinen

Il matrimonio segreto

Keija Parssinen è nata in Arabia Saudita e ha vissuto lì per dodici anni come immigrata di terza generazione. Si è laureata in Inglese a Princeton. *Il matrimonio segreto* è il suo primo romanzo, con cui ha vinto il premio Michener-Copernicus. Vive con suo marito a Columbia, nel Missouri.

Volume rilegato di 384 pagine. € 11,90

Sono passati più di vent'anni da quando Rosalie ha deciso di lasciare gli Stati Uniti per trasferirsi in Arabia Saudita e sposare il ricco Abdullah Baylani. Adesso, all'improvviso, la scoperta che le cambierà la vita: da due anni suo marito ha preso una seconda moglie, la bellissima palestinese Isra. La rivelazione getta la potente famiglia nel caos, mentre Rosalie decide di lasciarsi alle spalle i lunghi anni della vita matrimoniale e la patria acquisita. Accecata dalla rabbia e con il cuore spezzato, prepara la sua partenza chiedendo al migliore amico americano di Abdullah, il divorziato Dan Coleman, di aiutarla. Nel frattempo, i problemi tra Abdullah e Rosalie impediscono loro di accorgersi del disagio di Faisal, il figlio sedicenne. Il ragazzo infatti nutre un profondo risentimento nei confronti dello stile di vita dei genitori che lo porterà a frequentare un personaggio di dubbia fama… Tra le ricchezze e i privilegi del mondo del petrolio e la violenza del terrorismo, Il matrimonio segreto è una storia senza tempo sulla solitudine degli immigrati e i pericoli dell'intolleranza, le diversità culturali, i valori universali della famiglia e le ingiustizie che spesso si sopportano per amore.

NEWTON COMPTON EDITORI

Qais Akbar Omar - Stephen Landrigan

Leggere Shakespeare a Kabul

Qais Akbar Omar è nato nel 1982. È un linguista e ha lavorato come giornalista e traduttore per le Nazioni Unite e per le Forze Armate degli Stati Uniti. Durante il regime talebano ha gestito una fabbrica di tappeti dando lavoro a più di quaranta donne.
Stephen Landrigan è un ex giornalista che ha lavorato per il «Washington Post» e la BBC Radio, tra gli altri. Ha vissuto e lavorato in Afghanistan per diversi anni, ora vive in Massachusetts, dove prepara giovani donne afghane perché possano essere ammesse nelle principali università americane.

Volume rilegato di 320 pagine. € 9,90

Dopo un lungo viaggio in Afghanistan, l'attrice francese Corinne Jaber decide di mettere in scena a Kabul Pene d'amor perdute di Shakespeare. Il primo scoglio che deve affrontare è il testo, non esistono infatti traduzioni in Dari dell'immortale poeta inglese. E poi bisogna trovare gli attori: sfilano davanti agli occhi di Corinne e dei suoi collaboratori persone dalle più diverse provenienze sociali, tutte disposte a rischiare, e molto, pur di realizzare un sogno. Ci sono anche le donne, consapevoli dei pericoli cui vanno incontro in un Paese in cui mai si è vista una donna sul palcoscenico insieme agli uomini. Grazie al coraggio e alla passione di tutti, in mezzo a mille difficoltà, Pene d'amor perdute prende forma, gli attori si rivelano geniali, e capiscono che il grande e lontano Shakespeare ha scritto una commedia "afghana", tanto la sua ironia, la leggerezza e la poesia sono vicine alla loro cultura. Ma in che modo verrà accolta la commedia in un Paese dove guerra, violenza e discriminazioni sono all'ordine del giorno? Amore per la conoscenza, desiderio di elevarsi al di sopra della terribile realtà quotidiana e di mettersi alla prova in qualcosa di mai tentato e sperato, solidarietà con i propri simili, si fondono in una storia dalla quale è difficile staccarsi anche quando si è finito di leggerla.

NEWTON COMPTON EDITORI

Naomi Ragen

L'amore violato

Naomi Ragen è nata a New York e ha completato i suoi studi a Gerusalemme, dove risiede da oltre trent'anni. Autrice di diversi bestseller e di una pièce teatrale di grande successo, Women's Minyan, è tra gli scrittori più affermati e controversi in Israele. Editorialista, scrive di questioni legate al mondo ebraico, si occupa di pari opportunità e diritti umani e tiene conferenze in tutto il mondo. La Newton Compton ha pubblicato i suoi romanzi *Una moglie a Gerusalemme, L'amore proibito* e *L'amore violato*. Per saperne di più visitate il suo sito www.naomiragen.com.

Volume rilegato di 448 pagine. € 12,90

Tamar è la giovane sposa del rabbino Josh, e vive nella comunità ebraica tradizionalista di Orchard Park, a New York. Un giorno, però, un uomo di colore si introduce nell'appartamento da una finestra e abusa di lei. Tamar è scioccata, ma a spaventarla ancora di più sono le conseguenze che la violenza subita potrebbe avere sulla sua vita. Il terrore che il marito possa rinnegarla la convince a tacere e non sporgere denuncia. Scossa e tesa, la sera si reca al mikveh, il rito di purificazione, e poi giace con suo marito, sperando di dimenticare fra le sue braccia l'orrore subìto. Dopo poco Tamar si rende conto di essere incinta e, dubbiosa riguardo la paternità del bambino, passa la gravidanza a pregare che il colore della sua pelle non sveli la verità. Ma il figlio nasce bianco di pelle e con gli anni Tamar sembra aver dimenticato tutto. Fino a quando il figlio ormai grande si sposa e la moglie dà alla luce un bambino con la pelle scura. All'interno della comunità scoppia un enorme scandalo e la donna dovrà decidere se rivelare il suo terribile segreto o lasciare che la nuora subisca le conseguenze di un passato che non conosce...

NEWTON COMPTON EDITORI